本著作是中国博士后科学基金第 60 批面上资助项目（编号：2016M602122）、山东大学基本科研业务费资助项目（编号：2019GN081）和山东大学教育教学改革研究一般项目（编号：2020Y048）的主要研究成果。

大学英语
立体化教材研究：
理论与实践

理论与实践

杨港

——著

中国社会科学出版社

**图书在版编目(CIP)数据**

大学英语立体化教材研究:理论与实践/杨港著. —北京:中国社会科学
出版社,2020.6
ISBN 978 - 7 - 5203 - 6001 - 2

Ⅰ.①大… Ⅱ.①杨… Ⅲ.①英语—教材—研究—高等学校
Ⅳ.①H319.3

中国版本图书馆 CIP 数据核字(2020)第 026695 号

| | | |
|---|---|---|
| 出 版 人 | 赵剑英 | |
| 责任编辑 | 张 湉 | |
| 责任校对 | 姜志菊 | |
| 责任印制 | 李寡寡 | |

| | | |
|---|---|---|
| 出 版 | 中国社会科学出版社 | |
| 社 址 | 北京鼓楼西大街甲 158 号 | |
| 邮 编 | 100720 | |
| 网 址 | http://www.csspw.cn | |
| 发 行 部 | 010 - 84083685 | |
| 门 市 部 | 010 - 84029450 | |
| 经 销 | 新华书店及其他书店 | |

| | | |
|---|---|---|
| 印 刷 | 北京明恒达印务有限公司 | |
| 装 订 | 廊坊市广阳区广增装订厂 | |
| 版 次 | 2020 年 6 月第 1 版 | |
| 印 次 | 2020 年 6 月第 1 次印刷 | |

| | | |
|---|---|---|
| 开 本 | 710×1000 1/16 | |
| 印 张 | 24.5 | |
| 插 页 | 2 | |
| 字 数 | 376 千字 | |
| 定 价 | 98.00 元 | |

凡购买中国社会科学出版社图书,如有质量问题请与本社营销中心联系调换
电话:010 - 84083683

# 序　言

　　杨港博士于 2011 至 2014 年在上海外国语大学攻读博士学位，我作为指导教师与其共事三年。期间，他把对外语教育事业的真挚热爱和孜孜追求融入科研工作的点滴之中，从实证研究设计到数据收集整理，从数理统计分析到理论阐释解读，他将"不惧困难、不懈努力"的科研态度和"潜心向学、勇于探索"的科研初心渗透到研究的每一个步骤、每一处细节，研究选题讲求实用性和创新性，研究范式遵循科学性和严谨性。基于此，当我收到杨港博士寄来的《大学英语立体化教材研究：理论与实践》书稿要我作序，我欣然命笔。

　　《大学英语立体化教材研究：理论与实践》一书主要探究大学英语立体化教材的缘起与演变、内涵与结构以及影响教材使用的因素，在此基础上构建大学英语立体化教材应用框架，反思立体化教材推动大学英语课程改革的优势。"互联网＋"正在重塑开放创新的教育生态，它对教育的影响主要体现在教育资源的重新配置和整合上。传统教材多是单向输送知识的载体，无法满足学生差异化和个性化学习的需要，学生与资源之间没有交互的空间和渠道。立体化教材把纸质界面的知识体系延伸至全新的"互联网＋"环境中,创建与学生个体因素相匹配的教学资源体系,推动大学英语信息化教学新常态的形成。由此可见本书研究的主题是外语教学的前沿课题,而本书的理论价值和实践意义也就不言而喻了。

信息技术与大学英语课程的整合意味着教材不再是教学的全部内容,教材是可变的和发展的,这促使教师和学生在教材使用的观念和行为上做出改变。立体化教材把纸质、多媒体教学材料与互联网资源结合在一起,综合运用现代信息技术形成内容、媒体之间的互动,根据不同学科、不同使用对象、不同应用场景来设计教学,在知识表达的立体性、教学设计的自由性、教学过程的互动性和教学管理的灵活性等方面具有优势。立体化教材以"使用"为纽带,串联"编写"和"服务",强调课程资源在互联网环境下的深度融合,形成大学英语信息化教学的整体解决方案。使用过程中师生要对立体化教材进行"再设计",对教材及其他教学资源加以整合并依托多种教学媒体、模态和环境对教材进行"再开发",搭建开放、完整、多元的语言教学平台,实现与目标语形成意义建构的目标。本书针对大学英语立体化教材的使用进行探索性研究,重点调查并归纳影响立体化教材使用的因素,分析这些因素的来龙去脉,结合适用的外语教学或学习理论进行阐述和论证,构建大学英语立体化教材应用框架。这一框架把教师、学生、教材以及其他教学要素进行全面、系统融合,勾勒出立体化教材驱动的大学英语教学设计、实施与评价的路线图。

本书从分析大学英语立体化教材使用的影响因素出发,构建立体化教材应用于大学英语教学的框架,表明立体化教材具有推动大学英语课程改革的独特优势,主要体现在促进教师教与学生学的能力建立互为支持、协同发展的联结机制。本书将"宏观—微观""定量—定性""群体—个体"等不同视角和方法相结合，对大学英语立体化教材的应用进行全方位调查和全景式描述，实现研究范式科学性与人文性的交融。具体而言，通过问卷调查、访谈、课堂观察等方法分析影响立体化教材使用的因素，反思如何通过多元化教学资源改善教与学的方式，解决当前大学英语教学存在的深层次矛盾，为制定大学英语教学质量提升对策夯实实证基础。

我认为，本书为大学英语教学设计中立体化教材的合理应用提供了启发性的建议，具有理论指导意义和实践推广价值。大学英语教师可借鉴本书研究成果对立体化教材应用的意识和策略产生新的理解和认识，选择适切的应用方式，控制不同因素的影响作用，改善立体化教材应用于大学英语教学的效果。同时，本书还可为大学英语教材编写者提供设计思路和信息资源，或可为大学英语教学管理者制定政策、创新改革提供参考。

是以序。

上海外国语大学博士生导师

陈坚林　教授

2019 年 12 月

# 目　录

# 图 目 录

# 表 目 录

# 第一章 导论

## 第一节 研究背景

### 一 教材：外语教学基本要素

教材是具有特定知识和能力结构、帮助教师和学生认识世界、获得发展的媒体，是实现课程目标、实施教学的重要工具和资源。教材在外语教学中的作用是至关重要的，它是教师组织语言交际活动的主要依据和学生语言学习的中心内容，正如 Sheldon（1987）指出，教材是外语学习中看得见的心脏；Hutchinson & Torres（1994）也认为，教材是外语教学中最基本的要素。

教学是教师、学生与教材之间的一种合作关系，只有当合作者了解彼此的优缺点并能互补时，这种合作关系才能得到最佳发挥。目前，随着高校外语课程改革的推进，外语界愈加关注教材建设的问题。进入 21 世纪以来，基于信息技术的外语教学已经成为当前高等学校外语教学的主要实践方法，教育信息技术与外语课程的生态化整合从根本上改变了课程和教学的本质（胡加圣、陈坚林，2013）；同时，互联网进一步推动了教材的数字化、电子化、网络化、个性化、促进了教材存在形态的革新发展（王攀峰，2018）。这一背景之下，立体化教材广泛应用于外语教学是教育信息化和学生能力发展的需要，是新时代外语教学完成三个"主动适应"转变的需要，即：主动适应高等教育发展的新形势，主动适应高校外语课程体系的新要求，主动适应信息化环境下大学生外语学习发展的新需求。深入探讨立体化教材的设计与使用，是高校外语课程和教学改革不可回避的重要课题。

和传统的大学英语教材相比，立体化教材的概念和功能已经发生了很大的转变。要充分发挥立体化教材的功能，有必要对当前大学英语教材的使用情况进行调查并重新加以审视，使教师和学生充分认识到自己在合理使用立体化教材过程中的地位和作用，做到"物尽其才、人尽其用"，激发学生的学习兴趣，培养学生的语言运用能力和自主学习能力；同时，促使教师在教学实践中有二次开发教材的意识和行为，提升教师的教学能力和专业素养。

## 二 教育政策：教材与人才培养模式

国家政策的支持和保障为大学英语教材的发展提供了良好的外部环境和客观条件。《国家中长期教育改革和发展规划纲要（2010—2020年）》（简称《纲要》）指出，"推进课程改革，加强教材建设"和"充分发挥现代信息技术作用，促进优质教学资源共享"都是创新人才培养模式、提高人才培养质量的重要举措。《纲要》特别指出，"信息技术对教育发展具有革命性影响，必须予以高度重视"。要全面提高高等教育质量，提高人才培养质量，提升科学研究水平，必须加快教育信息化进程。一方面要"加快教育信息基础设施建设"，另一方面要"加强优质教育资源开发与应用"。《教育信息化十年发展规划（2011—2020 年）》（简称《规划》）把"以人才培养、教育改革和发展需求为导向，开发应用优质数字教育资源，构建信息化学习和教学环境"作为推进教育信息化的方针之一，把"建设智能化教学环境，提供优质数字教育资源和软件工具，利用信息技术开展启发式、探究式、讨论式、参与式教学，鼓励发展性评价，探索建立以学习者为中心的教学新模式"作为提高师生信息化教学和学习水平的行动计划，突出数字资源在信息化改革中的支撑和引领作用。作为数字资源的重要组成部分，立体化教材根据课程需求拓展使用了大量网络与多媒体资源，为教学内容的直观化、教学情境的真实化和教学手段的创新化等提供了技术支持平台，保证了课堂教学的有趣、有效和有用。实现这一切的基础是强化人在信息技术应用中的地位和作用，包括提高教师应用信息技术的水平，更新教学观念，改进教学方法，同时鼓励学生利用信息手段主动学习、自主学习，增强运用信息技术分析、解决问题的能力。

大学英语立体化教材在信息技术的支持下，围绕课程目标对相关内容和信息进行整合与处理，实现课堂信息容量的最大化和教学资源利用的最优化，它在教学内容的拓展、教学环境的延伸和课程资源的利用等方面具有传统教材不可比拟的优势，符合《纲要》和《规划》提出的利用信息技术创新课堂教学模式和人才培养模式的要求，特别是不同教师特色化的立体化教材处理方法有助于实现课堂教学方式的多元化和学生学习方式的个性化，从而提高大学英语教学质量。

## 三　教学理论：教学与教材理论演变

随着外语学习理论的发展、教学目标的提高、教学方法的演变、教学手段的改革以及学生水平的进步，现有教材不一定能满足大学英语教学的新形势，因此教材的更替成为迫切需要。教材的发展与现代教育学理论对大学英语教学观念和教学模式更新换代的要求是一脉相承的。外国语言学、外语教学论和教育技术学等理论是立体化教材发展的核心理论基础，行为主义、认知主义、建构主义、人本主义和语言教学生态观等是立体化教材发展的学习论基础，布鲁姆的"掌握学习教学理论"、赞科夫的"发展性教学理论"、巴班斯基的"最优化教学理论"、布鲁纳的"发现教学理论"、维果茨基的"最近发展区理论"和罗杰斯的"非指导性教学理论"等是立体化教材发展的教学论基础，课程整合理论以及多媒体、多模态、多语境环境下以学习者为中心的外语课程设计模式是立体化教材发展的方法论基础。

核心理论、学习论、教学论和方法论等共同构成了立体化教材编写、出版、使用、评估的理论体系。"聚焦学生、聚焦学习"是立体化教材区别于传统教材的显著特征。因此，对立体化教材发展影响最大的是学习理论。从行为主义、认知主义到建构主义、人本主义，人的因素所占的比重越来越大。从只注重人的智力因素，到开始关注人的情感、认知等非智力因素，学习理论越来越深入到人的内心世界，越来越接近于人的本质。教材的发展与学习理论呈现大致对应的情况，教材的编写总是基于一定的学习理论，是与教师、学生的需求和水平相适应的。大学英语立体化教材是在学习理论和教育技术水平不断完善的前提下产生，并在学习理论的指导和教育技术的支持下快速发展的。它把教学内容和教学资源以文字、图像、声音、视频、动画等媒体形式存储并呈现出来，根据学生学习和课堂教学的实际需要加以合理处理和有效利用，满足学生主动进行知识建构和获得能力发展的需要，实现信息技术与外语课程的生态化整合。这表明"大学英语立体化教材是以现代教育学理论尤其是建构主义理论为指导而形成的一整套大学英语教学方案"（庄智象、黄卫，2003）。

## 四 教学实践：教材与教学过程服务

教学材料是教学的重要组成部分，而教师和学生是教材的主要使用者，所以教学质量的高低取决于教师对材料的理解、设计与运用，取决于如何通过材料去引导和促进学生的学习活动。立体化教材服务于教学实践的过程就是考虑和满足师生对教材多样化需求的过程。与传统教材相比，立体化教材借助网络和多媒体技术等现代信息技术和媒体传播技术，将教学过程的各个环节以多种媒介、多种形态、多个层次串联起来，形成具有灵活性、开放性和动态性的教学系统。在此系统中，立体化教材的作用就是"使静态的教学内容、平面型的教学方法转化为图、音、像、影、文结合的多媒体动态形式和立体式教学"（龚春燕，2010：125）。

随着《大学英语课程教学要求》（2007）的颁布实施，大学英语教学通过改革教学理念和内容、改进教学手段和方法、创设交互式学习环境和提供多样化学习资源提高了教学和学习效果。与之相适应的是，立体化教材服务于教学实践的核心功能从提供教学材料转变为提供教学资源。在大学英语教学实践中，除了有事先准备好的立体化教材以外，还及时给予教材内容的补充、扩展和延伸以及媒介的计算机化、多媒体化和网络化等服务，生成动态资源系统。因此，立体化教材服务大学英语课堂教学实践的过程就是"在教学过程中有动态资源的生成，施以教师、学习者'双主体参与式'教学，是一种立体化教材支持下的教学活动结构和教学方式"(张筱兰、邢郁，2011)。立体化教材作为教学服务体系的重要一环融入大学英语课程，既帮助学生打下扎实的语言基础，又能培养他们较强的实际应用能力，尤其是听说能力；既保证学生在整个大学期间的英语语言水平稳步提高，又有利于学生学习方式的个性化发展，以满足他们各自不同的英语学习需求。

## 五　教育技术：教材与技术发展趋势

以计算机网络为核心的现代信息技术与大学英语课程进行全面的整合导致学生的心理与认知特点发生变化，信息时代的学生具备了"信息型认知结构"。简单地说，就是学生在建构知识和能力体系的过程中已经学会充分利用信息技术，开发信息资源，促进信息交流和知识共享，提高认知水平。这必然要求大学英语课程在结构内容、表现形式及实施手段等方面也要符合"信息型认知结构"发展的需要，立体化教材的出现和发展皆受此影响。

教育技术与信息技术既有联系又有区别，既不能把教育技术等同于信息技术，也不能把信息技术与教育技术割裂开来。具体而言，"现代教育技术发展的新阶段是建立在信息技术发展的基础上的，信息技术是教育技术的组成部分之一，它已经渗透到教育技术的各个方面、各个部分，并起着非常重要的作用"(马君，2011)。美国教育传播和技术协会（AECT，2004）把教育技术定义为"通过创设、使用与管理恰当的技术过程和资源，以利于（facilitating）学习和改善绩效的研究与符合道德规范的实践"(刘志波、李阿琴，2004)。根据这一定义，教育技术是通过支撑学习过程的设计与管理以及学习资源的开发与利用来达到促进学习的目的。这就是说，教师在教学过程中有应用教育技术对教学过程和教学资源重新进行设计、开发、利用与管理的任务（如图1-1所示）。这些任务完成的标志体现在教学媒体的变化上，立体化教材由此产生并随着教育技术应用的推广而迅速得到发展。

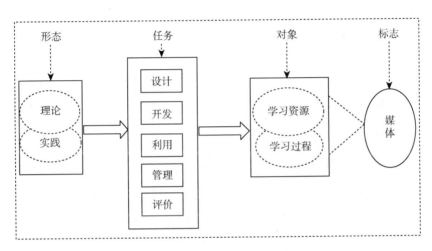

图1-1　教育技术概念框架图（祝智庭，2002：5）

# 第二节　研究目的与意义

## 一　符合《大学英语课程教学要求》对英语个性化教学的需要

2007年教育部颁布的《大学英语课程教学要求》指出各高等学校"应当充分利用现代信息技术，采用基于计算机和课堂的英语教学模式，改进以教师讲授为主的单一教学模式。新的教学模式应以现代信息技术，特别是网络技术为支撑，使英语的教与学可以在一定程度上不受时间和地点的限制，朝着个性化和自主学习的方向发展"，其目的在于探索建立网络环境下的大学英语教学模式，直接在局域网或校园网上进行大学英语教学和训练,提高学生的实际语言交际能力。本研究主张在使用立体化教材的过程中,通过对教材内容和教学资源的"再设计"构建教材与教学大纲相适应的立体化教学模式,创设大学英语多维教学环境,推动大学英语教学向"校本特色、内涵发展"延伸。

## 二 符合"高等学校本科教学质量与教学改革工程"对立体化教材建设的需要

"十二五"期间,教育部、财政部共同启动实施的"高等学校本科教学质量与教学改革工程"建设内容之一就是"启动'万种新教材建设项目',加强新教材和立体化教材建设,鼓励教师编写新教材,积极做好高质量教材推广和新教材选用工作"。目前,《大学英语(全新版)》《新视野大学英语》《大学体验英语》《新时代交互英语》等一系列依托现代教育技术,以能力培养为目标,以纸质教材为基础,以多媒介、多形态、多用途、多层次的教学资源和多种教学服务为内容的立体化教材相继出版,并在全国各高等院校中广泛使用。立体化教材的日趋普及源于它是基于互联网平台的新型教学方案,通过整合多种教学资源,实现教材内容的立体化呈现,为学生提供良好的语言学习环境与条件。大学英语立体化教材要求有立体化的使用方法与之相适应。这就要求教师、教材编写者和教学研究者从如何对各种教学要素(如教学方法、教学手段、教学资源、教学媒介等)进行重新选择和合理组合,从使教学过程最优化、教学效益最大化的角度思考大学英语立体化教材的建设。本研究从理论与实践双重视角剖析大学英语立体化教材的应用,对开发更具实用价值的立体化教材有益。

### 三 符合弥补大学英语立体化教材使用与实际教学脱节的需要

陈坚林（2006）认为："计算机网络与外语课程整合至少可有三大突破：一、打破了课本为知识唯一来源的局限；二、能创设理想的外语学习环境；三、改变了传统的教学结构"。但是目前基于立体化教材和计算机网络的大学英语教学的改革效果并不如预期的那样好：大部分学生还不能适应自主式、探究式学习，面对如此大量的信息化学习资源，学生往往不知如何有效利用；许多老师仍未摆脱以教师为中心的旧的教学观念的束缚，未找到在多媒体和网络技术条件下有效利用立体化教材的信息资源优势组织课堂教学的路径，因而新教材、新技术到了他们手中更多的时候只是一种调动课堂气氛或者课后布置作业的新手段，并没有真正起到转变教学模式的作用（王扬帆，2007）。本研究尝试解决立体化教材如何根据实际教学需要充分发挥其在内容和形式方面的优势，填补教材设计和课堂教学应用之间的沟壑。

## 第三节 研究现状

### 一 大学英语教学发展现状

《国家中长期教育改革和发展规划纲要（2010—2020 年）》指出，我国当前教育发展的核心是解决好"培养什么人、怎样培养人"的重大问题，重点是"面向全体学生、促进学生全面发展"，这就要求我们坚持能力为重，强化能力培养，着力提高学生的学习能力、实践能力和创新能力。丁仁仑、戴炜栋（2013）指出，大学外语教育的目的是培养人才，而人才培养的归宿是满足社会发展需求，既要满足国家和地方政治、经济、文化的发展需求，也要满足学生个体的发展需求。对大学英语课程而言，"应以通识教育思想为指导，重构大学英语教学目标，培养学生较高的文化素养和宽广的知识面，提高学生的英语综合应用能力和跨文化交际能力"（周海燕、周景辉，2009）。因此，我国大学英语教学改革之路有两股潮流（俞理明、韩建侠，2012），一是以提高学生的听、说、读、写等能力为出发点，走"语言驱动"的路子；二是以通过英语获取所需要的信息，表达自己的专业思想，以课程内容的学习提高语言水平，走"内容驱动"的路子。大学英语教学要有动态化的教学目标定位和学习需求分析，"语言驱动"和"内容驱动"处于交互发展的状态，两条教学路子都有其存在的理由，以静止的眼光定位大学英语教学会导致其片面化、狭窄化（杨港，2013a）。

为更好地满足学生能力和个体发展的需求，教师需要对原有大学英语课堂教学及组织方式进行全方位改进，特别是随着现代化信息和网络技术的发展，大学英语教学主要采取课堂面授教学、学生自主学习和网络平台学习三者相结合的方式，这对大学英语教材的研发和应用提出了新的挑战。金力（2011）立足自1977年恢复高考至今我国大学英语课程主要经历的四个发展阶段，对教育部颁发的四部大学英语课程教学大纲和教学要求以及教材进行了比较研究，并指出：大学英语教学正在由统一化和规范化朝着个性化和多元化方向发展。应运而生的立体化教材突出了基于计算机和网络的课堂教学和自主学习的有机结合，要求大学英语课程从教学理念、教学目标到教学内容、教学手段及方法实现全面立体化，从而真正达到提高学生的英语综合应用能力和带动学生学习、实践、创新等能力发展的目标。

进入"互联网＋"时代，随着信息技术的快速发展和教学理念的持续更新，英语教学资源的转变从未停止，呈现出"从平面到立体、从电脑到手机、从封闭到开放、从预设到生成、从内容到活动、从知识获得到认知发展、从通用到个性"（杨港、陈坚林，2018）等多元发展特征和趋势。"互联网＋"变革教育的路径之一就是推进教学范式和学习方式变革（余胜泉、王阿习，2016），比如信息化教学范式从"Learn from IT（从信息技术中学习）"转型为"Learn with IT（利用信息技术工具学习）"和"Learn in IT（在信息技术支撑的环境中学习）"，教学工作形态全面智能化、智慧化，通过无处不在的移动网络和智能终端，学习从课堂内延伸到课堂外，从真实环境里拓展到虚拟情境中。因此，"互联网＋"时代大学英语立体化教材的设计要立足于促进学生有意义的学习这一最终目标的实现，涵盖内容、活动、练习、评价等要素以支持完整的学习过程，而技术和工具要服务并成功地维系这一过程；教师、学生、任务、情境的交互是大学英语立体化教材有效、高效使用的关键，通过交互构建学习社区，拓展学习空间，并影响学生改变思考、学习的习惯和方式。

## 二　大学英语教材研究现状

尽管教材在教学实践中处于不可或缺的地位，甚至"外语教材的品质直接关系到外语教学的质量，在外语教学中起着十分重要的作用"（束定芳、华维芬，2009：215），但与外语教学研究的其他领域相比，英语教材的研究并未得到足够重视。从柳华妮（2013b）对中国学术期刊网络出版总库中关于外语教学相关研究领域的检索结果可以看出，"学界对英语课程、教学模式、教师、教法及学习者等的关注远远超过对英语教材的关注;关于大学英语教材的研究不但数量有限,而且质量普遍较低,多为浅层次的教材介绍或评价、主观的分析总结或经验分享、微观的语言点质疑或评析等"。杨港、陈坚林(2013)对国内主要外语类期刊 2000 年以来发表的高校英语教材研究论文进行统计分析后也有类似发现:尽管国内外语界对大学英语教材的研究远比专业英语教材多,但高校英语教材研究总体数量偏少,研究内容涉及语言教材发展与社会需求、课程要求及教学系统之间的关系等,研究角度"重设计与编写、轻使用与评估",未形成理论体系。

旨在更好地说明国内大学英语教材研究现状,本著作选取了自 2000 年至 2018 年发表在国内 14 种主要外语类学术期刊[①]上与大学英语教材研究有关的论文进行统计和分析。经检索、下载和仔细阅读,共计 117 篇论文涉及大学英语教材研究。表 1-1 显示,随着《大学英语课程教学要求》分别在 2004 年试行和 2007 年正式颁布,大学英语教材研究论文的数量逐渐上升。具体来说,2000 年至 2003 年四年间发表论文 14 篇,年均 3.5 篇;自《大学英语课程教学要求》试行的 2004 年至 2006 年三年间有 18 篇论文发表,年均 6 篇;《大学英语课程教学要求》正式颁布以来发文数量明显增加,2007 年至 2018 年十二年间发表论文 85 篇,年均 7.1 篇。

---

① 这 14 种外语类期刊包括《外语教学与研究》《外语界》《外国语》《现代外语》《中国翻译》《中国外语》《外语学刊》《外语教学》《外语与外语教学》《外语电化教学》《外语教学理论与实践》《外语研究》《解放军外国语学院学报》和《山东外语教学》。

表 1-1　　　国内大学英语教材研究论文发表情况（2000—2018）

| 年份 | 2000 | 2001 | 2002 | 2003 | 2004 | 2005 | 2006 | 2007 | 2008 | 2009 | 2010 | 2011 | 2012 | 2013 | 2014 | 2015 | 2016 | 2017 | 2018 | 合计 |
|---|---|---|---|---|---|---|---|---|---|---|---|---|---|---|---|---|---|---|---|---|
| 数量 | 1 | 6 | 3 | 4 | 6 | 4 | 8 | 4 | 12 | 10 | 3 | 10 | 4 | 12 | 10 | 10 | 6 | 3 | 1 | 117 |
| 小计 | 14 | | | | 18 | | | 85 | | | | | | | | | | | | |

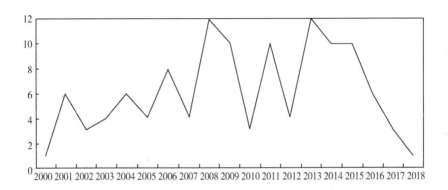

图 1-2　　国内大学英语教材研究论文发表情况（2000—2018）

## 三　大学英语教材使用研究现状

与国内语言教材研究重视宏观描述和总结的特点大不相同，国外的相关研究立足语言学习本身，关注语言教材的设计、编写、使用和评估等微观层面。一方面，语言教材设计思想经历了由"教授材料"发展成为"教学材料"，从重"教材"建设到重"学材"建设的过程（张恰，2006），另一方面，教材评估标准经历了由"教材如何构建教学内容体系"发展成为"教材如何促进教学方法革新"，从重"服务于教材编写"到重"服务于教材使用"的过程（梁志喜、康叶钦，2010）。因此，教材使用已成为语言教材研究的落脚点。

国外较早聚焦教材使用的学者 Madsen & Bowen（1978）指出，个性化（personalising）、个别化（individualising）、本土化（localising）和现代化（modernising）是教材同教学方法、学习者、教学目标、目的语、教师的个性与风格保持最佳一致性（the optimal congruence）的策略。Candlin & Breen（1980）建议通过改编教材给学习者更多语言交际机会。Cunningsworth（1984）关注教材如何在教师和学生中间搭建"互知、共享"的平台，使学生的学习行为达到教师的期待和要求。Grant（1987）建议并说明了使教材更具交际性的措施。20世纪90年代以后，对教材使用研究贡献较大的学者包括：Willis（1996）建议通过改变课堂教学组织与管理来实现任务型教材价值的最大化；Nunan（1999）针对教材如何增加学生的参与和师生的交互提出建议；McGrath（2002）和 McDonough, Shaw & Masuhara（2012）分别探讨了教师改编教材的目标、原则和步骤等；Saraceni（2003）指出教材编写者应以教材使用为出发点设计教材，强调教材要以学习者为中心，学生在教材改编过程中发挥作用。

与国外教材使用研究类似的是国内学者研究教材使用也多以教师为视角，且国内的教材使用研究集中在两个方面：一是教材使用的趋向，二是教材"一次开发""二次开发"甚至"三次开发"的实施。俞红珍（2005a）用课程实施的三种取向（包括忠实取向、调适取向和创生取向）审视教师使用教材的三种态度，即"教教材""用教材教"和"不用教材教"，折射了"材料式"和"圣经式"两种不同的教材观。与之相似，李学（2008）也指出，"教教材"与"用教材教"并不构成教学中的对立范畴，"教教材"也是用教材教，"用教材教"离不开教教材，教学中应当依据教材本身情况以及教师专业发展水平合理使用教材。随着外语课堂"学生主体"特性的突出，让学生成为教材使用实施过程的参与者成为趋势。俞红珍（2009）认为，学生是"教材的合作改编者"。这意味着学生与教师或学生与学生一起参与教材"二次开发"的实践，通过相互合作、讨论、研究，尝试改编、设计教材，激发他们对教材本质的认识兴趣。邱德乐（2009）则用教材的"一次开发""二次开发"和"三次开发"分别指代学科课程专家、教师和学生对教材的组织和加工，并特别指出学生依据自己的兴趣、经验、知识基础和对时代、社会的感受对教材进行"三次开发"体现了"材料式"和"过程式"教材观，认为教材的价值是教学过程中的一种媒介、资源、话题或切入点，对教材的开发才是教学的真实过程。

笔者对 2000 年至 2018 年刊登在国内 14 种主要外语类学术期刊的 117 篇大学英语教材研究论文的内容进行分类（如表 1-2 和图 1-3 所示）后发现：教材设计与编写（33.3%）和教材介绍与述评（30.8%）两大主题最受关注，尤其是教材推介类文章，作者通过介绍教材的编写理念和思路、教材建设理论与原则、教材与课堂教学设计及教学对策、教材试用建议（或试用效果分析）等向一线教师和学生推介教材或说明教材的设计思想和使用策略。相比较而言，大学英语教材的评估（8.6%）和使用（12.8%）研究较少。教材的日益丰富无疑对高校英语教学再上一个新台阶起了极大的推动作用，但与此同时，客观的教材评估就成为一项非常迫切的任务。随着教材市场的升温，我们更加需要一套科学的评估体系来分析大学英语教材的特点和优劣，为广大教师和学习者提供尽量科学的选择依据。因此，研究教材评估对于国内大学英语教学改革具有极其重要的意义。与教材研究的其他领域相比，教材使用应得到更多重视，尤其是如何借鉴国外教材使用理论并结合我国外语学科发展和英语作为外语教学的实际情况（如学习方式、学习环境等）形成科学、合理的大学英语教材使用框架是当前教材研究的重点。

表 1-2    国内大学英语教材研究论文内容分析 (2000—2018)

| 主题类别 | 主要内容 | 论文数量（篇）及比例 |
|---|---|---|
| 大学英语教材设计与编写 | 教材设计与编写的理论、原则、具体方法、特色等 | 39 (33.3%) |
| 大学英语教材评估 | 教材评估理论与实践、国内外教材评估标准对比及其启示等 | 10 (8.6%) |
| 大学英语教材介绍与述评 | 教材介绍或推荐、教材使用效果总体评估、教材本体研究（单体或对比）等 | 36 (30.8%) |
| 大学英语教材使用 | 教材与教学的关系、教材的选择、微观语言现象在教材中的体现与处理等 | 15 (12.8%) |
| 大学英语教材发展 | 教材发展路径分析、教材发展回顾与趋势展望、教材研究综述等 | 17 (14.5%) |

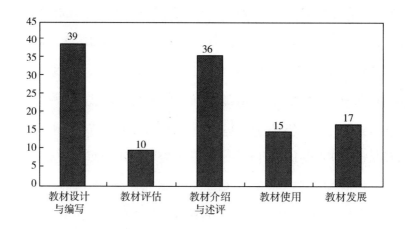

图 1-3    国内大学英语教材研究论文内容分析 (2000—2018)

综合国内外教材使用研究现状可以发现三个"缺失"：（1）以教师为出发点研究教材使用较多，学生视角下的教材使用研究缺失，这两个方面本该互为补充，教师和学生都是教材使用的主体；（2）研究教材使用的取向（A）和过程（B）较多，影响教材使用的因素（C）研究缺失，这三个方面本该构成教材使用的三要素，即 A 决定 B，C 影响 B，A 和 C 有间接关联；（3）研究传统纸质教材的使用较多，立体化教材使用研究缺失，两种教材的使用有共同之处，但也有很大区别，立体化教材在介质、媒体、资源、环境等诸多方面发生了变化，它的使用一定有别于传统纸质教材。

# 第四节　研究内容与方法

## 一　研究内容与问题

与传统教材相比较，立体化教材在对计算机和网络技术的开发和利用方面有很大优势。立体化教材在大学英语教学中的应用使作为教学结构的要素由原来的"教师、学生、教材"三要素改变为"教师、学生、教材、教学媒体"四要素，由此带来教学内容呈现方式、教学方法和学习方式、教学资源、教学环境等变化。这些变化对激发学习动机、转变学习态度、增强自主学习、合作学习、探究学习意识等大有作用，又在增加语言实践机会的同时开发学生分析和解决问题的思维，促进包括语言学习、实践和创新能力在内的学生外语能力的发展，从而推动大学外语课程以"内涵发展、校本特色"为趋向的改革。

本著作主要围绕以下三方面内容展开论述：

（1）正确理解立体化教材及其特点，深入分析和挖掘立体化教材的多重价值；

（2）分别从教师和学生角度调查大学英语立体化教材的应用情况，解读大学英语教材使用现状；

（3）反思大学英语立体化教材推动课程改革的优势。

本著作拟回答以下问题：

（1）如何界定和理解大学英语立体化教材？

①大学英语立体化教材的演变过程是怎样的?

②何为大学英语立体化教材? 如何理解其内涵?

(2) 鉴于当前教材应用现状,学生和教师应如何有效使用大学英语立体化教材?

①哪些因素影响学生和教师对大学英语立体化教材的应用?

②大学英语立体化教材的应用框架是怎样的?

(3) 基于对当前大学英语教学的反思,立体化教材如何促进大学英语课程和学生外语能力的发展?

①立体化教材如何促进大学英语课程的发展?

②立体化教材如何促进学生外语能力的发展?

## 二 研究思路与方法

本著作以构建大学英语立体化教材应用框架并以此解释立体化教材促进大学英语课程发展的理据为目标,分别以学生和教师对立体化教材的使用为视角,围绕"教材使用"这个核心概念探讨当前多模态、多媒体、多环境集成型教学模式下大学英语立体化教材对学生学习和教师教学的影响,着重论述课程实施中如何有效利用立体化教材以充分发挥多媒体和网络技术的作用,扩展教学内容,丰富教学资源,改变教学环境,并挖掘学生语言学习潜能,增加学生语言实践机会,促进学生外语能力的发展,从而推动大学英语课程改革。

本著作以学习理论观照下的教材研究为起点,以立体化教材的使用为主线,以构建大学英语立体化教材应用框架为目标,采用质化研究和量化研究相结合的混合式研究方法 (mixed methods/Creswell, 2008):

（1）质化研究：

①采用文献法阐释与立体化教材相关的教学和学习理论，解读这些理论观照下的教材观；从对当前大学英语教学发展脉络的分析中挖掘立体化教材与大学英语教学改革的关联；思考相关文献并结合访谈界定立体化教材的概念；

②采用历史研究法梳理大学英语教学及教材发展的历程，结合对大学英语教学主要结构要素在不同时期的发展的分析，进一步探讨引发大学英语教材变化的深层次原因，进而对不同时期的大学英语教材的发展规律进行评述；

③描述和分析大学英语课堂内外学生、教师应用立体化教材进行大学英语学习、教学的过程和效果，数据采集手段是观察法、访谈法和案例分析法；

④采用思辨法阐释立体化教材促进大学英语课程发展的优势和途径。

（2）量化研究：

①了解学生对大学英语立体化教材的应用情况，找出其影响因子，分析因子与整体以及各因子间的相关性，数据采集手段是问卷调查法；

②了解教师对大学英语立体化教材的应用情况，从意识、策略和效果等角度分析教师对立体化教材进行"再设计"的思路与行为，数据采集手段是问卷调查法。

# 第五节　著作框架

本著作从学生和教师的双重视角来研究大学英语立体化教材的

使用,旨在挖掘和阐释影响立体化教材使用的因素,以量化和质化数据分析这些因素如何作用于立体化教材的使用,构建大学英语立体化教材应用框架,借此审视大学英语立体化教材的应用现状,结合大学英语教学改革动向展望未来外语教材的发展趋势。著作共分七章。第一章是导论,指出本研究的背景、目的与意义、现状以及内容与方法等。第二章是本研究的理论基础,在对本研究涉及的核心概念进行界定和对国内外英语教材研究现状进行综述的基础上,采用文献法梳理主流学习理论发展的脉络以及它们对英语教材的影响。第三章探索大学英语教材演变历程,找出信息技术与课程整合背景下立体化教材出现和发展的理据,建构立体化教材内涵理解的基础。第四章是研究设计,编制调查问卷,细化访谈提纲和课堂观察系统,寻找影响学生和教师应用大学英语立体化教材的因素,全面调查大学英语立体化教材的应用现状,验证并考察这些因素是否以及在多大程度上影响立体化教材在大学英语教学中的应用,从而构建应用框架以指导大学英语立体化教材的使用。第五章是研究结果,以定量和定性两种方法采集数据并对数据进行系统梳理,以因子分析法和描述统计法为主分别对学生问卷和教师问卷调查获得的各项数据和信息进行归纳和分析,总结立体化教材应用于大学英语教学的优势和不足。第六章为研究反思,探讨立体化教材与大学英语课程发展以及学生外语能力培养的关联,思考大学英语课程的校本化设计和学生外语能力的多维培养。第七章为结论,对整体研究内容和结果进行回顾,并指出本研究的创新之处和局限所在。

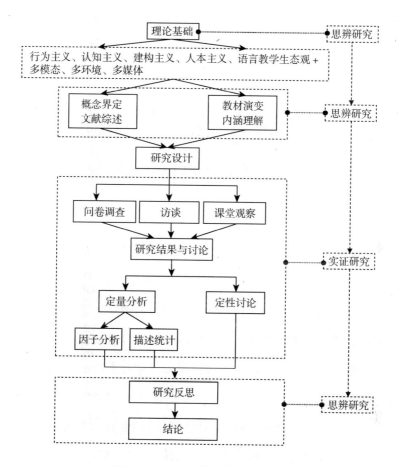

图 1 - 4 本研究技术线路示意图

# 第二章 理论基础:学习理论及其 对外语教材的影响

　　教材是供教和学使用的材料,是课程与教学中不可或缺的重要环节,在课程与教学理论与实践中占有举足轻重的地位。英语教材是英语教学的重要载体,它不仅提供语言学习素材,而且传输异域文化和思想,是深化教学改革、培养创新型人才的重要保证。当前,我国高校英语教材蓬勃发展,不仅针对不同地域、不同层次、不同课程的英语教材百花齐放,而且国内外英语教材在形式、内容等方面都随着英语教学理论的更迭不断推陈出新。近年来,现代教育技术不断发展,大学英语立体化教材相继出版并投入使用。与此同时,国内外语界对英语教材的研究也从未间断过。学习理论观照下的英语教材研究经历了从行为主义、认知主义到建构主义、人本主义再到语言教学生态观等阶段,不同的学习理论对教材的编写、使用和评估等产生的影响各异,这些影响又反馈到英语教学中,互为补充,互相融合,提高英语教学的有效性。为更好地进行大学英语立体化教材研究,本章拟在对本研究涉及的核心概念进行界定和对国内外教材研究现状进行综述的基础上,以文献法为主梳理几个主流学习理论对英语教材的影响，挖掘英语教材发展的理论根基。

# 第一节　概念界定

## 一　教材

教材是制约课程实施的一个重要因素，是教师教和学生学的主要依据，是学生获得知识、发展智力、提高能力的重要工具。界定"教材"这一含义多歧的术语并非易事。《中国大百科全书·教育》（董纯才，1985）将其定义为："教材一般有两种解释：①根据一定学科的任务，编选和组织具有一定范围和深度的知识和技能的体系。它一般以教科书的形式来具体反映。②教师指导学生学习的一切教学材料。它包括教科书、讲义、讲授提纲、参考书刊、辅导材料以及教学辅助材料（如图表、教学影片、唱片、录音、录像磁带等）。教科书、讲义和讲授提纲是教材整体中的主体部分"。据此，我们认为教材的含义有狭义和广义之分，前者专指教科书（textbook），后者则泛指以教科书为核心的一切教学素材（instructional materials）。随着学界对课程研究的深入，"教材"这一概念拓展到课程素材（curriculum materials），是课程的具体化。鉴于"教材"含义的多层性，李学（2008）用宏观、中观、微观之分界定教材的内涵："宏观的教材既包括以物质载体形式出现的教科书、教学挂图、教学用书等，又包括存在于师生头脑中已有的知识、经验及教学环境中各种被用于教学的信息；中观的教材是指教学中使用的物质载体材料，不包括观念等内容；微观的教材就是指教科书"。

语言教材是供语言教学使用的材料，正如 Tomlinson（1998：2）指出，任何有目的的、用以增进学生知识或语言经验的材料都可视为语言教学材料（language teaching materials）。Tomlinson（2008：3）有意识地使用语言学习材料（language learning materials）代替通常意义上的语言教学材料（language teaching materials）以强调语言学科的特殊性。他进一步指出，语言教材涵盖所有用来促进学生语言学习的材料，具有信息性（informative）、教育性（instructional）、体验性（experiential）、引导性（eliciting）和探究性（exploratory）等特点，其核心是具有教育性的材料，是学习者接受语言输入和进行课堂语言输出训练的基本载体，是语言课程的核心教学材料（Tomlinson，2012）。

廖哲勋、田慧生（2003：317-319）认为，"伴随着教材的不断发展，对教材的认识也应不断更新，既要包括传统的教材，更应以反映现代教材为主"。信息化教育时代的到来，计算机和网络技术的快速发展给课程改革和教材的开发建设提出了新的要求。全新的"电子教育"（E-education）时代在对英语教学理念、方法和手段产生巨大冲击的同时，也要求语言教材在内容、形式、服务等方面与当前的技术水平和条件保持一致，为学校提供一种教学资源的整体解决方案，最大限度地满足教学需要，促进教学改革。信息时代的语言学习和语言教材均呈现了新的特点，最大限度地利用和发挥信息技术的优势，快速、高效地整合教学诸要素。因此，我们这里所讲的教材是动态变化的。概括来说，本著作以狭义的教材为研究对象，行文中的教材均指课堂内外直接作用于高校英语教学的材料。

## 二　立体化教材

"立体化教材"这一概念最早起源于西方教育发达国家的出版产业，我国则在21世纪初期首次提出立体化教材建设的理念。以计算机网络为核心的现代信息技术进入并整合于外语教学领域，外语课程的构成范式从传统的"2＋1"模式转变为"3＋1"模式（理论、方法、技术＋课程或教材），即教学理论、教学方法、信息技术（教育技术）体现于课程或教材之中（陈坚林，2010：39）。信息技术与教育整合框架下，立体化教材应运而生。

国外学者如 Maddux，Johnson & Willis（2001）对立体化教材有清晰的界定：基于网络的立体化教材糅合了不止一种传输媒介、呈现方式以及感官模式，它以纸质教材为基础，同时包含至少一种媒介——音频、视频、图片、动画等。立体化教材在国外的说法大致分为三种，分别是：

（1）integrated textbook/coursebook，指教材内容的综合性程度高，强调全面训练和培养学生的听说读写能力；

（2）learning package，指教材形式的多样化程度高，融纸介质图书与其他介质资源于一体；

（3）study package，指学生可选择的学习活动项目丰富性程度高，既可以是实地的，也可以是网上的。

分析上述名称可以发现，国外关于立体化教材的说法都只偏重一方面，或内容，或形式，或活动，而立体化教材概念的内涵却要丰富的多。在我国，传统教材主要建立在纸介质基础上，信息技术的发展正在使教材的形式和内容发生巨大的变化，已经从单一的书本，发展到多种媒体形式的立体化状态。庄智象、黄卫（2003）明确了立体化教材产生的背景：一方面现代教育学理论要求大学英语教学更新观念和模式，另一方面现代信息技术为实现这一转变提供了必要的手段。马俊波（2006）列举了立体化教材的基本形式：文本教材（学生用书、教师用书、练习册等）、磁带、教师演示用多媒体光盘、学生自主学习用多媒体光盘、试题库和网站（教师教学支持和学生学习交流/资源下载等），并指出这几种基本形式各有侧重，且互为补充，单独使用可以满足某一方面的需求，结合使用则可以达到提高整体教学效果的目的。舒笑梅、王守仁（2008）概括了立体化教材的应用效果：以现代教育技术为依托的立体化教材更新了大学英语的媒介载体，改善了学生学习语言的环境与条件，提高了英语教学质量和教学效益。黄荣怀、郭芳（2008）根据对立体化教材设计具有指导作用的、由史密斯（P. L. Smith）和雷根（T. J. Ragan）在他们合著的《教学设计》一书中提出的"史密斯—雷根教学设计模式"并适应教材设计目标、原则以及实际需要，制定了立体化教材的教学设计框架（如图 2 - 1 所示）。陈坚林（2011）对立体化教材的理解是国内学者在该领域的最新成果。他指出，立体化教材应该是一种基于现代教育技术理论和信息技术实践的新型、动态的教材系统，也是一种体现教学理论、方法与技术的新型教材，体现在教学资源存储和呈现方式"新"、教学内容设计策略"新"和教学过程实现方法"新"。

通过对立体化教材概念的梳理，本著作认为：立体化教材以课程教学为中心，以计算机和互联网为支撑平台，对教学内容、教学资源和教学服务进行多媒介、多形态、多层次整合。立体化教材的物理表征显现为纸质教材、多媒体教材包和基于互联网的教学网站等，通常配有主教材、教师手册、多媒体助学光盘、教学录像、电子教案、教学网络系统和专门的资源网站，为师生提供完整、多元、个性化的外语教学和学习平台。深层次的立体化教材应定义为立体化教学和学习体系的载体，即在分析社会、学校和师生需求的基础上设计、编写立体化教材，构建多媒体、多模态环境，促进学生学

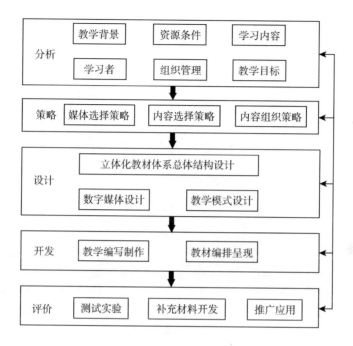

**图 2-1 立体化教材的教学设计框架（黄荣怀、郭芳，2008）**

习方式的转变，实现教材与教学的有效整合。因此，立体化教材是学生在教师引导下自主形成多媒体、多模态学习能力的最佳媒介和手段，其基本组成要素如图 2-2 所示：

作为一种教材建设新理念，立体化教材打破了以往以纸介质为知识传播载体的局限，充分利用现代教育技术来寻求突破，不仅能够满足系统化知识教学的需要，还能够满足学生自主学习、自主探究与个性化学习的需要，在培养学生实践能力和创新能力方面具有明显的优势，弥补了传统教材容易造成学生知识与能力脱节的缺陷。

## 三 大学英语立体化教材

"大学英语"是指为非英语专业大学生开设的英语课程，它是"以外语教学理论为指导，以英语语言知识与应用技能、跨文化交际

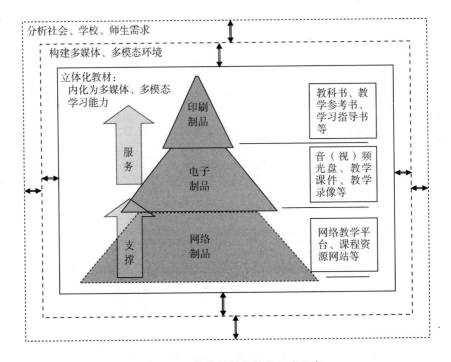

分析社会、学校、师生需求

构建多媒体、多模态环境

立体化教材:
内化为多媒体、多模态
学习能力

服务

支撑

印刷
制品

电子
制品

网络
制品

教科书、教
学参考书、
学习指导书
等

音(视)频
光盘、教学
课件、教学
录像等

网络教学平
台、课程资
源网站等

图 2-2 立体化教材的基本组成要素

和学习策略为主要内容,并集多种教学模式和教学手段为一体的教学体系"(《大学英语课程教学要求》,2007)。大学英语教材是针对非英语专业大学生进行"大学英语"课程学习而设计和应用的教学材料,它以英语语言为载体,以外语教学理论为指导,以提高学生英语语言综合应用技能和学习能力为主要目的。

2003 年,教育部正式启动大学英语教学改革,大学英语教学进入前所未有的快速发展时期。教材是大学英语教学体系中重要的组成部分,它是教学大纲的具体化,也在很大程度上影响着师生的教学/学习方法和行为。目前,国内各高等学校充分利用现代信息技术,采用基于计算机和课堂的大学英语教学模式,改进以教师讲授为主的单一教学模式。这样,大学英语立体化教材就成为促进师生实现大学英语教学和学习方法变化的主要因素。它突破简单的纸质教材加自助学习课件和软件的形式，真正依托多媒体网络资源，注重利用多媒体手段为学生提供真实的语言场景，着眼于现实生活与语言交际，用丰富的有声和图像资源辅助学生快速提高英语听说能力。与传统教材相比，大学英语立体化教材在内涵与形式上都发生了显著的变化，造成这种变化的根本原因是信息技术推动了大学英语课程在教学思想与教学模式方面的变革。已成为教学资源综合体和信息交流平台的大学英语立体化教材不再只是教师授课内容的纸质呈现载体，而是以促进教学观念的转变来调整现有的大学英语教学模式和学习方式，让学生成为学习的主体，教师则从传统教学中知识的传播者转变成为课堂的管理者、组织者和指导者，更好地服务于学生语言综合应用能力和个性化学习能力的培养的需要，提高大学英语教学效益。

# 第二节　外语教材研究综述

　　教材是课程教学的主要依据，是学生获取知识的重要源泉，所以教材研究是课程研究的重要组成部分。回顾国内外英语教材研究的历史，我们可以发现教材研究正在从课程研究的外围走向核心。国外英语教材的相关研究多从语言教学规律本身出发，对英语教材的设计、编写、使用和评估等微观层面关注较多；国内的英语教材研究则从语言教材发展的宏观角度出发，探讨它与社会需求、课程要求及教学系统等之间的关系。本节对国内外英语教材研究状况进行总结，并探求其对当今大学英语立体化教材建设的启示意义。

从利用教学理论、学习理论、传播理论进行教材设计,到把教学原理转换成教学材料和教学活动计划来组织、编写教材内容,再到依据学生个性化需求、层次和水平选择教材、使用教材并评估教材是否与提升学生语言能力和文化素养的人才培养诉求相匹配,教材的呈现过程是复杂的、非线性的,是解决"用什么来指导教、教什么和怎么教"的过程。因此,在教材研究中,教材的设计、编写、使用和评估等就显得尤为重要。这从 Tomlinson & Masuhara(2010)在其前言中对 20 世纪 90 年代以来的教材相关研究从教材编写、评估、使用和效果等四个方面进行概述可以得到验证。

## 一 国内外外语教材研究概况

现代教学论认为,要实现教学最优化,就必须实现教学目标和教学过程最优化。教材与教学目标和教学过程之间千丝万缕的联系决定了它是实现教学过程最优化的重要因素。总结国内外英语教材研究旨在探究英语教学中有关教材编写、评估和使用的种种模式及影响教材发展的内在原因,概括成就与不足,发现规律与趋势,以更好地反思当下。

### (一) 国外外语教材研究概况

国外对英语教材的研究已有几十年的历史。20 世纪七八十年代,教材研究被看作实践者(practitioners)的研究或教学研究的分支,这时教材研究通常以某种教学方法的操作案例呈现。这一时期的教材研究集中在教材评估和选择或对教材编写给出实际建议等方面。1993 年国际教材发展协会(MATSDA, the Materials Development Association)的成立推动了教材研究在世界范围内的推广。20 世纪 90 年代中期开始,教材研究成为独立的学术研究领域,涵盖了教材评估（evaluation）、改编（adaptation）、设计（design）、出版（production）、开发（exploitation）和研究（research）等方面，统称为"教材发展"（materials development），代表性的著作（如 McDonough & Shaw，1993/2004；Cunningsworth，1995/2002；Tomlinson，1998，2003a，2008；McGrath，2002）层出不穷，在促进大学和教师培训机构给予教材如何帮助语言习得更多关注方面迈出了重要一步。现在，教材研究的内容日趋丰富，作为实践活动的教材研究关注教材的出版、评估和改编的行为和过程，作为学术活动的教材研究关注教材设计、编写、实施、评估和分析的原则和理据。近年来的教材研究成果（如 Mukundan，2006；Mishan & Chambers，2010；Tomlinson，2010，2011a；Harwood，2010a；Tomlinson & Masuhara，2010，2012）均涉及教材发展的理论与实践。

从总体上看，国外学者对语言教材的研究多是共时性研究，且总是伴随着对教材"是"与"非"的辩论。早期的研究认为语言教材的共性大于个性，教材被视为"面向学生的'学材'（learning materials）和'学习者语言学习指南'及面向教师的'创意课本'（ideas books）和'理论指导书'（rationale books）"（Allwright，1981）。O'Neil（1982）认为在今天教材不断增长的时代里，我们总能找到提供核心教学材料的"某种东西"。Hutchinson & Torres（1994）也把教材视为一种指南，给教师和学生"提供了信心和安全感"。现在的研究认为语言教材的个性大于共性，教材应视课堂的动态性、个性、大纲的束缚、资源的可利用性、学习者的期望和动机等各种因素而定如何选择和使用（Cunningsworth，1995/2002）。Maley（1998）指出，教材编制者面临的主要问题是所有的学习者、教师和教学情景都各不相同，然而，教材却必须视它们为相同；教材、教师和学习者三者之间永远不可能有完美的匹配。教学情景的独特性和教材追求的普适性之间似乎是一对无法调和的矛盾。进入 2000 年以来，Graves（2000）、Richards（2001）和 Tomlinson（2003b，2008，2011b）都试图对教材做一分为二的是非辩证分析，提出更为理性的认识：教材之于课程、环境和教师有"是"有"非"，教师和学生对教材要批判性的接受。

（二）国内外语教材研究概况

我国教育界历来重视教材建设和研究。尽管教材在学校教育中究竟占有怎样的地位依然是争论的焦点，但在课程和教学改革背景下，教材作为执行改革的工具在学校教育中的权威性并未有很大的改变。从这个意义上讲，无论是基础教育还是高等教育，外语教材都是国家外语课程发展的标志。因此，对外语教材的研究意义重大。近年来，国内学者对外语教材的研究多是历时性研究（如表 2-1 所示），重视对外语教材发展的总结和展望。

表 2-1　　　　　近年来国内外语教材历时性研究总结

| 研究者 | 研究时间 | 研究内容和主要观点 | 研究贡献 |
| --- | --- | --- | --- |
| 胡壮麟 | 2005 | 大学英语教学的改革必然导致大学英语教材的改革，一方面对教材的理解变化了，另一方面教材编写正在走向国际化、公司化。改革过程中出现的有关大学英语教材的一些问题既有认识的问题也有政策的问题，都必须重视 | 解读《大学英语课程教学要求》对大学英语教材的深远影响 |
| 陈坚林 | 2007 | 在回顾并总结 20 世纪 60 年代以来的四代大学英语教材共同特征的基础上提出第五代大学英语教材应将外语课程与计算机网络全面整合，根据《大学英语课程教学要求》的教学目标，在对学生的学习需求、学习动机和学习心理等因素全面把握后，建立一个总的教学过程模式，用以指导整个教材的板块设计 | 提出"第五代大学英语教材"构想 |

续表

| 研究者 | 研究时间 | 研究内容和主要观点 | 研究贡献 |
|---|---|---|---|
| 王进军<br>冯增俊 | 2009 | 依据外语教材所持语言观的不同将其划分为文选型、语法型、会话型和交际型四个阶段,并指出目前外语教材正在从注重语言优美(如文选型外语教材)和注重语言结构特征(如语法型外语教材),转向注重语言意义特征(如交际型外语教材),以及强调语言社会性和个体性特征(正在发展中的新一代教材) | 划分外语教材类型 |
| 黄建滨<br>于书林 | 2009 | 针对 20 世纪 90 年代以来我国大学英语教材研究进行回顾并从多角度做出分析,提出大力加强大学英语教材研究,推动研究的系统化和科学化,为新一代大学英语教材的编写提供充分的理论依据,进一步提高大学英语教材编写质量 | 综述大学英语教材研究 |
| 陈珍珍 | 2010b | 对我国大学英语教材编写史进行简要的历时性描述和分析,揭示我国大学英语教材演进的内在逻辑,对未来教材编写进行展望,认为随着语言参与和语言体验逐渐成为学生的需求之一,走向语言体验的大学英语教材将成为未来的主流,即学生对教材内容建立一种能产生直接后果的经验,并学会对自己的经验进行反思,发展新技能、新态度、新理论及新的思维方法 | 梳理大学英语教材编写史 |
| 柳华妮 | 2011 | 结合历史背景、教育政策及教学法沿革等因素重现我国英语教材发展的历史画面,在总结我国英语教育开展百余年来国人所使用的英语教材的发展历程后指出,21 世纪是外语教材的繁荣时代和立体化发展阶段 | 回顾国内英语教材150 年发展历程 |
| 杨港<br>陈坚林 | 2013 | 在统计、整理 2000 年以来在国内主要外语类期刊上发表的有关高校英语教材研究的文章的基础上分析现状并加以反思,总结对未来高校英语教材发展的启示 | 分析教材研究现状的"片面性倾向",思考未来教材研究走向 |
| 柳华妮 | 2013a | 通过对 1990 年以来有关大学英语教材的期刊论文进行研究,分析关于大英教材的研究现状和趋势,找出教材研究主要关注的方面、广为认同的结论和有待更多研究的问题 | 发现教材研究新问题,奠定开展新研究的基础 |

由此可见,以历时性研究理清教材发展过程是国内学者研究外语教材的主要思路,其缺点是对各阶段高校英语教材研究的数量、

对象、角度、方法等方面的共时性比较不足，并没有对上述问题进行反思。

## 二 国内外外语教材设计与编写研究

总结外语教材设计与编写经验，找出规律性的东西，从而创建外语教材的设计与编写理论，用以指导外语教材编写的实践，是国内外教材设计与编写研究的共同目标，这已经成为提高外语教材质量的关键。外语教材设计与编写是一个复杂的过程，国内外学者在该领域的研究既有共通之处，又有各自特色。

（一）国外外语教材设计与编写研究

教材设计是"根据教学目标，运用系统科学方法，设计、开发、编写（制）、编辑、评估教材的理论、原则和方法体系。它的目的是产生具有最优化体系结构和最佳教学功能的新教材，并在使用中不断修订提高，使之不断成熟起来"（范印哲，2003a：21）。教材设计通常在一定思想指导下进行，设计者在实践中总结教材设计与开发的经验，逐步形成对教材设计过程简化的、理论化的描述，即教材设计模式。张恰（2006）以知识本位、学生本位为研究维度，对国外六种主流的教材设计思想进行梳理：知识中心式、经验中心式、人本中心式、建构式、范例式和学材式，并以此为基础，总结国外教材设计模式可以分为宏观的教材设计模式和微观的教材设计模式（张恰、马云鹏，2008）。前者找出教材设计的基本步骤和过程，后者从心理学的视角来研究教材设计的微观策略问题。

教材编写是设计者在教材编写原则指导下，依据教材设计模式完成教材编制、写作、修订直至出版的创作过程。国外学者对教材编写原则的研究较深入。Maley（1998）建议在教材编写时对教材内容、顺序安排等要给予适当的灵活度。Tomlinson（1998：5 - 22；2011b）从二语习得研究和个人经验中归纳出教材编写的十五条原则。Bell & Gower（2011）也在讨论教材编写如何适应教师和学生的需求以及符合教材出版的现实情况的基础上提出指导教材编写的十一条原则。Jolly & Bolitho（2011）提倡以原则性的、实践性的且动态性的框架指导教材编写。Tomlinson（2012）主张在教材编写的过程中使用一套即成的原则（a set of agreed principles）不间断地进行评估，这套原则既可以是适用于任何教学环境的普遍原则，也可以是针对目标学习环境的特定标准。

除教材编写原则以外，国外教材编写研究中也注重微观研究和宏观研究的结合。微观研究关注教材编写策略，如 Johnson（2003）以实验形式挖掘教材编写中的任务设计程序，并强调专业知识在任务设计中的重要性。Tomlinson（2003c）建议采用一个灵活的、基于文本的框架来编写教材并确保教材的人本主义属性。Coyle，Hood & Marsh（2010）在编制适应内容和语言融合型学习的教材方面给出建议。Jolly & Bolitho（2011）提出的教材编写程序框架主要包括：教材需求分析（主要是语言、意义、功能与技能等）、教材内容选择（尤其是题材和文本等）、教材活动设计（包括练习设计）和教材版面设计。Prowse（2011：173）关注教材编写的创新性，并指出：教材编写是创造性的而不是一个机械的过程，应充分利用先前的教学经验。宏观研究关注教材编写与相关课程和教学理论的关系，如 Edge & Wharton（1998：299 - 300）把教材看作 ELT 教学理论体系中不可或缺的一分子，认为教材是编写原则与教学实践之间的"对话"（dialogue）并强调教材设计要突出灵活性以使教师的创新能力最大化。McGrath（2002）探讨了系统化教材设计模式、学习者参与教材设计以及教材使用中和使用后的评估等问题，还理清了教材与文化、教材与大纲以及教材与研究等关系。Harwood（2010b）探讨了教材如何与英语作为第二语言教学（TESOL）的课程理论相匹配的问题。Tomlinson & Masuhara（2010）和 Tomlinson（2011b）考虑在教材发展实践中应用第二语言习得相关理论。Tomlinson & Masuhara（2012）则挖掘了教材发展与应用语言学理论的关联。近年来，信息技术在教材编写中的运用得到加强。Reinders & White（2010）以任务设计为例探讨了技术与教材发展相结合的理论与实践。Motteram（2011）和 Kervin & Derewianka（2011）都不约而同地关注了教材信息传递和教材使用中的新技术元素。

（二）国内外语教材设计与编写研究

尽管国内学界一致认为外语教材是外语课程实施的重要组成部分，是教学的重要内容和手段，但长期以来，外语教材编写理论一直是语言课程研究的薄弱环节，也鲜有既系统又实用的理论资料指导外语教材的编写，外语教材编写的理论与实践脱节。束定芳、庄智象（2008）在讨论教材编写的语言材料选择时提到以下几个原则：真实性原则、循序渐进原则、趣味性原则、多样性原则、现代性原则和实用性原则，并指出：若教材编写实践中真正融入这几个原则，则教材质量必然会提高。

我国的外语教材编写研究多从宏观视角探讨教材编写与相关教学、学习理论的关系，或从语言观、方法论的角度提出编写外语教材的建议。庄智象（2006）认为：外语教材编写理论涉及诸多方面和因素，诸如教育学、应用语言学、社会语言学、认知语言学、教学方法和手段、师资队伍等，同时必须考虑市场和社会需求分析、读者对象的定位，以人为本，以学习者或学习为中心，全程服务于受众;充分考虑到受众的学习心理特点和过程,以及教材编写的一些基本理论、指导思想、原则及方法。施春宏(2010)在讨论面向第二语言教学的语言学教材的编写问题时主张:教材不仅要准确地叙述知识,最好还能在语言观和方法论上启发思考,引导发现;教材编写应体现出一种动态的语言观、语言应用观和教材编写观。这对包括大学英语教材在内的语言教材的编写有启示意义。

与宏观的外语教材编写研究不同,有一些研究针对的是教材编写过程中的某一环节,如教材中的练习。束定芳、张逸岗(2004)对外语教材在外语学习过程中的作用及现行外语教材使用情况的调查结果显示:在不同种类的练习中,交际活动最受学生欢迎,语言训练最不受欢迎。因此,教材编写者应认真思考如何巧妙地通过阅读或其他形式的交际活动来安排语法训练、巩固和加强学生的语法知识和语法意识。也有一些研究关注某一类外语教材的编写,如李洪波、詹作琼(2006)就高校英语口语教材的编写缺乏真实性的现实情况对口语教材编写原则提出了自己的看法,并介绍了三种具有非预见性和真实性的口语活动形式。还有一些研究总结了外语教材的编写模型或流程,这对外语教材的编写更具指导意义。如黄显华、霍秉坤(2005)构建的教材设计模型(或流程)包括五个步骤:建立教材目标、选择媒介、编写内容(含文字、图表及印刷式样等)、作者修订及外部编辑和产出。

国内外语教材编写研究的一个鲜明特点是总结教材编写历史,展望教材发展趋势。这一类研究介于宏观研究和微观研究之间,可认作中观研究。李霄翔等(2009)在探讨体验哲学与英语教学在认知层面上的相关性的基础上对新一代大学英语教材的研究与开发提出了参考建议,即将体验哲学的原理应用到英语教材的研发中去,研究学习者语言学习的认知规律，使用多种视角考察语言信息流，构建多重语境，使学习者足不出户就能体验到真实的情境，并在学习新知识的同时增加了语言使用技巧和语言能力。陈珍珍（2010a）选取不同历史时期三部典型的大学英语教材进行比较分析，揭示了我国大学英语教材演进的内在逻辑，即教材编写随着教学大纲、经济发展、语言学理论和教学法的变化而变化，进而对未来教材编写进行展望。于博瀛（2010）认为随着大学英语教学改革的不断推进，大学英语教材领域也随之发生变化。在计算机网络与外语课程整合和外语通识教育的双重背景下，大学英语教材的通识化转向成为发展的必然趋势，大学英语教材应该根据学校背景和学科专业的不同，向 EAP 和 ESP 方向发展；同时，基于语料库和虚拟语境下的大学英语教材设计将是未来大学英语教材开发的一个趋势，进而实现大学英语教材真正的"立体化"。蔡基刚（2011b）通过对近几年出版的大学英语教材的分析，进一步阐明了大学英语教材的编写理念与学习者需求、人文素质教育、以内容为依托的教学、教材的真实性、学生自主学习能力和语言训练的度等六个方面的关联，从而得出结论：转型时期的大学英语教材应该以内容为依托，发展学生的学术英语能力。

随着语料库在外语教学及其研究中扮演着越来越重要的角色，教材研究者，如何安平（2007）和梁汉平（2010），发现语料库手段不仅可以用于教材的开发，即编制的过程，而且可以用于研究和检验教材的设计思想、教学目标、教学内容、教学方法及编排体例等，即比较和评估教材。尤其是研究者普遍认为英语教材的编写水平和质量在很大程度上取决于教材编选的语言材料，而语料库是语言材料最可靠的来源。教材编写者为教材选编的语言素材要真实、地道，要符合学习者的需求，计算机语料库为实现这一目标提供了一个有效的解决方案。

此外，唐磊（2000）和程晓堂、康艳（2009）针对我国中小学英语教材编写的研究对大学英语教材也有很强的借鉴和指导意义。前者宏观上论述外语教材与课程计划、教学大纲的关系，微观上探讨外语教材的知识结构和能力培养结构；后者结合我国中小学英语教学实践，强调英语教材的选材应该具有代表性、真实性和人文性，要正确把握"学得"和"习得"的关系，恰当安排语言知识，提高学生的自主学习能力并促进教师的专业发展。

## 三　国内外外语教材评估研究

教材市场的繁荣和丰富促使我们比以往更需要一套科学的评估体系来分析高校英语教材的特点和优劣。因此，与教材研究的其他领域相比，教材评估应得到更多关注，尤其是如何借鉴国外教材评估理论结合我国外语学科发展和英语作为外语教学的实际形成科学、合理的高校英语教材评估体系应是当前教材研究的重点。

### （一）国外外语教材评估研究

教材评估是根据特定的标准并通过一定的方法对教材的有效性进行分析，总结教材的使用效果，从而概括对教材价值的总体认识。教材评估研究主要包括评估依据、内容和方法三个方面，以评估方法为重点研究对象。在教材评估依据方面，Harmar（1991）指出，研究教材的一种方法是看它是否能够满足学习者的需求，这是评判教材的依据和前提。O'Sullivan（1990）指出选择和评估教科书必须根据我们心目中的某类学生的需要。McDonough ＆ Shaw（1993/2004）认为，教材和教学法不是相互独立的，而是相互镶嵌在一个大的教育环境中，教材评估应结合教育环境进行。在教材评估内容方面，Cunningworth（1984）提出评估教材着重要看四个方面：教材内容是否和教学目标相一致、教材是否满足让学习者高效掌握语言技能的目的、教材是否满足学习者的需求以及教材是否考虑语言特征、学习过程和学习者三者的关系。Hutchinson & Waters（1987：99-104）提出的教材评估内容主要包括教材所涵盖的各项教学内容和使用本套教材要采用什么样的教学方法和手段等。O'Sullivan（1990）认为教材评估应把重点放在动力和学习上，从学生的学习动力和学习理论两个重要方面来评估教材。Seaton（1982）的教材评估清单有二十个小项，主要涉及教材内容的安排、适合的学习策略、语境是否情景化、语言是否地道等。Breen & Candlin（1987）把评估者从教师扩大到了学生，特别强调教材对学生学习积极性的调动，评估的目的是为了更有效地促进学生水平的提高。

国外较有影响的英语教材评估方法主要有以 Hutchinson & Waters（1987）、Cunningsworth（1995/2002）和 McDonough & Shaw（1993/2004）等为代表的几个理论框架，他们把教材评估方法分为对照法、二分法和三分法。Hutchinson & Waters（1987）提出将"主观需要分析"（subjective analysis）和"客观对象分析"（objective analysis）相互对照的客观评估方法，首先由评估者列出教材目的和对教材的要求，同时列出某一等级评估教材的特点，然后两相对照，做出评估，即教材评估对照法。Cunningsworth（1995/2002）提出了整体印象评估（impressionistic overview）和深入评估（in-depth evaluation）两种方法，即教材评估二分法。整体印象评估是指教材评估者根据自己的经验对教材进行的整体性、印象性的主观评估；深入评估是指对教材进行的深入性评估，既要评估教材本身的思想性、科学性、系统性和趣味性等（主要包括语言的话题、学习的方法、内容的组织和教学方法的采用），又要评估教材的适用性和可操作性（包括学生的需求分析、大纲或课程标准的目标要求、教师的教学风格等）。McDonough & Shaw（1993/2004）认为英语教材评估体系的主要目的是选择合适的教材或改编现有教材以最大限度地发挥其作用，其评估体系包括外部评估（the external evaluation）、内部评估（the internal evaluation）和整体评估（the overall evaluation），即教材评估三分法。外部评估需要教材作者或出版商考虑对教材所做的说明和介绍、教材的使用对象、教材的语言水平、教材的使用环境、语言的呈现方式、作者的语言观和教学观、教材的作用、视觉材料及其呈现方式、教材的文化取向以及是否包括教师用书、词汇表、索引、内容列表、视听材料和测试材料等；内部评估需要考虑各种语言技能的处理和呈现方式、教材内容的先后顺序和难度分级、听说读写材料的类型、测试和练习是否适当、是否提供自学内容、是否能够激发教师和学生对教材的兴趣等；整体评估需要考虑教材的可用性、普遍性、可调整性以及灵活性等因素。

纵观国外教材评估研究，我们发现教材评估的依据、内容和方法已经相对成熟，并达成共识：教材评估是促进教材反映当时最先进的语言教学理论和主流教学方法以满足学生需求的有效途径。因此，国外教材评估是一项实践性重于理论性的研究，关注教材评估细节的微观评估居多。Ellis（2011）指出微观评估存在"过于局部化、范围窄小、缺乏理论支撑"等问题，近年来，国外教材评估研究有从微观评估（micro-evaluations of materials）转向宏观评估（macro-evaluations of materials）的趋势。

(二) 国内外语教材评估研究

国内的英语教材评估开展得比较晚,而且没有形成自己独特的评估理论和评估体系。对英语教材的评估离不开我国英语作为外语教学的大背景,这一大背景包括如下几个主要方面:教学理论与实践、教学大纲、教师因素、学生因素、测试体系、教学相关资源和学习环境等。其中,教学大纲是影响国内教材评估体系的重要因素。教学大纲是教材编写的主要依据,教材是实施教学大纲的载体,因此,教学大纲是评估教材的重要依据。胡壮麟、陈中竺、赵扬(1995)指出,教材评估应从教材与当时教学大纲的一致性和教学效果两方面进行综合考察。束定芳、庄智象(1996/2008)的观点与之相似,他们指出,教材的评估要与具体的教学目标相结合,要看他是否与教学大纲中所提出的教学目标和要求相吻合。

国内学者关于教材评估内容的研究以引介国外相关研究为主,如王蔷(2000:169)专门介绍了 Tomlinson(1998:7-22)关于好教材的评估标准;何安平(2001:4-8)列举了 Sheldon(1988:242-245)的一份较为详细的英语教材评估清单;程晓堂(2002:65-67)针对教材的外部评估专门介绍了 Grant(1987:122,124,126)所提出的关于教材选择的三个评估表;周雪林(1996)针对中国大学英语教学实际制定了英语教材评估标准,包括六个方面:(1)教材与教学理论的关系:语言教学有其特殊性,英语教材要体现先进的语言教学理论,并在这些理论的指导下改进教学实践,实现教材目标;(2)教材与教学大纲的关系:教材的设计是在教学大纲的指导下进行的。教材能否反映教学大纲的要求是教材评估的重要指标之一。教材内容应与教学大纲的要求相吻合;(3)教材与学习者的关系:从语言学习的角度看,作为教学内容载体的教材能否促进学习者的学习经验、现有语言水平、兴趣、动机、学习风格和学习策略等因素的发展是评估教材时需要着重考虑的问题。教材应能最大限度满足学习者的学习需求；（4）教材的选材问题：教材评估要考查用于教学的材料是否具有真实性、可学性、实用性等语言属性；（5）教材练习的设计问题：编排教材中的练习应该注意听说读写等语言基本技能的平衡，以有效地培养学生英语综合运用能力；（6）配套材料：主教材之外要有辅助教与学的语言材料用以循环复现和强化某项或综合语言技能，并保持学习者的学习兴趣。

国内学者关于教材评估方法的研究基本上采纳的还是国外几个比较流行的评估理论框架，如钱媛（1995）根据 Van Els 等（1984）的研究结果，提出评估外语教材应包括以下步骤：（1）根据课程教学大纲或评估一览表逐项调查某一教材；（2）通过问卷调查或访谈了解使用该教材的师生的意见；（3）对数种教材的特点进行比较；（4）如有可能，还可以进行教材使用效果的实验研究。国内教材研究者提出自己的评估角度和标准的代表性著作是程晓堂的《英语教材分析与设计》（2002）。他把教材评估概括为随意的印象性评估（ad hoc impressionistic evaluation）和有系统的评估（systematic evaluation），有系统的评估又分为内部评估（internal evaluation）和外部评估（external evaluation）。乔爱玲（2002）提出的从宏观和微观两个方面进行的教材评估体系也是具有原创性的。教材的宏观设计应从三个方面考虑：（1）教材编写的宏观指导原则，即根据教学目标所设定的教学大纲；（2）教材编写的主框架结构；（3）单元课程的设计模式。教材的微观设计方面有五个教材评估参考原则，包括：微观设计与宏观指导的关系、单元课程具体教学内容的组织形式、语料的编排和练习的设计、练习量权重和新语言点复现率的分配以及语言表达的真实性。

综上所述，现有的国内教材评估理论或理论框架多是借鉴西方学者关于教材评估的理解和阐释。但中西方语言环境不同，西方学者依据他们的语言环境提出的教材评估理论是否适应我国的语言教育环境还值得反复推敲和论证。因此，要评估我国的英语教材，就应该根据我国的实际情况，制订相应的教材评估标准，建立适合于我国实际语境的英语教材评估理论体系。

## 四　国内外外语教材使用研究

国外关于教材使用的研究主要有两个思路：一是针对教材本体，调查教材在课堂教学中的角色；二是针对使用主体，探讨教材使用与教师发展的关系。与之类似，国内关于教材使用的研究也有两个基本思路：一是从教师角度出发，考察教师使用教材的方式、策略和过程以及其对英语教学的影响；二是从学生角度出发，讨论教材使用过程中学习者因素（如学习动机、学习策略、学习风格等）的发展。

### （一）国外外语教材使用研究

英语教材在课堂中的运用呈现多样化特征，但学界鲜有关于教材使用实践的研究。教材在课堂上扮演着什么角色呢？是资源还是脚本？相关研究显示，目前多数教师在使用教材时把教材看作教学资源的提供者之一，如：Richards & Mahoney（1996）通过问卷调查和课堂观察研究了香港英语教师如何以教学资源的呈现为视角使用教材的问题；Katz（1996）从四位教师在课堂中使用教材的行为中发现教材使用与教学需求和目标联系紧密；Gray（2000）调查研究了教师如何审查或调整英语阅读教材中的文化内容；Lee & Bathmaker（2007）通过半结构式访谈研究发现影响新加坡中等职业学校英语教师使用教材的主要因素包括当地制度及教室的限制。

　　教材使用是教材与教学发生联系、产生互动并实现教材的教学功能和价值的唯一途径。对教材的正确解读和合理使用是教师教学需要的重要方面，围绕教材开展的基于教学需要的教师教育和教师培训是教师发展与教学实践的自然联结。教材的使用与教师培训和教师发展有不可分割的联系。国外有相当数量的研究表明教材使用受到教师对待教材的态度的制约，也就是说教师对教材的使用取决于他们的教学经验和教材在一定教学环境下的价值。例如，Tsui（2003）在一项关于教师知识库的调查中发现，经验欠缺的教师往往更加依赖教材，而经验丰富的教师通常会有选择性地使用现有教材且最大限度利用丰富的教学资源。由此看来，教材适应和改编能力是教师培训中必须强化的部分。Pelly & Allison（2000）调查了 58 位新加坡小学教师关于教学评估对教学实践的影响的观点，其中有 79% 的受访者表示他们的教学在很大程度上被测试制约，更有 4 位受访者提到他们只讲授教材中与测试有关联的内容。这给教师在职培训提出了一个新课题：如何使用教材以实现教学效益最大化。Zacharias（2005）和 Gray（2010）对两个不同国家的教师使用教材的观察显示了类似的结果。前者发现印度尼西亚高校教师趋向使用国外原版教材且完全据此进行教学；后者发现西班牙新入职教师没有信心挑战教材的权威性。这些针对教师在课堂上如何使用教材的研究都揭示了教材发展与教师发展的关联。McGrath（2002）提出了对教材使用中和使用后评估的多种可行程序，并从中发现教师使用教材的实际行为。Masuhara（2011）建议采用"使用纪录"（a record of use）的方法收集更为客观的数据来反映教师课堂中对教材的使用。

总之，了解教师的教材使用行为和结果可以更好地服务于教材发展。当然，以教学材料为依托开展教师发展活动并不等于简单地满足教师的教学需要，更重要的是在教学需要得到满足的基础上，逐步培养教师独立思考、自主行动的能力，最终达到授人以渔（Xu，2009）。

（二）国内外语教材使用研究

我国当前教育改革的基本理念是教育要以人为本，促进人的发展，要关注学生、关注过程、关注发展。在教改新理念下，教材不是教学的全部内容，教材是可变的、发展的和开放的。教学实践中要使这个基本理念得以实现，灵活地使用教材、防止教学中机械地"以教材为本"是至关重要的。教材使用者包括教师和学生，使用教材进行英语教与学的过程中二者既相对独立又交互融合。

国内研究教材使用的文献多以教师为视角，围绕教师与教材的关系，探讨教材作为教师学习、研究和应用实践的资源对教师专业发展的意义，着重强调教师如何对教材的资源性、功能性以及研究性价值加以利用。夏纪梅（2008）形象地指出，教材是教师的手中之宝，教师要善于"淘宝"，不但把它当作教学用材，更重要的是把它用成学生的学材，当成自己发展和研究的用材。教材本身是有限的，但教师对教材的个性化使用、工具价值性使用、开发性使用、创造性使用、研究性使用则有无限的空间和价值。王维佳（2009）提出了"教材可塑性"这一概念，即某本教材给使用者提供的再创作空间，并指出再创作过程是使教材本土化的过程，也就是说教师要根据自己学生的具体情况，为我所用，在教材的基础上采用针对性更强的信息输入和输出活动，并伴随时代与日俱增的变化，不断更新输入信息、调整输出活动。简而言之，就是要通过大量优质的

ESL 化的输入信息和真实性强的 ESL 化的输出任务向使用者提供再创作空间，发挥教材在 EFL 课堂里创造 ESL 软环境的作用。陈坚林（2011）认为立体化教材不仅体现了发展式教育观与先进的教学方法，更是体现了一种媒介的转换与教材发展范式的转变。因此，在具体教学实践中教师应采用立体化教学方法，使教材的立体功能（多媒体、多模态、多介质方式的存储和呈现；一体化、系统化的立体教学设计；多元化、互动式的教学过程实现）得到全面的发挥；而要真正实施好立体化教学，教师必须提高自身的"信息—教学"素养，用好"活书"，选好资源，设计好虚拟教学环境，学会信息化教学方式。

以学生为视角的教材使用研究集中体现在教材如何满足学生的个体差异和由此带来的个性化学习上。鉴于学生的差异，也为了使学生能打下扎实的语言基础，董亚芬（1998）建议在使用教材时各校按具体情况为不同水平的学生找到切合实际的起点和终点，不宜强求一致。蒋静仪（2006）以某阅读教材为例，解释了教材如何创造环境去培养学习者的自主和协作学习能力，以使学生把自主性学习与协作性学习活动有机结合，从传统的学习模式中解放出来，变被动学习为主动学习，参与整个学习过程，并较好地控制学习性质和方向。余千华等（2008）从学生话题兴趣的角度对教材与学习者匹配情况进行调查研究，探讨中国大学生的话题兴趣特点以及他们的英语学习感知倾向、性别及英语水平对于他们话题选择的影响，从而为英语教材编写以及现有教材在英语课堂教学中的使用提供有益的探索与参考。杨虹（2009）以学习者自主理论为依据分析了教材与学习者自主的关系，指出学习者自主对教材提出了更高要求，而教材的结构设计和内容选择直接影响学习者自主的环境。

　　教师和学生视角下的教材使用研究并非孤立进行，束定芳、张逸岗（2004）的教材使用情况调查就是两个视角结合的典范。该调查显示，在教材使用的过程中，学生也更希望发挥自己的主观能动性，希望教师以学习活动的组织者、学习的向导、参谋甚至是心理医生的角色出现。这一方面说明大部分学生希望自己成为教材使用的主体，另一方面也说明教师在使用教材的过程中具有不可替代的指导作用。

　　总之，国内外教材使用研究目前都已进入"瓶颈"阶段，特别是研究视角方面需要有突破和创新。在信息化教学时代，作为英语课程资源重要组成部分的英语教材已不再仅仅是一本教科书，而是一个教学包，是以教科书为基础的多元化系列配套教材，由多种媒介和形态的教学和学习资源组成。教材使用中如何开发、利用这些与教科书配套的教学和学习资源，拓宽语言输入渠道，丰富语言运用情境，培养学生的综合语言能力是教材使用研究的新课题。

## 五　国内外教材研究总结与述评

　　国内外教材研究皆主要包括深刻的教材阐释与有效的教学技术两个方面。相比较而言，国内教材研究更注重对教材本体的研究，以教材本身为研究对象和研究内容，研究角度涉及教材编写、评估和使用等；国外教材研究更注重对与教材有关的教学要素的研究，以教材为研究对象，以教材与教师专业发展和学生能力提高的关联为研究内容，研究角度涵盖教材与课程设计、教学策略、学习方式等，呈现多元化和精细化特征。此外，国内教材研究多为宏观研究，以现有语言教学和学习理论解释与教材有关的教育现象，研究者以理论阐述为主的研究方法使得研究的主观性过强，为数不少的研究用个人经验和体会或开放性调查代替缜密的思辨或实证研究，研究中缺乏教学、学习实践的支撑；国外教材研究多为微观研究，关注教材发展和教学、学习的技术层面，未以课程论为视角探讨教材与课程及其他相关学科发展之间的关系。

值得说明的是，国内从事教材研究的研究者以教材编写者和使用者为主，他们的研究常常把研究的主线分割开来，如教材编写者探讨教材的编写理念以及这些编写理念在教材中的实现要多于对一线教师和学生如何更好地利用教材开展教学、学习活动的论述，这样就很难形成教材由"编"到"用"的一体化研究；国外从事教材研究的人以学术研究者为主，他们掌握语言教材和语言教学的系统理论，能站在理论的高度研究教材是如何指向英语教育目标的实现，与学生层次、语言水平等因素挂钩，研究有针对性，且成果或来自于教学过程或直接进入教学过程，研究的可复制性强、教育意义和价值大。

总之，从教材研究所受关注的程度和研究的整体质量来看，国内外教材研究都还不成熟，目前都处于快速发展时期。国内外学者对外语教材的研究各有偏重，如能使之趋向平衡，则更有理论与实践双重价值，即：以宏观研究理清教材发展过程，发现问题，以微观研究深挖教材编写、使用、评估等理论，解决问题。因此，本著作在完成外语教材研究概述、外语教材与学习理论的关系阐述以及大学英语教材发展演变历程的梳理后，以关于大学英语立体化教材使用情况调查的实证研究作为研究的主体部分，做到宏观视角与微观视角相结合，就是希望在整理英语教材研究文献的基础上梳理高校英语教材发展脉络，分析现状并把握规律，对未来英语教材发展有一定的启示意义。

# 第三节　外语立体化教材研究综述

自 2002 年我国首次提出立体化教材建设的理念以来,立体化教材的出版和推广工作一直在如火如荼地进行,但立体化教材研究还处于探索和发展阶段,多数研究还停留在教材与课程建设的层面上,理论探讨多,实证研究少,理论与实践脱节,缺乏系统性、针对性和实用性。随着大学英语教学改革的深入进行,"优化各种教学资源,探讨纸介教材和立体化教材的结合,以此为切入点,改革教学模式"成为提高大学英语教学效率的重要途径(张文霞、罗立胜,2004),立体化教材研究受到国内学术界的重视。

为清晰了解国内立体化教材研究现状,本节以中国知网全文数据库(CNKI)为检索源,检索国内关于立体化教材研究的博硕士论文和 CSSCI 期刊论文(11 种外语类语言学来源期刊和 37 种教育学来源期刊)。以"立体化教材"或"立体式教材"为题名或者关键词在博硕士论文数据库和期刊论文数据库中进行检索,阅读检索得到的文献后剔除与立体化教材研究这一核心主题关联性较小的论文以及非学术性文章等,共计发现(截至 2018 年 12 月):

(1)硕士论文 11 篇,无博士论文,最早完成于 2004 年,其中与大学英语立体化教材有关的论文有 4 篇,其研究内容、角度和观点等信息如表 2 - 2 所示:

(2)在 11 种外语类语言学 CSSCI 来源期刊上发表大学英语立体化教材研究论文 5 篇,其研究内容、角度和观点等信息如表 2 - 3 所示:

表 2-2　　　　　国内大学英语立体化教材研究硕士论文

| 研究者 | 研究时间 | 研究角度 | 研究内容和主要观点 |
|---|---|---|---|
| 朱午静 | 2007 | 教材发展 | 选取四套现行立体化教材进行横向比较,探讨立体化教材在培养学生英语综合应用能力方面的优势;纵向梳理教材发展与外语学习理论的关系,找出大学英语教材发展立体化、网络化和个性化的趋势。此外,在使用和发行立体化教材方面,给教师、学生、教材编写人员、教学研究人员以及技术人员提出建议 |
| 柳睿 | 2009 | 教材评估 | 对两套大学英语立体化教材从教材自身结构框架和是否以及在多大程度上满足教师和学习者的需求、实现教学目标以及教学大纲所提要求等角度进行对比,从中发现立体化教材的优势以及亟待提高的方面,并探讨对未来教材改革方向的启示 |
| 张晓丽 | 2010 | 教材出版与传播 | 在深入认识出版传播数字化进程和教育传播规律的基础上对国内大学英语立体化教材进行了较为全面系统的分析,发现大学英语立体化教材存在的问题,为大学出版社如何应对数字出版的挑战提供一定的理论参考依据,并对立体化教材未来的发展做出预测 |
| 邹宇曦 | 2012 | 教材使用 | 在梳理立体化教材编写理论(如行为主义、认知主义、建构主义等基本学习理论和计算机辅助语言学习理论等)的基础上,以某教材为例,通过实证研究总结大学英语立体化教材使用中出现的问题,并提出改进立体化教材使用的建议 |

表 2-3　　　　国内外语立体化教材研究期刊论文(1)

| 研究者 | 研究时间 | 研究角度 | 研究内容和主要观点 |
|---|---|---|---|
| 庄智象 黄卫 | 2003 | 理论构建 | 从现代教育学理论和现代信息技术的发展出发,分析大学英语教材立体化建设如何改变以灌输知识为主的教材体系,形成一套多元化、多层次、互相联系、互相作用的教学方案 |
| 贾国栋 | 2004 | 课程设计 | 从课程设计的理论基础、课程目标、课程结构、课程内容、课程特色与创新点、课程支撑体系和课程运行环境等方面评介立体化教材《大学体验英语》多媒体网络课程 |
| 马俊波 | 2006 | 教材开发 | 从实践论的角度探讨大学英语立体化教材开发中的核心问题,并指出大学英语立体化教材是信息时代的产物,是形式、内容和服务三方面的统一体 |
| 于博瀛 | 2010 | 语料库与教材开发 | 在计算机网络与外语课程整合和外语通识教育的双重背景下,指出语料库和虚拟语境下的大学英语教材设计是未来大学英语教材开发的一个趋势 |
| 陈坚林 | 2011 | 概念厘清和理论挖掘相结合 | 在探究外语立体化教材的基础上探讨立体化教学方法的实施要素,并对教师"信息—教学"素养的提高提出建议 |

（3）在37种教育学CSSCI来源期刊上发表立体化教材研究论文27篇，其中与大学英语立体化教材有关的论文有4篇，其研究内容、角度和观点等信息如表2-4所示：

表2-4　　　　　国内外语立体化教材研究期刊论文（2）

| 研究者 | 研究时间 | 研究角度 | 研究内容和主要观点 |
| --- | --- | --- | --- |
| 刘援 | 2003 | 教材设计 | 确定实用性和体验教学为基本设计理念，并从目标定位、特色定位以及构建立体化体系遵循的原则等几个方面确定大学英语立体化教材的整体策划方案，保证教材水平和质量 |
| 祝大鸣 | 2003 | 教材推介 | 从教学理念、教学方式、教学内容、教学手段、教学实现形式等方面介绍大学英语立体化教材的突出特点以及较之于传统教材的创新和突破 |
| 林林 | 2004 | 教材开发与教学实践 | 探讨如何通过"体验教学"新理念与大学英语立体化教材的结合创造一个网络化、多媒体化和交互性教学环境，切实提高学生的学习功效和实际应用能力 |
| 蔡基刚唐敏 | 2008 | 教材发展 | 新一代大学英语教材必须体现实用性、主题化、重内容、立体化、多样化、任务型、以学生为中心等编写原则，其中教材的立体化要求充分利用网络技术，突破交际的时空限制，为语言学习和使用开辟更为宽广的社会交际环境 |

分析上述文献不难看出国内针对大学英语立体化教材的研究有以下几个特点：

（1）起步晚，数量少。国内针对大学英语立体化教材的研究都出现在近十年，立体化教材的出现和普及推动了相关研究的开展。到目前为止，以大学英语立体化教材为核心主题的研究数量不多，还未形成完整的研究体系。

（2）研究内容和类型单一，缺乏多样性。从立体化教材的概念界定和内涵探讨到立体化教材在大学英语教学中的应用现状和发展趋势，多数研究是从理论建构和框架设计等角度进行，缺少结合教学实践探究立体化教材在大学英语课堂内外应用的研究，实证研究更是匮乏。

（3）研究视角窄，覆盖面小。大学英语立体化教材研究中，关注教材的设计和编写的文献明显多于教材的评估和使用。而这些研究又以主观性研究为主，归纳教材编写理念和原则以及介绍个人使用体会和经验等研究常见于期刊或博硕士论文。这势必影响大学英语立体化教材研究的科学性，可操作性不足，对大学英语立体化教材发展的启示意义有限。

本著作基于以往大学英语立体化教材研究成果，从教师和学生双重角度进行大学英语立体化教材使用的实证研究，说明立体化教材如何在教学实践中促进教学诸要素的改变，从而推动课程改革。

# 第四节　学习理论与外语教材研究

教材的设计、编写和使用都以一定的学习理论为基础，充分体现这些理论的原则。大学英语教材也不例外，它的设计、编写和使用在不同的历时时期受不同的学习理论影响，并在大学英语教学的发展历程中反映出一定时期占据主导地位的外语学习理论和教学、学习实践模式。本节主要综述行为主义学习理论、认知主义学习理论、建构主义学习理论、人本主义学习理论和语言生态观观照下的大学英语教学和教材的发展。

## 一　行为主义学习理论及其对外语教材的影响

行为主义（behavirism）学习理论又称"刺激—反应"理论，是当今学习理论的主要流派之一。该理论认为，人的思维与外界环境相互作用形成"刺激—反应"的联结，促进人的发展。就学习过程而言，学习者对环境刺激做出反应产生学习行为，学习是刺激与反应之间的联结。也就是说,行为主义学习理论认为环境是刺激,伴随而生的行为是反应,对刺激形成反应的过程就是学习者学习的过程。行为主义学习理论对教学实践的启示是教师要为学生创设和优化学习环境,并使用一定策略影响学生的学习行为,尽可能在最大程度上塑造并强化学生的合适行为,矫正或消除不合适行为。

## (一) 行为主义学习理论

起源于 20 世纪 20 年代的行为主义学习理论强调学习者的任何行为都能受外界环境的刺激而被塑造和改变,学习行为的基本要素是反应,学习者的行为表现是其在适应环境时,与环境中各个刺激之间产生的多种反应的组合。行为主义学习理论的代表人物及其主要观点有桑代克 (E. L. Thorndike) 的试误学习理论 (1911)、巴甫洛夫 (I. Pavlov) 的条件反射理论 (1927) 和斯金纳 (B. F. Skinner) 的操作学习理论 (1938)。

美国心理学家桑代克受达尔文进化论的影响,认为人类是由动物进化来的,动物和人一样进行学习,只是复杂程度不同而已。因此他通过动物实验来研究学习,提出了"刺激—反应"学习理论。其基本观点包括:(1) 学习是"刺激—反应"的联结,学习过程的实质在于形成环境与反应之间的联结,二者之间是直接的因果关系,不需要任何中介因素。学习的公式是"刺激 (S) →反应 (R)"。因此,教学的目的在于形成、保持、消除、改变或引导各种联结。(2) 学习是通过不断的尝试与错误而实现的,学习过程是试误的过程。他认为学习是一种渐进的、盲目的尝试与错误的过程,所以他的学说又称尝试错误说 (Theory of Trial and Error,简称试误说)。(3) 学习过程中,联结的形成是遵循一定规律的。他发现影响学习中形成"刺激—反应"联结的几个因素,并据此提出众多的学习律,其中主要有准备律（law of preparation）、效果律（law of effect）和练习律（law of exercise）。除了上述三个主要学习律，桑代克还指出了一些其他规律，或称为学习原则。其中有多重反应律（law of multiple responses）、定势律（law of set）、选择性反应律（law of selective response）、同化律（law of assimilation）、联想性转换律（law of associative shifting）等。这些从实验中获得的用来解释一般学习过程的规律构成了人类学习的基本原理。桑代克的"刺激—反应"学习理论是教育心理学史上第一个较为完整的学习理论。他运用实验研究学习的做法奠定了联结派行为主义学习理论的基础。但桑代克以"联结"和"试误"为核心要点的学习理论简化了学习过程的性质，只能解释简单的机械学习；同时，因其未能区分人类学习与动物学习的本质区别，也就未能揭示学习的意识性和能动性。

俄国生理学家巴甫洛夫是最早提出条件作用的人。巴甫洛夫的条件作用说被认为为行为主义联结学说奠定了基础，因此也被称为经典性条件反射理论（Theory of Classical Conditioning）。条件作用的基本内容是一个不随意的、伴随性的条件刺激（即中性刺激）与一个能引起某种反应的刺激（即诱发刺激）相结合，而使个体学会对中性刺激做出反应。其基本观点包括：（1）条件作用的获得与消退是有规律的。条件作用是通过条件刺激反复与无条件刺激相匹配，从而使个体学会对条件刺激做出条件反应的过程而建立起来的。在条件反射建立以后，如果条件刺激重复出现多次而没有无条件刺激相伴随，则条件反应会变得越来越弱，并最终消失。（2）刺激有泛化和分化之分，二者是互补的过程。个体一旦学会对某一特定的条件刺激做出条件反应以后，其他与该条件刺激相类似的刺激也能诱发其他条件反应，这就是刺激的泛化。所谓刺激的分化，指的是通过选择性强化和消退，使有机体学会对条件刺激和与条件刺激相类似的刺激做出不同反应的一种条件作用过程。泛化是对事物相似性的反应，分化则是对事物差异的反应。（3）客观环境中的刺激可以分成两种性质不同的信号刺激物，即第一信号和第二信号。第一信号指直接作用于感官的具体的条件刺激，如声音、光等；第二信号是指人类使用的言语、文字。条件反射理论认为，语言学习就是在语言（书面或口头）与客观世界（事物、观念、概念）之间建立条件反射，经多次重复，形成第二信号系统，使得学习者在没有诱发刺激的情况下，也能产生对中性刺激的联想，并将这种感觉泛化到语言学习活动中，从而取得学习效果。

美国新行为主义的主要代表人物斯金纳是操作学习理论的创始人，也是对当今心理学影响最大、最重要的新行为主义者。他最有影响的主张集中体现在他的操作学习理论。斯金纳指出，在人类由特定的刺激引起的行为之外，还有操作性行为，它们是在环境中缺乏明显的无条件刺激物时形成的。操作性行为通过操作式条件反射获得，而操作性条件反射是首先做某种操作反应，然后得到强化的过程，写成公式为"刺激（S）→反应（R）"。斯金纳在操作性行为的基础上进一步提出了操作性条件反射式学习。与经典性条件反射式学习相比，操作性条件反射式学习更能代表实际生活中人的学习情况。由此，斯金纳提出了对教育实践起巨大影响的学习理论——操作学习理论。操作学习理论的基本观点包括：（1）学习的关键在于操作之后的强化（reinforcement）；强化活动是改变学习行为和结果的主要动力。强化又分正强化（positive reinforcement，又称积极强化）和负强化（negative reinforcement，又称消极强化）。（2）有机体做出以前曾被强化过的反应，如果在这一反应之后不再有强化物相伴，那么这一反应在今后发生的概率便会降低，称为消退。消退是一种无强化的过程，其作用在于：当有机体自发地做出某种反应以后，不对其施以任何强化，从而降低该反应在将来发生的概率，以达到消除某种行为的目的。（3）当有机体做出某种反应以后，呈现一个厌恶刺激或不愉快刺激，以消除或抑制此类反应的过程，称作惩罚。惩罚与负强化和消退都有所不同，负强化是要增加行为发生的概率，消退是不施以强化，而惩罚是通过厌恶刺激的呈现来使行为反应在将来发生的概率降低。学习过程中，教师要对其希望学生学会的某种行为或本领进行正强化（如提供学生喜欢的活动等）和负强化（如取消学生不感兴趣的活动等）。此外，学习中对某种行为的鼓励能促成该行为习惯的形成，而对某种行为的责备或惩罚是促使其行为改变的有效方法，但不是最理想的方法，因为惩罚会带来某些负面影响，这就是说教师应有条件地使用惩罚。斯金纳发现了操作性条件反射现象，并对其进行了认真的实验和理论研究，丰富了条件反射的实验研究，填补了条件反射类型上的一项空白；他强调教学中强化的重要性，对学习行为管理和学习过程控制有重要的价值。但斯金纳把人的学习与动物学习等同起来，简单归结为操作性条件反射，过于偏狭；不注重人学习的内部机制和过程，将人等同于学习机器。

（二）行为主义学习理论对外语教材的影响

综合桑代克的试误学习理论、巴甫洛夫的条件反射理论和斯金纳的操作学习理论，行为主义学习理论的要点是：（1）行为主义学习理论强调刺激与反应，认为学习是刺激与反应之间的联结。学习行为是学习者对于某种刺激产生的反应，正确的行为反应可得到奖励，反之将受罚或反复机械地进行刺激和反应，直至正确行为的发生。（2）行为主义学习理论强调学习的环境和条件，认为学习行为是学习者对环境和条件的刺激所做出的反应。因此，学习的环境和条件应该完整和充实，与学习要求相适应，能促进正确学习行为的发生，并对学习行为的发生具有一定的"挑战"，使某种行为的发生必须要克服环境和条件带来或造成的某些困难。

现代外语教学从重视"教"到重视"学"的发展过程深受行为主义学习理论的影响。外语教学长期以来把重点放在言语或文字刺激方面，缺乏对学生行为的重视。因此，教师应从注重"教学刺激物"的设计发展到对"学习行为"的强调。在此过程中，教学媒体（设备）的作用不容忽视。按照行为主义学习理论的观点，教师使用教学媒体（设备）一方面要呈现教材，另一方面要与学生的学习行为建立联系，如接受学生做出的反应、控制学生的学习顺序、经常性和即时性的强化等，从而保证学习的成功。行为主义学习理论根据"刺激（提问）—反应（回答）—强化（确认）"的原理，制定了教学的基本原则：（1）小步调教学原则（step-by-step input）；（2）强化学习原则（intensive learning style）；（3）及时反馈原则（immediate feedback）。对现代外语教材而言，行为主义学习理论强调教材的设计与编写是一个"过程"，而不能简单地认定为一件"产品"。它提出的"过程论"使人们开始重视教材的开发过程：从教学目标（学习结果）的阐明开始，分析教学对象，设计教学内容及顺序，进行实验性测试，编制教材，直至推广使用。具体而言，行为主义学习理论对外语教学和外语教材的影响主要体现在以下三个方面：

表 2-5　　行为主义学习理论对外语教学和外语教材的影响

| 行为主义学习理论要点 | 行为主义对外语教学的影响 | 行为主义对外语教材的影响 |
| --- | --- | --- |
| 设计与使用"刺激物" | 对语言给予客观的解释 | 让学生学习"活"的语言，而非选自文学名著的范文 |

续表

| 行为主义学习理论要点 | 行为主义对外语教学的影响 | 行为主义对外语教材的影响 |
| --- | --- | --- |
| 建立"刺激—反应"联结 | 反复训练建立联系 | 让学生进行反复的操练,如句型练习或替换练习等 |
| 发挥"强化"的作用 | 尽量使用正面强化 | 对学生正确的语言行为不断地进行强化 |

行为主义学习理论对帮助教师克服教学中缺乏强化与反馈、忽视学生个体特点等弊病起着积极作用,但它只注重行为的描述,不注重行为的解释;只注重外部反应和外部行为结果,而不探讨内部心理机制,忽视了人的主观能动性。因此,仅仅依靠行为主义学习理论设计的教学具有很大的局限性,这就需要教师和学生加强认知心理学的研究,以指导其对学习过程和行为塑造过程的认识。

## 二　认知主义学习理论及其对外语教材的影响

行为主义学习理论认为教学应创造情境来引起学习者的反应,并对这些反应进行适当的强化。操练是教学的要旨。在这个过程中,学习者只是被动的接受者,他们的主体能动性得不到发挥。而认知主义(cognitivism)学习理论认为学习者是学习的积极参与者,学习在于学习者内部认知的变化。认知主义学习理论对教学实践的启示是重视学习者在学习活动中的主体价值,充分肯定学习者的自觉能动性,强调认知、意义理解、独立思考等意识活动是学习过程中不可或缺的重要组成部分,并且在课堂教学中,鼓励采用能使学生始终处于主动地位的各种方法。

（一）认知主义学习理论

源于格式塔心理学的认知主义学习理论在 20 世纪 50 年代中期正式形成,其核心观点是:学习就是学习者通过认知过程（cognitive process），把各种资料加以储存及组织，形成认知结构（cognitive structure）的过程。认知主义学习理论强调刺激与反应之间的联结是以意识为中介的，强调认知过程的重要性。认知主义学习理论的代表人物及其观点有格式塔学习理论、布鲁纳（Brunner）的认知学习理论（1960）以及乔姆斯基（Chomsky）的语言学习论（1957，1959，1965）。

格式塔心理学（Gestalt Psychology）是由德国心理学家惠特海默（M. Wertheimer）于1912年首创。它认为从学习的结果来看，学习并不是形成"刺激—反应"的联结，而是形成新的完形（configuration）。这个完形是与新的环境相对应的，新的环境对个体产生某种潜在的刺激，改变学习者现有的心理结构，这就产生了"学习"。在格式塔心理学家看来，学习过程是学习者领会到自己的动作和情景，特别是和目的物之间的关系，即通过学习者重新组织或重新构建有关事物的形式而实现的。格式塔心理学对桑代克的试误学习理论进行了批判，强调学习并非形成"刺激—反应联结"，关注知觉经验的组织作用和认知过程，使认知派与联结派的区别明确化，促进了学习理论的发展。但它把学习完全归于有机体自身的组织活动，否认客观现实的反应过程，不符合人类学习的特点。

布鲁纳的认知学习理论特别强调学生的主动探索，认为从事物变化中发现其原理原则，才是构成学习的主要条件，故而也被称为发现学习论（Discovery Learning Theory）。它的基本观点包括三个方面：（1）学习是主动形成认知结构的过程；（2）强调对学科的基本结构的学习；（3）通过主动发现形成认知结构。因此，他提倡发现学习法（Discovery Learning Method），以便使学生更有兴趣、更有自信地主动学习。布鲁纳的认知学习理论强调学习的主动性、学习者的独立思考与内在动机以及学习的认知过程与认知结构的形成，比联结派更能说明人类学习的特点，但它夸大了学生的学习能力，忽视了学习活动的特殊性。布鲁纳所提倡的发现学习法对教师、学生以及教学、学习方式要求过高，运用范围有限。

1957 年，乔姆斯基在他的著作《句法结构》中把语言看作是一个心理规则系统，即语言学习是认知心理学的一部分，并且提出语言学习的过程并非是简单地对于语言形式和意义的学习。乔姆斯基提出"语言能力"（linguistic competence）的概念，即人先天就有学习语言的能力，学习语言是基于实际需要，经过自觉演绎而获得的产生和理解句子的能力。因此，研究语言不是研究语言行为或语言本身，而是人们内在的语言能力。这样，语言研究的重心就从可以观察的语言行为转移到人们对于母语的认知。乔姆斯基的语言学习论主要有以下三个观点：（1）语言是创造的，即获得语言并不是去学会特定的句子，而是利用组句规则去理解和创造句子，句数是无限的。（2）语法是生成的，儿童生下来就具有一种"普遍语法"（universal grammar）。（3）每一个句子都有两个结构层次——深层结构和表层结构。深层结构显示基本的句法关系，决定句子的意义；表层结构则表示用于交际中的句子的形式，决定句子的语音等。句子的深层结构通过转换规则变为表层结构，从而被感知和传达。乔姆斯基的《句法结构》和他的语言学习论使人们重新认识语言及语言学习的本质，被称作"乔姆斯基革命"（Chomsky revolution）。

（二）认知主义学习理论对外语教材的影响

综合格式塔学习理论、布鲁纳的发现学习理论以及乔姆斯基的语言学习论的观点，认知主义学习理论强调：（1）语言学习是一种认知发展的过程，学习者在语言学习过程中应发挥积极主动作用。（2）对学习过程的关注应多于学习结果。学习过程是学习者自己去探索、去发现知识、原理、规律等，通过发挥已有知识经验的作用和挖掘学习材料本身的内在逻辑结构等参与到学习过程中。（3）学习过程是学习者认知因素和情感因素共同发生、交互作用的过程，它们从不同角度对学习活动施加重大影响。如果没有认知因素的参与，学习任务不可能完成；同样，如果没有情感因素的参与，学习活动既不能发生也不能维持。

认知主义学习理论指导下的外语教学要求教师在教学过程中依据学生的实际需求，帮助学生与环境建立联系，兼顾认知和情感因素的开发，促进智力水平的提高。因此，根据认知主义的观点，外语教材的设计和使用应遵循四大原则：（1）要想让学生在学习情境中经由主动发现原则而获得知识，教师应针对学习情境及教材性质做清楚的讲解。（2）教师在教授知识时应配合学生的经验，据此组织教学材料，从而使每个学生学到知识。（3）教材的难度与逻辑上的先后顺序须针对学生的心智发展水平及认知表征方式做合理安排，从而使学生的知识经验能前后衔接，产生正向学习迁移。（4）教材内容的难易设计要考虑学生学习动机的维持，太容易学会的教材内容缺少成就感，太艰深的教材内容难以学会，又易产生失败感，适度的调节才能维持学生的内在动机。具体而言，认知主义学习理论对外语教学和外语教材的影响主要体现在以下三个方面：

表 2-6　　认知主义学习理论对外语教学和外语教材的影响

| 认知主义学习理论要点 | 认知主义对外语教学的影响 | 认知主义对外语教材的影响 |
| --- | --- | --- |
| 学习过程中有机体积极主动参与 | 学生是外语学习中的行为主体 | 教材要培养学生的学习兴趣与探索精神 |
| 学习者的主动性和学习的内在动机是重要的认知因素 | 课程的设计应满足学生的需求 | 教材设计体现"因材施教"和"循序渐进"原则 |
| 认知因素和情感因素在学习过程中同时发生、交互作用 | 语言学习应在有意义的环境中进行 | 教材提供有意义的语境以实现规则的理解与运用 |

认知主义学习理论的不足之处是没有揭示学习过程的心理结构。学习心理是由学习过程中的心理结构即智力因素与非智力因素两大部分组成的,其中,智力因素是学习过程的心理基础,对学习起直接作用,非智力因素是学习过程的心理条件,对学习起间接作用。只有使智力因素与非智力因素紧密结合,才能使学习达到预期的目的,而认知主义学习理论不重视对非智力因素的研究。

## 三　建构主义学习理论及其对外语教材的影响

建构主义(constructivism)学习理论是 20 世纪后半叶随着心理学发展及对人类学习过程研究的深入,特别是由于计算机和网络技术的飞速发展,学习者获取知识的环境发生了巨大变化的背景下产生的。该理论认为,知识不是通过教师传授得到,而是学习者在一定的情境(即社会文化背景)中,借助其他人的帮助,利用相应的学习资料,通过意义建构的方式获得的。建构主义学习理论对教学实践的启示是教师应该在教学过程中尽可能地激发学生的学习兴趣,帮助学生形成学习动机,通过设计符合教学情境的学习活动帮助学生在与学习环境互动的过程中建构起所学知识。因此,在语言教学中要重视学习者在学习过程中交互与合作关系的建立。

（一）建构主义学习理论

建构主义学习理论的核心是人们通过自身的经历来构建自己对客观世界的理解与认识。按照建构主义的观点,所谓学习实际上就是人们不断调整自己对客观世界的认识以适应新的经历的过程。

建构主义学习理论源于瑞士著名心理学家皮亚杰(J. Piaget)的有关理论。他在系统研究儿童心理的过程中发现儿童与环境的相互作用涉及两个基本过程,即同化和顺应。“同化”是指把外部环境中的有关信息吸收进来并与儿童已有的认知结构建立密切联系，即个体把外界刺激所提供的信息整合到自己原有认知结构内的过程。"顺应"是指外部环境发生变化，而原有认知结构无法同化新环境提供的信息，从而导致儿童认知结构发生重组与改造的过程，即外部刺激影响和改变个体认知结构的过程。儿童的认知结构就是通过同化、顺应过程逐步建构起来，并在"平衡—不平衡—新的平衡"的循环中不断得以丰富和发展。在皮亚杰看来，个体能动地与周围环境发生交互从而变革、建构认知结构的过程就是学习。在此基础上，维果茨基（L. Vygotsky）从历史文化学的角度发展了建构主义学习理论（1978）。他认为人的高级思维活动受其社会文化内在化的能力决定。所以，人的高级思维系统不是无限的、一成不变的，而是随着人的社会生活模式的变化而变化。维果茨基还提出"最近发展区（Zone of Proximal Development，ZPD）"理论，他认为儿童发展有两种水平：一种是已经达到的发展水平，另一种是儿童可能达到的发展水平，这两种水平之间的距离就是"最近发展区"。儿童只有在"最近发展区"内才有可能进行真正的学习，而教学的内容就应该安排在这个"最近发展区"内，通过教学将"最近发展区"转化成为学生的现有发展水平。

皮亚杰的个人建构理论和维果茨基的社会活动建构及"最近发展区"理论共同构成建构主义学习理论的基础。建构主义学习理论的基本内容包括以下几个方面：（1）强调学习者的认知主体作用，认为学生是学习的主体，是认知和信息加工的主体，是知识意义的主动建构者，教师是意义建构的帮助者、促进者。（2）强调学习情境的重要性，认为学生的学习是与真实的或类似于真实的情境相联系的，是对真实情境的一种体验。学习者只有在真实的社会文化背景下，借助于社会性交互作用，利用必要的学习资源，才能积极有效地建构知识,重组原有知识结构。(3)强调贯穿学习过程始终的师生之间、生生之间的沟通、交流以及学生和教学内容与教学媒体之间的相互作用,认为建构意义的关键是学习者的协作。(4)强调对学习环境的设计,认为在学习过程中教师要为学习者提供各种资源(包括各种类型的教学媒体和教学资料),鼓励学习者主动探索并完成意义建构,以达到自己的学习目标。"情境""协作""会话"和"意义建构"被认为是建构主义学习环境的四大要素。

综上所述,建构主义学习理论的核心可以概括为:以学生为中心,强调学生是知识的主动探索者和发现者以及意义的主动建构者,学习需要交流和合作,强调教学过程对情境的创设,强调资源对意义建构的重要性。基于建构主义学习理论的教学模式与传统教学模式相比,在学习观、权力关系、教师作用、学习者角色、知识观、课程观、学习经历、过程控制、学习动机和评价等方面存在差异(丰玉芳,2006;见表2-7):

表2-7　传统教学模式与建构主义教学模式的区别(丰玉芳,2006)

| 类别 | 传统教学模式 | 建构主义教学模式 |
|---|---|---|
| 学习观 | 知识的传授;以"教"为中心 | 知识的转化;以"学"为中心 |
| 权力关系 | 强调教师的权威性 | 教师作为"学习者中的学习者" |
| 教师作用 | 知识的传授者、灌输者 | 指导者、促进者、组织者、帮助者 |
| 学习者角色 | 被动地接受、消化知识;以个体学习为主 | 解释知识、积极参与建构知识;以小组学习为主;协作学习 |
| 知识观 | 客观的、静止的、确定的 | 主观的、动态的、情境的 |
| 课程观 | 静态的、固定的课本内容 | 动态的、松散的、全面的内容 |
| 学习经历 | 强调结果;以事实、概念和数据为主 | 强调过程;以学习技能、自主学习、社会交际技能为主 |
| 过程控制 | 以"教"为中心、教师传授模式 | 以"学"为中心、自主性学习 |
| 学习动机 | 外在动机为主 | 内在动机为主 |
| 评价 | 终结性评价:成就测试 | 过程评价:反思过程,自我评估 |

张海榕（2003）在分析建构主义教学观、学习过程观、学习者观以及教师角色等方面的基础上，以流程图的形式形成了建构主义教学模式示意图（见图 2-3）：

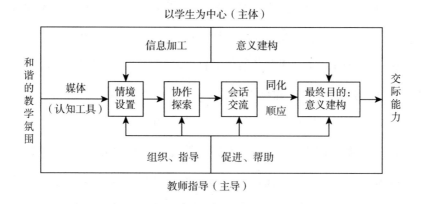

图 2-3　建构主义教学模式（张海榕，2003）

（二）建构主义学习理论对外语教材的影响

作为一种学习理论，建构主义强调以下原则：（1）学习是对意义的探索；（2）意义要求对整体和对部分的理解；（3）学习是基于现有的认知结构；（4）学习的目的就是建构自己对客观世界的理解与认识。遵循上述原则，建构主义教学模式提倡在教师指导下的、以学习者为中心的学习，既强调学习者的认知主体作用，又不忽视教师的指导作用，教师不是知识的传授者和灌输者，而是意义建构的帮助者和促进者；学生不是外部刺激的被动接受者和被灌输的对象，而是信息加工的主体、是意义的主动建构者。

在网络技术与大学英语课程整合的背景下，教育技术领域的专家通过大量的研究与探索，力图建立一套全新的教学设计理论与方法体系以适应建构主义学习理论以及建构主义学习环境，并已开始应用于指导基于多媒体和网络的建构主义学习环境的教学设计。如朱甫道(2005)指出,建构主义学习理念中的随机通达和协作学习的观点更是适合大学英语在网络时代的学习特点,建构主义的学习观为网络化学习提供了丰富的理论原则和基础,而网络化学习又为建构主义学习观提供了有效的实践环境和条件。具体来说,在网上学习和课堂教学的交互中,教学材料在设计教学内容和学习环境方面起到了"桥梁"作用(见图2-4),将学生的"学"与教师的"教"联结起来,使课堂内外形成一个"大课堂"概念,学生始终是学习的主体,教师是学习的指导者和导航员。

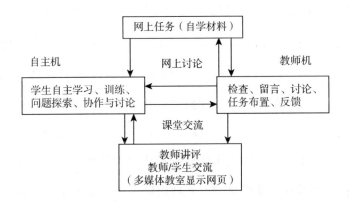

图 2-4　网上学习与课堂教学交互图 (朱甫道,2005)

在建构主义教学模式中,教材所提供的知识是学生主动建构意义的对象,不再是教师教授的内容;媒体是用来创设情境、进行协作学习和会话交流,即作为学生主动学习、协作探索的认知工具,不再是帮助教师传授知识的手段和方法。对比建构主义教学与传统教学,教师、学生、教材和媒体等四要素各自有完全不同的作用,彼此之间的关系已发生变化。建构主义学习理论对外语教学和外语教材的影响主要体现在以下三个方面:

表 2 - 8　　　建构主义学习理论对外语教学和外语教材的影响

| 建构主义学习理论要点 | 建构主义对外语教学的影响 | 建构主义对外语教材的影响 |
| --- | --- | --- |
| 学习的实质是学习者主动建构自己对周遭事物认知结构的过程 | 教学活动要有利于学生认知结构的调整与构建 | 教材应能促使学生积极地调整自己的知识结构 |
| 学习者根据个人经验来建构意义,具有个体差异性 | 课程大纲应以学生现有的水平为起点 | 根据学生的认知现状来组织教材编写,考虑学习者原有的知识基础和结构 |
| 在教学上注重教学情境的构建及学生的不同知识经验和学习需要 | 注意发挥学生的主观能动性,鼓励合作与互助 | 鼓励学生之间的相互合作和学生的积极参与,并为这种合作创造条件和机会 |

## 四　人本主义学习理论及其对外语教材的影响

人本主义(humanism)心理学兴起于 20 世纪五六十年代的美国,由马斯洛(A. H. Maslow)创立,以罗杰斯(C. R. Rogers)为代表,强调人的正面本质和价值,并强调人的成长和发展,即自我实现。人本主义心理学研究的重点是人的本性及其与社会生活的关系。人本主义学习理论主张研究整体的人及高级心理活动,认为每个人都有自我实现的潜能,其理论研究重点是为学习者创设一个良好的学习环境,用自己的角度感知世界,发展对世界的理解,以达到自我实现的最高境界,它强调学习者个人的自我参与、自我激励和自我批评。

（一）人本主义学习理论

人本主义教育思想重视人的价值、思想和情感,认为教育的核心目标就是发展学生的个性,开发学生的潜能,培养身心全面发展的完整的人;强调师生之间的情感交流和心理互动,从而建立起"平等、友好、理解、信任"的新型师生关系;主张在教学中突出学生的主体地位,调动学生学习的积极性和主动性;注重根据学生的个性差异,因材施教。

　　人本主义学习理论强调学习和行为中"人"的因素,认为人的充分发展是人的基本需求之一,而教育的最终目的是人的"自我实现"。这源自马斯洛的需要层次理论和自我实现理论(1968)。他把人的需求分为两类——"生存需求"(低级需求)和"成长需求"(高级需求),认为人类动机的发展和需要的满足有密切的关系,需要的层次有高低的不同,低层次的是生理需要,高层次的是成长需要。人本主义学习理论突出人的动机系统与高层次需要的重要作用,认为个人人格获得充分发展的理想境界是自我实现,高层次的自我实现具有超越自我的特征和很高的社会价值。任何人都具有"求生存、求成长、求发展"的意愿,这种"实现倾向"(actualizing tendency)就是人的"潜能"。学校教育的主要职能在于在适合社会需要的过程中发掘人的"潜能",而教师的任务就是提供维护和发挥"潜能"的良好条件,使教学效果做到"自我实现"。

　　罗杰斯(1980,1983)把学习行为分为认知学习(cognitive learning)和体验学习(experiential learning)两种。相对应地,学习方式分为有意义学习(significant learning)和无意义学习(meaningless learning)。体验学习是一种有意义的学习。体验学习以学生的经验生长为中心,以学生的自发性和主动性为学习动力,把学习与学生的愿望、兴趣和需要有机地结合起来,因而体验学习能有效地促进个体的发展。此外,罗杰斯指出,有意义的学习使逻辑与直觉、理智与情感、概念与经验、观念与意义之间形成有机统一体。罗杰斯认为,以这种方式来学习,才能使学生成为"自我实现者"(self-actualizer),成为"完人"(a whole person)。鉴于此,传统教育中,教师是知识的拥有者,而学生只是被动的接受者;教师可以支配学生的学习,而学生无所适从;教师是权力的拥有者,而学生只是服从者。因此，罗杰斯主张废除"教师"这一角色，代之以"学习的促进者（facilitator）"。

总之，人本主义学习理论主张，成长与发展是人与生俱来的自然倾向；自我的充分发挥和实现是人的基本需求之一。自我潜能不断释放的过程就是一个自我实现的过程。课程的设计、教学方法的选择和教学活动的安排至关重要，它们给学习者提供了成长所需要的条件和氛围，其目的是让学习者成为"自我实现者"。

（二）人本主义学习理论对外语教材的影响

综合马斯洛的需要层次论和罗杰斯的有意义学习论，人本主义学习理论的要点是：（1）人本主义学习理论强调学习的内在动力和意义在于实现自我的需要。学习行为由学习者生存、成长和发展的愿望所驱动，是天生自我实现欲的表现。这种自我实现和创造的潜能促进了学习者的发展，是主动行为，不是被动的刺激与反应。（2）人本主义学习理论强调学习是一种把兴趣、愿望和知识结合在一起的体验过程，是一种主动的、自发的行为。学习不仅满足了认知发展和知识积累的需要，更重要的是，实现了认知和情感的统一。

因此，在以人本主义学习理论为指导的教育实践中首先应坚持"以学生为中心"的原则，关注学生的个体差异在心理、情感方面的体现，重视学生的全面发展；教师在教学活动中，充当学生学习的引导者、促进者、鼓励者、帮助者，为学生提供丰富的学习资料，促进学生自主学习，注重培养学生的学习能力。同时，教师与学生应建立平等友好的师生关系，教师引导学生实现潜能，帮助学生自我实现。对应人本主义学习理论，现代外语教材的设计和编写也应进行调整，比如增加富有时代性和趣味性的内容和文章，让学生在知识积累的过程中满足兴趣和情感的需求；外语教材不再单纯是教授语言的基础课程材料，设计中融入大量了解世界文化、拓宽知识范围的内容，从而兼有工具性和人文性的特点；教材的设计应更倾向于培养学生的思维，并且为学生的思维训练提供引导性材料。人本主义理念指导下的外语教材应该是以学生为主体的教材，满足时代变化的要求，是现代化新型教材。教材不仅仅要着眼于学生语言能力的训练，还要着眼于学生思维、智力和潜力的发展，更有利于学生自学。

表 2-9　　　人本主义学习理论对外语教学和外语教材的影响

| 人本主义学习理论要点 | 人本主义对外语教学的影响 | 人本主义对外语教材的影响 |
| --- | --- | --- |
| 学习是由学习者实现自我潜能促进的，是个人自主发起的活动 | 以学生为中心，让学生自我发现、自主选择、自我评价 | 选材丰富，有时代性、趣味性，教材不局限于书本形式，借助网络资源 |
| 学习的实质是促进学习者的个人发展与成长 | 发展学生的认知能力和经验，为学生提供有价值、有意义的经验 | 语言能力训练之外，增加思维能力的训练和自我学习评估 |
| 学习的最终目的是实现认知与情感的统一，促进自主学习 | 教师职能的转变，进行非指导性教学，做学生自学的促进者 | 设计导学环节引导自学，利用网络资源提供学生自主学习的课外内容 |

　　人本主义学习理论注重学生的需要，但是片面强调学生的天赋潜能作用，忽视环境与教育的作用。过分强调学生的潜能可能导致放任自流式的"自由学习"。此外，过分强调学生的中心地位，低估教师的作用，有可能造成教师过度迁就学生需要，影响课堂教学效能，造成课堂任务不能有效、高质完成。教师对于学生学习过程组织、学习内容选择、认知能力和经验的发展仍然起着主导性作用，不可忽视。

## 五　语言教学生态观及其对外语教材的影响

　　语言教学生态观突破传统语言教学研究惯例，把语言教学与社会文化以及语言学习和应用环境联系起来，构建一种全面、整体、动态、和谐的语言教学生态模式。它源自语言生态学（Ecology of Language），或称生态语言学（Eco-linguistics），即把语言教学看作是与周围环境相互作用的整体，用生态学的视角审视语言教学，考察其与周围环境的相互关系、相互作用和相互适应性，寻找语言教学生态失衡或失调现象的成因，探讨语言教学的生态特征、功能和基本规律。外语教材在语言教学生态系统中起着不可或缺的重要作用，是保持生态系统完整、维持生态平衡的关键环节。

（一）语言教学生态观

语言教学研究的生态学视角基于生态学理论，生态学理论是研究生物和环境之间的各种因素相互联系和相互作用的理论。1935 年，英国生态学家坦斯利（A. G. Tansley）首次在学界提出了"生态系统"的概念，使生态学研究走向了系统化和整体化。

美国斯坦福大学的豪根（E. Haugen）最早使用"语言生态"（language ecology）概念，他在《语言生态学》（1972）一书中提出要"研究任何特定语言与环境之间的相互作用关系"，并将语言环境与生物生态环境作隐喻类比。此后"语言生态"的隐喻开始为语言研究者接受。如果把外语教学看作是一个生态系统，那么它应该是在一定空间内各要素与环境构成的自然、开放的生态整体。在这个整体中各教学要素之间在生存过程中相互竞争、相互作用和相互依存，形成健康有序的状态。

对于外语教学所处的生态环境，既包括理想的语言环境，也包括设备完善的教学系统，还应有轻松的心理环境，所以，外语教学生态系统所认定的环境应该是一种综合、动态、平衡的环境，具有以下四种功能：（1）兼容系统内部各要素特征与调节各要素间关系的功能；（2）制约教学活动，使各要素相互作用、相互依存、相互转换的功能；（3）有影响个体发展的功能；（4）文化促进的功能。
陈坚林（2010）认为理想的外语教学生态环境应该注重两条基本原
则：一是能稳定教学结构，兼容教学要素；二是能制约教学运转，
促进个体发展付诸教学实践。因此，我们要改善外语教学环境，通
过环境的改善来协调系统内各要素，从而使外语教学系统走向"兼
容、动态、良性"。

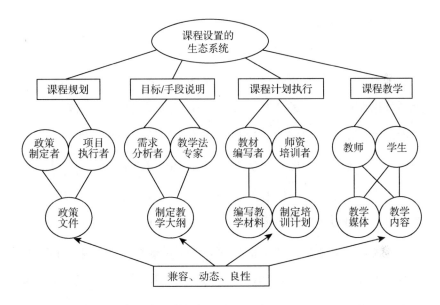

**图 2 - 5　和谐的外语课程子环境（陈坚林，2010：222）**

"兼容、动态、良性"是和谐的外语教学生态环境的本质。兼
容，指的是在课程设置的生态系统中，各要素之间必须通过合作形
成匹配的关系；动态，强调的是系统中各要素不断变化和发展，在
变化和发展中寻找自己最合适、最能发挥作用的位置；良性，注重
的是系统要按教学规律自然发展，在良性循环中形成系统内部各要
素直接的相互促进关系。因此，若要保持和谐教学生态环境的平衡，
需要保持生态系统中各要素之间稳定的关系。比如，教师和学生在

课程教学中的地位问题，应该是以教师为主体还是学生为主体，或者以学生为中心、教师为主导，都要分析实际教学需求而进行调整，以维持系统的和谐与平衡。教师主体的特性主要是社会性、能动性、指导性和改造性；学生主体的特性主要是独特性、自主性、发展性和创造性。独特性与自主性要求因材施教和择材学习（根据自己的特点和爱好），发展性要求学生全面发展，创造性要求个性化教学及学习潜力的挖掘（陈坚林，2010）。

（二）语言教学生态观对外语教材的影响

随着语言教学改革的推进，以计算机网络为核心的现代信息技术与外语课程整合，外语教学要素发生了巨大变化，比如教材除了书本形式，又出现了网络多媒体形式。传统的课程系统的平衡由此被打破，从而可能会出现教学要素失调现象，影响语言教学效果。

如果寻找有效途径解释和解决这些语言教学中的失调现象，使教学系统保持动态和谐，就需要以生态学视角重新审视外语教学。也就是说，可以依据生态学的原理，考察被破坏的教学系统内诸要素与生态环境的关系。比如：光盘形式的教材提供了和课本内容相关的语言知识点、中文释义、课后题答案，从而造成了教材与教师课堂教学的失调。若要重新恢复平衡关系，提高学生课堂学习效率，需要教师调整课堂教学方式，减少语言点的讲授，增加学生自主学习的比例，既要保证学生充分利用教材，也要通过转变课堂教学内容和方式使得教师、课堂、教材、学生四大要素平衡、和谐与兼容。学生是学习活动的主体，教材是学习活动的基本素材。促进学生语言能力和学习能力的发展，教材的设计与使用是关键。

总之，外语教学是一个各个要素和环节互相制约的生态系统，缺一不可。无论是教材设计、课堂内容设计还是师生关系，都受到语言教学生态观的影响。因此，教师根据具体情况灵活运用和调整包括教材在内的各个教学元素，使得各个要素与语言教学环境达到兼容与和谐，从而实现外语课程的生态化。近年来，语言教学生态观指导下的外语教学实践研究层出不穷，黄影妮（2009）提出了从教学目标、教学内容、教学方式和教学评价等方面树立生态外语教学课堂观；王艳萍（2010）以生态语言学为指导，从教师教学理念、教学目的、教学方式、教学内容和教学测试等方面的生态化来探讨大学英语教学改革。概括起来，语言教学生态观在以下几个方面影响着外语教学及外语教材:

**表 2 - 10　　语言教学生态观对外语教学和外语教材的影响**

| 要点 | 对外语教学的影响 | 对外语教材的影响 |
|---|---|---|
| 教学目标 | 语言教学实现"工具性"和"人文性"的融合 | 教材成为英语语言、文化和信息的载体，且在上述几个方面达到平衡 |
| 教学内容 | 丰富的学习资源、自主选择学习内容和学习材料的机会 | 真实的语料内容、多种介质的语料呈现方式 |
| 教学方式 | 依据学生语言能力对生态系统的要求，平衡运用各种教学方法和模式（刘凤杰，2008） | 以纸质教材为主支持课堂教学、以网络多媒体资源为主支持自主学习 |
| 教学环境 | 接近母语的"自然环境"和轻松自然的学习氛围 | 通过主教材和配套服务资源创设外语学习的物质环境和非物质环境 |

本章着重探讨了学习理论对外语教学和外语教材的影响，并阐明了它们在不断结合的过程中如何得到共同延续和发展。行为主义、认知主义、建构主义、人本主义四大学习理论以及语言教学生态理论都为外语教材的发展提供了理论框架和具体操作层面的指导。同时，信息技术在课程和教学中的广泛应用又为外语教材开拓了新的研究空间:多模态、多环境、多媒体集成型课程范式下的大学英语教材研究。信息技术支持下或服务下的学习材料需要综合考虑学习内容及其呈现、学习环境及其创设和学习媒介及其调用等。这对外

语教材的设计与编写来说也不例外。

当前，学习理论的指导、信息技术的应用与外语教材的发展已成相互作用、相互影响的态势，这带来了外语教材从平面纸质教材发展到立体化教材的直接结果，并促使学习者的学习方式和教学者的教学方式发生了根本性改变。学习理论、信息技术与外语教材的结合启示未来外语教学的根本目标是开发出一套面向学习者的个性化教学和学习系统，立体化教材是其中的重要要素。从平面纸质教材向立体化教材的演变过程中，大到诸如政治、经济与社会发展的宏观因素，小到课程范式、教学模式等微观因素都在发挥着作用。当然，信息技术的介入是一个关键因素。在信息技术应用于外语教学的过程中伴随着学习工具、学习环境和学习方式的变革，信息技术的应用促进了大学英语教材和教学的新变化和新发展。在第三章中，笔者将梳理大学英语教材的演变历程，分析其影响因素，力图挖掘外语教材从平面纸质教材发展到立体化教材的深层次依据；从信息技术与外语教学结合的角度审视大学英语立体化教材的缘起和发展，并从"信息技术不是学习的原因，而是运用教与学原理的有效手段"（桑新民，2003）这一论断出发，理解大学英语立体化教材的内涵，构建大学英语立体化教材的框架。

# 第三章　内涵理解：立体化教材的
## 缘起与发展

　　大学英语教材是教学的重要载体，是教师和学生进行课堂教学活动的基本依据。受到教学大纲的规约，大学英语教材在不同历史时期呈现明显变化。大学英语教材的发展历程折射了大学英语课程、教学大纲和教学要求由统一化和规范化朝着个性化和多元化方向发展的全过程。当然，与大纲和要求的发展一样，大学英语教材不仅深受语言学理论及第二语言学习理论的影响，而且还要满足各时期不断变化的社会需求。每个时期的大学英语教材都被烙上了语言学理论和语言学习理论以及当时社会政治、经济和文化发展的印记。追溯大学英语教材的发展历史，描述和总结大学英语教材的发展脉络，不仅可以重温我国高校公共外语教育发展的脉络，而且可以帮助我们重新认识在不同的社会政治文化背景、教育价值取向、教育课程观念下大学英语教材的不同性质和特点，帮助我们充分认识大学英语课程实施与大学英语教材之间的内在联系。教材的变革历来是我国大学英语教学发展的风向标（黄龙胜，2007）。探索大学英语教材演变历程，找出立体化教材出现和发展的理据，对推动大学英语教学改革和提高大学英语教学质量意义深远。

# 第一节　大学英语教材的演变历程与现状分析

## 一　大学英语教材的演变历程

我国正式英语教育起源于 1862 年京师同文馆设立英文馆。自此至今,我国英语教育开展已逾 150 年。为重现我国英语教材发展的历史画面,柳华妮 (2011) 把百余年来国人所使用的英语教材分为五个阶段:一、晚清:依赖引进、编译国外教材;二、民国:国内自编教材迅速发展;三、新中国成立至 20 世纪 70 年代:教材青黄不接和政治化;四、改革开放至 20 世纪 90 年代:教材多样化和系列化;五、21 世纪:教材的繁荣时代和立体化。本著作关注 1949 年后在中国大陆使用的大学英语课程核心教学材料,即通常意义上的大学英语教材。

根据董亚芬 (1991)、李荫华 (2001)、陈坚林 (2007)、蔡基刚、唐敏 (2008) 和陈珍珍 (2010b) 等文献对我国大学英语教材发展历程的划分,并结合大学英语教学发展的时代背景以及教材自身的演变,本著作把 1949 年后我国大学英语教材的发展历史分为四个阶段,也称为"四代教材":

(1) 第一代教材:从 1961 年至"文革"前。教材重视学生阅读能力的培养,教学中多采用语法翻译法,教师注重课文分析。

(2) 第二代教材:从 1979 年到 1985 年。教材注意兼容听、说、写的内容,教学仍遵循传统模式,即以课文为中心,以语法为纲要,但在教学形式上有所突破。

(3) 第三代教材:从 1986 年到 90 年代中期。教材开始成系列(精读、泛读、听力、语法等),并以多样化选材强化学生的语言基础和交际能力,突出阅读技能培养。

(4) 第四代教材:从 20 世纪 90 年代后期至今。立体化教材开始出现,现代信息技术融入教材的设计与编写,教材形式从纸质教材向多媒体网络版教材发展,教学中强调语言综合素养的提高。

### (一) 第一代大学英语教材:初始阶段

新中国成立初期,中苏关系密切,俄语教育飞速发展。高校英语教学受到重创,多数大学公共外语课改为俄语,统称为"高等学校俄文课"(付克,1986:197)。因此,这一时期"大学英语几乎绝迹"(李良佑等,1988:542)。但 20 世纪 50 年代末,中苏关系破裂,高校公共外语随之由英语取代俄语的位置。1961 年 4 月召开的高校文科教材会议部署了大学英语教材编写工作。1962 年 6 月教育部公布了 1949 年后第一个高等工业学校本科五年制适用的《英语教学大纲(试行草案)》,提出公共英语的教学目标是"为学生今后阅读本专业英语书刊打下较扎实的语言基础"。同时,我国外语界所称的第一代大学英语教材诞生,其中包括 1949 年后第一套正式出版发行的、也是有较大影响的公共英语教材《英语(高等工业学校用)》。该教材由高等工业学校教材编审委员会成员之一、上海交通大学凌渭民主编。"1962 年起由商务印书馆正式出版并公开发行,在 1962 年至 1963 年间陆续出版,共四册。第一次印刷印数为 10000 册。以后每年都再版,印数逐年加大,直至 1965 年'文革'前停印"(李良佑等,1988:562)。这个阶段其他较有影响的教材还有:1961 年复旦大学董亚芬主编的《文科英语 (非英语专业用)》和华东师范大学主编的《英语 (理科)》等。

60 年代后期,"文化大革命"开始,教育处于停滞状态,外语更是遭受了巨大的打击。直至 1972 年高校陆续恢复招生后,才重新开设公共英语课。此后,虽然英语几乎成了唯一的公共外语语种,但经历了"文化大革命"十年浩劫,"高校的公共外语形同虚设"(李传松、许宝发,2006:294)。这期间没有出现什么有影响的、使用广泛的大学英语教材。根据 1971 年《全国教育工作会议纪要》的指示,旧有的大学英语教材被彻底否定。政治因素成为教材编写的重要依据,学生学的主要是译文或者是编者自编的课文,教材内容都是政治口号,没有任何生活化语言,更谈不上学习地道的外语。"文化大革命"及其后的一个时期里,高等学校教材的出版和发行基本上处于停顿状态。1977 年 8 月,教育部在北京召开了高等学校教材编审出版工作座谈会,对高等学校各类教材编审出版工作的领导、分工、要求做了全面规定。这年冬天,教育部在长沙召开了高等学校工科基础课教材座谈会,会上总结了各校教材的编写情况,并根据教材编写总结提出和通过了《英语教材编写大纲》。会后,作为我国第一届大学外语教材编审委员会,高等工业学校外语课程教材编审委员会审定并出版了人民教育出版社、上海译文出版社和商务印书馆的七套教材。这一阶段的公共英语教材都是从字母和音标开始学起,称为"低起点"教材,但是对恢复"文化大革命"所破坏的大学英语教学起到了很大作用。

总的来说,在新中国成立后三十年间高度政治化的社会背景下,高校大学英语教学和大学英语教材几乎没有什么发展。第一代大学英语教材采取的教学模式都是 50 年代的传统模式，即以分析课文为中心、以语法为纲、以讲解词法和句法为主要教学手段、以语法翻译法为主要教学方法来实现培养学生阅读能力的教学目标，正如董亚芬（1991：11）总结道，"这一代教材采取的教学模式是 50 年代的传统模式，即以课文为中心，以语法为纲的教学法路子"。

（二）第二代大学英语教材：探索阶段

第一代大学英语教材语言材料严重失真，"重语法、轻内容"的编写理念、"重词汇和句子、轻语篇"的编写体例以及由这些因素形成的"重阅读、轻综合技能"的教学方法已经阻碍了高校公共外语教育的发展。1979 年起，我国进入改革开放时期。这个时期的很多大学生已经有初步的英语基础，不适宜再从字母和音标开始教学。第二代大学英语教材从一定的起点开始编写符合我国实际国情的教材，由此进入了我国大学英语教材编写的探索阶段。这一阶段的大学英语教材中影响较大的是 1980 年至 1982 年出版的上海交通大学吴银庚、张彦斌等编写的以 700 英语词为起点的《英语》四册（俗称"高起点"教材）以及 1981 年至 1982 年出版的清华大学陆慈等编写的以 400 英语词为起点的《英语教程》四册（俗称"中起点"教材）。这两套教材供理工科各专业通用，其中吴银庚等编写的教材为国内大多数理工科大学所采用，"至 1986 年底，累计印数超过一百万套"（李良佑等，1988：570）。

第二代大学英语教材基本沿袭了前一代以课文为中心、以语法为纲的模式，教学集中在语音、词汇和句法层面的语言形式上，"但不再要求课文紧扣当课语法，而是允许新的语法现象超前出现，这样课文的语言就地道、自然多了"（董亚芬，1991：12）。教材开始注重语言的真实性，这体现在课文选材上的突破，改变了"过去认为对西方的一切都持否定态度才能体现教材的思想纯洁性"的限制，开始选用西方国家代表人物的作品。语言技能方面，"着重培养阅读理解能力，兼顾听、说、写、译能力的培养"①。因此，教材在练习部分安排了听、说、写等技能项目的训练，这样就从只注重语言知识的传授和语言技能的掌握，转到了开始关注语言技能的交际功能和学生语言交际能力的培养。吴银庚主编的《英语》第一次将口语教学正式列入大学英语教材中，为以后口语教学的进一步发展做了准备，这在当时我国大学英语教学界是一个很大的进步。此外，与改革开放相适应，高校教育体制实行了改革，体现在教材方面就是基本要求统一的前提下实行编、审分开，促使教材多样化。有的学校平行使用一种教材，也有的学校以一种教材为主教材，同时从一种或多种教材中编选出供单项技能训练用的材料。

综上所述，第二代大学英语教材在语言地道化、技能训练项目化以及教材使用多样化等方面有实质性突破，它对教材编写和使用的探索为我国之后几代大学英语教材的发展指明了方向。

(三) 第三代大学英语教材：发展阶段

改革开放后我国社会出现了一股学习英语的热潮，高等教育也加快了改革大学英语教学的步伐。1982 年 4 月在武汉召开的"高等学校公共英语课教学经验交流会"上提出修订教学大纲的建议，至80 年代中期大学英语教学大纲、教材和教学纷纷进行改革。1985 年出版的《大学英语教学大纲（理工科用）》和 1986 年出版的《大学英语教学大纲（文理科用）》（以下简称 1985、1986 年《大纲》）是新中国成立之后第一部完整的大纲，在理论上引进、应用了二语习

---

① 在复旦大学外文系文科英语教材编写组编、商务印书馆 1981 年出版的《英语》（非英语专业用）使用说明中提出。

得、语言共核、功能意念、语言技能（读、听、写、说的技能）、English for General Purposes（EGP）、English for Academic Purposes（EAP）等先进理论。这两部大纲是针对重点大学设计的，供一般院校作为参考。两部《大纲》规定大学英语教学的目标是培养学生"具有较强的阅读能力，一定的听和译的能力以及初步的写和说的能力，使学生能以英语为工具，获取专业所需要的信息，为进一步提高英语水平打下较好的基础"。同时，两部《大纲》要求大学英语实行"分级教学"，并针对各级教学目的和要求制定了明确的定性和定量的指标；此外，大学英语教学中实行的"分科教学"模式使学生读、听、写、说的技能得以在单科强化训练中进一步发展。

在 1985、1986 年《大纲》的指导下，从 1986 到 1996 年陆续出版的有影响的大学英语教材主要有：1986 年复旦大学董亚芬主编的《大学英语》（College English）（文理科本科用）、1987—1989 年上海交通大学杨惠中、张彦斌主编的《大学核心英语》（College Core English）、1986—1988 年清华大学科技外语系编写的《新英语教程》（New English Course）、1986 年由麦克米伦出版公司（Macmillan Publishers Ltd）和高等教育出版社联合出版的《现代英语》（Modern English）以及 1986—1988 年大连海运学院杨美楣主编的《大学英语》（College English）等。

第三代大学英语教材最显著的特点是依据 1985、1986 年《大纲》中"大学英语教学中实行文理打通，采用文理通用的教学大纲和教材是必要的"的要求，强调共核语言（core language）的教学，教材编写不再分文理科，而是文理科学生通用，打破了原先高校公共英语教学文科、理科长期分离的状态。教材中的选材范围相比前两代教材较广泛，选用科普以及文、史、哲、经等方面的读物作为教材,体现了文科、理科学科相互交叉和渗透的特点,贯彻了1985、1986年《大纲》"有助于打好语言基础"的要求。第三代教材依据1985、1986年《大纲》实行分级教学的要求,每套教材都是六册,一级一册;同时,教材一改以往一册单本的形态,以一册多本的系列化教程形式呈现。以使用三十年、影响广泛的《大学英语》系列教材(董亚芬主编)为例:该教材内部分精读(六册)、泛读(六册)、听力(六册)、快速阅读(六册)、语法与练习(四册),另配预备级精读、泛读各二册,全书共三十二册。各教程之间既相互联系又各自独立,便于教学中灵活使用。

第三代大学英语教材设定的编写目标与1985、1986年《大纲》重点培养学生阅读能力的要求一脉相承,教材对阅读教学的重视从这个时期各套教材皆设立精读、泛读等教程就可以清晰看出,有的教材还单独设立快速阅读教程(如董亚芬主编的《大学英语》)。在编写体例上,第三代教材也借鉴了第二代教材的编写经验,以单元(unit)形式出现,单元内细分为课文、词汇学习、结构学习、会话训练、听力训练、写作训练和扩展阅读材料。这一编写思路对之后的大学英语教材也有深远影响。此外,与前两代教材注重词汇和句子层面不同,第三代教材开始转向对语篇层次的关注,这也是1985、1986年《大纲》"开始注重学生交际能力培养"的要求对第三代教材编写的影响,尽管提高阅读能力的目标依然在教材中体现明显,但毕竟从第三代教材开始,大学英语教材在听、说、读、写不同技能的训练方面有了细化分工,向系列化成套教材发展。第三代教材开始注意口语、听力、写作和翻译技能的训练,如董亚芬主编的《大学英语》有听力教程,杨惠中、张彦斌主编的《大学核心英语》有听说教程,麦克米伦出版公司和高等教育出版社联合出版的《现代英语》中把读与写、听与说分别结合形成读写教程和听说教程,杨美楣主编的《大学英语》则单独设立听力训练与功能会话教程配合精读教程使用。

总之,第三代大学英语教材在 1985、1986 年《大纲》指导下,在选材的广度和分级的细度等方面取得突破,特别是"一套教材多册、一册教材多本"的教材呈现形式是前两代教材不曾有过的。大学英语教材从此进入快速发展阶段。

(四)第四代大学英语教材:提高阶段

进入 20 世纪 90 年代,随着我国对外开放力度的加大和国际交流的日益频繁,社会发展对高校人才培养目标提出新的要求。作为高等教育重要组成部分的大学英语教学必须改革以适应新形势下人才培养目标和模式的变化。大学英语教学改革的首要任务是修订现行教学大纲。1999 年,大学外语教学指导委员会推出了《大学英语教学大纲(修订本)》(以下简称 1999 年《大纲》)。与 1985、1986 年《大纲》相比,这个版本的《大纲》有许多不同之处,体现了教学理念的变化,其主要特点如下:(1)大纲不再分文、理科,首次提出了各科统一的大学英语教学目标,"培养学生具有较强的阅读能力和一定的听、说、写、译能力,使他们能用英语交流信息"。(2)不再说明是针对重点大学,教学对象改为全国各类高等院校的本科生,强调"因地制宜,分类指导"。(3)提出大学英语"四年不断线"原则,要求在大学三、四年级开展与学生所学专业相结合的专业英语教学。(4)第一次把大学英语四级定为全国各类高校均应达到的基本要求。(5)第一次提出要大力推广、合理使用网络和多媒体课件的教学手段。1999 年《大纲》出台前后,各大出版社推出新一代教材,如浙江大学应惠兰主编的《新编大学英语》(外语教学与研究出版社 1998 年版)以及上海交通大学和复旦大学合编、由翟象俊担任主编的《21 世纪大学英语》(复旦大学出版社和高等教育出版社 1999—2000 年版)等。这些教材设主教材(基础教程或称读写教程)和听力或听说教程,另配学生课外自主使用的阅读精选、读写指南、词汇详解、学习辅导、同步练习以及测试题集等若干学习辅助教程。第四代大学英语教材露出端倪。

2000 年以后,我国高等教育规模的迅速扩大带来大学英语教学诸多压力的上升,如课时骤增、师资短缺等;同时,陈旧的教学理念和教学模式跟不上大学英语教学目标的变化,高校外语教学水平普遍存在"费时较多,收效较低"的问题,大学英语教学一时饱受批评。2001 年 8 月,教育部出台《关于加强高等学校本科教学工作提高教学质量的若干意见》,提出我国高等教育要"运用现代教育技术,把各种相互作用、相互联系的媒体和资源有机地整合,形成'立体化教材',为高校教学提供一整套解决方案"。2002 年 4 月,时任教育部高等教育司司长张尧学撰写《加强实用性英语教学,提高大学生英语综合能力》一文拉开了大学英语改革的序幕。为落实该《意见》的要求,并配合新一轮大学英语改革,2003 年 3 月,教育部启动了"高等学校教学质量和教学改革工程",将大学英语教学改革列为首批启动的项目,并着手研发新的大学英语教材。同年 12 月,《大学体验英语》《新视野大学英语》《大学英语(全新版)》和《新时代交互英(全新版)语》等四套新教材和教学软件通过了验收评审,第四代大学英语教材正式形成。

新教材的投入使用加速了大学英语教学理念和教学模式的改革。2004 年 1 月教育部公布的《大学英语课程教学要求(试行)》(以下简称《课程要求(试行)》)确立了"培养学生英语综合应用能力,特别是听、说能力,使他们在今后工作和社会交往中能用英语有效地进行口头和书面的信息交流,同时增强其自主学习能力、提高综合文化素养,以适应我国经济发展和国际交流的需要"的教学目标,提出了新的"基于计算机和课堂的英语多媒体教学模式",该模式"以现代信息技术为支撑,特别是网络技术,使英语教学朝着个性化学习、不受时间和地点限制的学习、主动式学习方向发展"。

现代化教育技术的充分利用促使第四代大学英语教材由纸质平面教材向以多媒体网络为依托的立体化教材方向发展。纸质教材配合电子教案、自主学习课件、音视频光盘以及学习软件系统等的使用使大学英语教学趋向"立体化、网络化和个性化"。第四代教材完成了从纸质教材到立体化教材的过渡,但也存在一些问题。陈坚林(2010:183-184)在评价第四代大学英语教材时用"教材搬家"指出这些"文字+电子版或音频"的教材多是纸质教材翻版的事实,学生借此在网络平台上进行重复学习,兴趣索然;全体学生学习同样的内容,毫无个性化可言。由此可见,第四代教材作为立体化教材仅局限于教材载体的变化,纸质教材与其他载体内容脱节从而未能使教材获得延伸和提升,计算机多媒体及网络技术的强大功能也没有得到充分发挥,因而立体化教材的真正内涵未在第四代教材中体现出来。

尽管如此,《课程要求(试行)》促使大学英语教学理念逐步由以教师为中心向以学生为中心转移,借助多媒体网络技术的教学模式为开拓个性化自主式学习、合作式学习以及教与学的互动等提供了多种可能和渠道。第四代教材的研发和使用也与新的教学理念和模式相适应。经过三年的试行检验,发现在新模式的实施、自主学习与课堂教学安排、计算机网络在教学中的作用、教材开发等方面都出现了一些新问题（蔡基刚，2006）。针对这些问题，教育部着手对《课程要求（试行）》进行修订，并于 2007 年 7 月颁布正式定稿的《大学英语课程教学要求》（以下简称《课程要求》）。《课程要求》指出："为实施新教学模式而研制的网上教学系统应涵盖教学、学习、反馈、管理的完整过程，包括学生学习和自评、教师授课、教师在线辅导、对学生学习和教师辅导的监控管理等模块，能随时记录、了解、检测学生的学习情况以及教师的教学与辅导情况，体现交互性和多媒体性，易于操作"。《课程要求》同时指出："教学模式改革的目的之一是促进学生个性化学习方法的形成和学生自主学习能力的发展。新教学模式应能使学生选择适合自己需要的材料和方法进行学习，获得学习策略的指导，逐步提高其自主学习的能力"。因此，各高校选用优秀的教学软件，鼓励教师有效地使用网络、多媒体及其他教学资源。

（五）四代大学英语教材的对比

从 20 世纪 60 年代初期至今，我国共出现了四代具有不同编写理念的教材。每一代大学英语教材的变革都有其特定的背景和缘由，因此也使得每一代大学英语教材都不可避免地带有政治、教育和社会发展的印迹。四代教材的变迁反映了大学英语教学发展的历程。对比四代教材可以总结影响大学英语教材变革的因素，归纳其特点与规律，并由此探索新时期教材改革的基本思路。

前文以"初始阶段、探索阶段、发展阶段和提高阶段"概括了我国四代大学英语教材发展的历程。第一代教材起步于建国初期，采取"以课文分析为主、以语法为纲"的传统模式培养学生的阅读能力，课堂教学完全是"以教材为中心、以教师为中心"的教学模式;改革开放后出现的第二代教材基本上仍遵循"以课文为中心、以语法为纲要"的传统模式,但在教学形式上有所突破,教学中加入听和说的内容;伴随1986年新中国第一部完整的文理科通用的大学英语教学大纲而出现的第三代教材最主要的特征是以系列教材呈现和开始重视学生语言交际能力的培养;始于20世纪90年代后期的第四代教材则具有了鲜明的时代特征,即利用现代信息技术,开发和推广以多媒体网络技术为依托的立体化教材,但传统的教学模式仍未完全打破。表3-1对四代大学英语教材做了对比,内容包括编写目标、编写理念、典型教材、编写体例、选材内容、构成形态和教材载体等。

表3-1　　　　　　　　四代大学英语教材对比

| | 年代 | 编写目标 | 编写理念 | 典型教材 | 编写体例 | 选材内容 | 构成形态 | 教材载体 |
|---|---|---|---|---|---|---|---|---|
| 第一代教材 | 1961年至"文化大革命"前 | 为学生今后阅读本专业英语书刊打下较扎实的语言基础 | 结构主义语言观和自觉对比教学法;以语法(词法及句法规则)为纲安排教学任务 | 《英语》(凌渭民主编,1962—1963) | (语音＋)课文＋补充课文＋语法＋练习 | 课文以政治性文章为主,也包括科普性短文;注意材料的政治性 | 单系单册单系多册 | 纸质 |
| 第二代教材 | 1979年至1985年 | 使学生具备比较顺利地阅读有关专业的英语书刊的能力,并适当进行一些听、说、写的训练 | 结构主义语言观和听说教学法;以语法(句型操练)为纲安排教学任务 | 《英语》(吴银庚主编,1979—1981) | 课文＋词汇学习＋结构学习＋有指导的会话＋听力训练＋阅读材料(＋有指导的写作) | 课文主要选自近年出版的英美科技读物、教科书、杂志等;注意材料的真实性 | 单系多册 | 纸质 |

续表

| | 年代 | 编写目标 | 编写理念 | 典型教材 | 编写体例 | 选材内容 | 构成形态 | 教材载体 |
|---|---|---|---|---|---|---|---|---|
| 第三代教材 | 1986年至90年代中期 | 培养学生具有较强的阅读能力,一定的听和译的能力以及初步的写和说的能力 | 结构主义语言观+功能主义语言观(略有体现)和交际教学法;以篇章阅读为纲安排教学任务 | 《大学英语》(董亚芬主编,1990—1992) | 由精读、泛读、听力、快速阅读和语法与练习五种教程组成;其中,精读教程的体例为:课文+学习与练习(朗读、课文理解、词汇、结构、完形填空、句子翻译等)+阅读练习(技巧讲解、技巧练习、篇章阅读)+写作练习(技巧讲解、写作练习) | 课文主要选自60至80年代英美书刊的原文;注意材料的趣味性、知识性和可思性 | 多系多册 | 纸质+电子 |
| 第四代教材 | 20世纪90年代后期至今 | 培养学生英语综合应用能力,特别是听、说能力 | 结构主义语言观+功能主义语言观、综合教学法;采用主题型单元形式安排教学任务,强调"以学生为中心",融入建构主义、自主学习等新的教学理念 | 《新视野大学英语》(郑树棠主编,2001—2003) | 由读写、听说、听力、快速阅读、泛读和综合训练五种教程组成,配以磁带、学习光盘、网络课程、试题库等资源;其中,读写教程的体例为:预览+课文+练习(课文理解、词汇、句型结构、翻译、完形填空、课文结构分析、结构式写作等)+拓展阅读(阅读技巧、课文、练习等) | 以主题为线索,涉及文化习俗、道德情感、信息技术、科学教育、社会焦点等方面;选材注重趣味性、信息性、实用性和时代性 | 多系多册 | 纸质+电子+网络 |

### (六)第五代大学英语教材的构想

在大学英语教学改革正如火如荼地进行之时,越来越多的人意识到教材在教学中的重要作用,强烈呼吁对大学英语教材进行改革。当前使用的大学英语教材有其弊端,如:不能完全满足学生的学习兴趣和需求;不足以使学生产生课外主动学习的愿望;教材使用率低,造成了浪费。从第一个全国性的《大学英语教学大纲》(1985、

1986）诞生以来，我国大学英语教育已走过近 30 年的历史。如果说这 30 年的大学英语教学以"共核语言"为内容，在统一的大纲下采用大体相似的教材，以相同的模式教学并最终以统一标准的英语级别考试评估学生语言水平和课程教学效果的话，那么我国当前的大学英语教育正开始走上"因地／因校制宜、内涵发展"的路子，大学英语教材也需要跟上这一发展方向。

20 世纪 90 年代后期出现的第四代教材已经注重学生英语综合应用能力的培养，但教材对阅读能力的培养格外看重；虽然教材以系列化教程的形式在核心内容（阅读或读写）以外指导学生进行其他技能训练（听力和口语），但由于课程设置或课时安排的原因，教师和学生皆无法将其置于与阅读和写作同等重要的地位；教材以多媒体立体化教材形式呈现，在信息技术的支撑下，教材资源多样化，教学环境真实化，但这些都未被充分地利用，信息技术没能与大学英语课程完全整合，"以学生为中心"的教学新理念也就无法真正实现。鉴于此，目前的教材很难达到大学英语教学改革的要求。因此，第五代教材的开发和编写刻不容缓，其设计理念或构想在下列研究中皆有探讨：

陈坚林（2007）指出，第五代教材的开发和编写应建立在"外语课程与计算机网络全面整合"的原则基础之上，同时根据《大学英语课程教学要求》（2007）的教学目标，在对学生的学习需求、学习动机和学习心理等因素有较全面地把握后，建立一个总的教学过程模式，用以指导整个教材的板块设计。第五代教材应该融听、说、读、写、译为一体，是一个综合性的外语教学系统。整个教材的框架由三大板块组成，即理论、结构、方法，如图 3-1 所示：

蔡基刚、唐敏（2008）强调教材编写必须遵循真实性原则。他

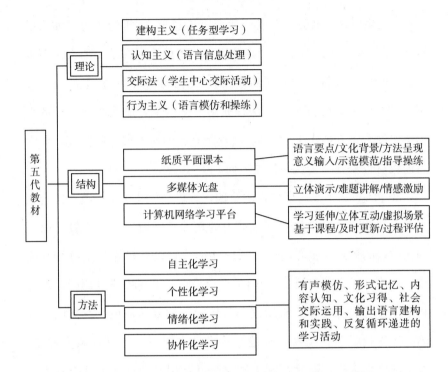

**图 3‑1 第五代大学英语教材的框架（陈坚林，2007）**

们认为，第四代教材已经注重语言技能的培养，但无论在教材编写目的、课文选材、原文处理上还是练习设计上，离真实性这一现代外语教材编写的重要原则还有距离。随着《大学英语课程教学要求》（2007）制定了培养学生英语综合应用能力的教学目标，大学英语教学的发展呼唤第五代教材。新一代教材必须体现实用性、主题化、重内容、立体化、多样化、任务型、以学生为中心等编写原则。第五代教材要贴近生活，贴近时代，能反映真实语言的使用情况。

李霄翔、鲍敏（2009）借鉴哲学范畴的体验观和信息化环境下的连接主义学习论的基本原理，提出通过创建多维信息流的方法，为第五代教材的研发提供一个指导性框架，为创建和实施"分层次、个性化、自主式、信息化"的大学英语教学模式创造条件。首先，从理论层面上看,第五代教材遵循包括体验哲学、建构主义、连接主义等在内的各种理论的共性和精华,提炼出以"体验"为中心的教材设计理论和原则。其次,从结构上来看,教材的知识体系和能力指标融化在语言和文化的社会体验活动中,用活课程大纲中所规定的内容。最后,在教学方法上,第五代教材应为"任务型""研究型""解决问题"等教学方法创造条件和提供帮助,提倡团队合作、个性化、自主式的实践性教学活动,提高学生语言学习的社会体验度。

本研究认为,对第五代教材的设想应形成融课程观、学生观和技术观为一体的指导框架。首先,以课程论为视角审视目前的大学英语教学及教材,可以使我们在课程本体论的指导下,探讨大学英语教材如何在课程规划(planning)、课程实施(enacting,即教师的教学过程和学生的学习过程)和课程评估(evaluating)这三个彼此相互联系、相互影响、处于动态发展状态的环节中最大限度地发挥作用,从而在教材的设计和编制中贯彻课程与教材整合的理念(Graves,2008)。这一方面有助于大学英语教材的编写紧扣课程设计系统的要求,另一方面也有利于打破教学过程过度依托教材的传统教学模式。其次,对大学生创新精神和实践能力的培养是当前高等教育的核心任务,这就要求过去强调接受和继承的学习观要变革为主动探究、积极体验和发现的学习观。与之相适应的大学英语教材改革也要转向以学生发展为本的方向。对教材设计者和教师而言,学生是对教材能动地创造和实践的主体,而非被动接受的受体。第五代教材要成为学生学习活动主要媒介的"学材",给学生提供探索和体验、思考和研究的素材,有利于学生参与教学活动全过程,在学习活动的设计上提倡主动的、建构的、体验的、发现的学习方式,使学生真正成为教材使用的主体。再次，信息技术与外语课程的整合推动了大学英语教材的立体化发展。但技术的优势应体现在立体化教材改变教学内容的呈现方式、教师的教学方式、学生的学习方式和师生的互动方式等方面，而不仅仅是改变教材的载体形式。第五代教材中，教材内容不再是静态信息，而是动态发展的，学生获取知识的途径和方式被大大扩展了，多媒体和网络技术成为第五代教材设计、编写和使用的首要因素和保障。以信息技术的运用为前提的第五代教材必须变革传统的教学组织形式和教学方法，打破课堂教学的大一统模式，真正实现因材施教和个性发展。

## 二 大学英语教材的现状分析

2007年教育部高等教育司制定并实施《大学英语课程教学要求》以来，大学英语教学改革进入崭新时期，教学理念、教学模式、教学手段、教学评估等方面取得了很大进步和发展。与此同时，大学英语教材建设受到前所未有的关注。当前大学英语教学使用的是第四代教材，对这一代教材的应用现状可从教材与目标、教材与学生需求、教材与使用、教材与能力培养以及教材与技术等五个方面进行分析。

### （一）教材与目标

教材是开展教学和实现教学目标的重要依据（程晓堂，2002），是用来实现根据学习者需求而制定的教学目标的资源。教材作为学生发展的中介服务于教学目标，因此对学习者需求的满足程度是考量教材成熟与否的重要指标。这可以从Cunningsworth（1995/2002）提出的教材评估的四个重要原则中看出：

（1）教材应该与学习者的需求吻合，与语言教学课程的目的和目标相吻合；

（2）教材应反映当前和将来对语言的使用，选择可以帮助学生有效地为自我目的使用语言的教材；

（3）教材应该考虑到学习者的需求，应该对其学习的过程起到促进的作用，不应教条地套用某一教学法；

（4）教材应该起到对学习过程提供支持的作用，与教师一样，教材应该成为目的语和学习者之间的桥梁。

《大学英语课程教学要求》（2007）确定"培养学生的英语综合应用能力，特别是听说能力，使他们在今后学习、工作和社会交往中能用英语有效地进行交际，同时增强其自主学习能力，提高综合文化素养，以适应我国社会发展和国际交流的需要"为大学英语教学目标。这一教学目标要求大学英语教学将获取知识、掌握技能、技巧和提高应用能力融为一体。若以此为标准，一套高质量的大学英语教材应该以落实语言应用能力为目的，以激发并促进学生语言学习兴趣及培养 并提高个人学习能力为最终目标。但正如崔敏、田平（2010）对 1036 名大学二年级学生的调查显示的结果，超过 50% 的学生认为要实现大学英语教学目标就要对目前所用的教材进行颠覆性的改革以彻底改变以灌输知识为主的课堂教学模式，当前的大学英语教材不能完全实现《课程要求》提出的教学目标。我国大学英语教学发展史上至关重要的两个教学大纲，即 1985、1986 年和 1999 年的《大纲》均把"培养学生以阅读能力为主的语言基本功"作为教学目标，直到 2004 年试行和 2007 年正式颁布的《课程要求》才把"培养学生的英语综合应用能力，特别是听说能力"确定为当前大学英语课程的教学目标。第四代教材还留有前三代教材"重阅读、轻听说"的痕迹，与新的教学目标不相匹配。

（二）教材与学生需求

赵庆红等（2009）通过问卷调查和访谈的方式对2283名大学本科生英语学习需求的基本情况及其满足状况进行了调查，其中涉及学生对教材和教学内容的需求。结果显示，大学生对大学英语教材和教学内容的不满是广泛且较为强烈的。学生渴望形式多样的语言输入，渴望真实、实用、有时代感的学习内容。他们期望提高英语学习能力和用英语交流的实际能力，希望英语学习能满足自己提高文化素养和专业水平的需要。而在实际教学中，为了完成教学任务，教师的教学常常拘泥于教材内容，更多的教师以教材、教学课件代替教学内容，在课堂上"照本宣科"，导致教学就是教教材。大学英语教材和教学内容难以激发和维持学生的学习兴趣，不利于学生语言习得。

从总体上来看，大学生的英语学习需求表现出多样性和个性化的倾向，呈分散态势，反映了大学生由于英语水平、学习能力、认知风格、个性心理、专业需求、学习经历等方面的不同而存在个体差异性。因此，教材必须要有个性，不能是全国所有高校统一一种教材，没有个性的教材，就没有针对性（张业菊，2001）。在我国长期以"一纲一本"或"一纲几本"模式设计和编写教材的背景下，一时很难有既符合大纲要求又迎合学生不断变化的学习需求的大学英语教材出现。第四代教材依然是共性大于个性，教材在编写和使用时对不同地域和层次的高校以及不同水平和需求的学生之间的差异考虑不足。教材建设只有在结合学生、教师和教学环境、手段和条件等方面的实际情况时才能最大限度地服务于教学。但目前的大学英语教材与学生的需求和大学英语教学的实际有不少出入,这是造成教材建设滞后的原因之一。

(三) 教材与使用

相比较而言,教材在大学英语教学中的作用与其他课程的教材是大不相同的。这是由语言教学的特殊性所决定的。如何有效地利用教材,创造良好的语言学习环境,为学习者提供语言实践的机会,对于大学英语教学的效果是很关键的。对大学英语教材的使用存在两种不同的倾向:一是课堂教学过分依赖教材,对教材照搬照用以致教学缺乏灵活性。第四代教材强调的"以学习者为中心"的教学理念还没有完全贯彻于教学实践,教师利用教材作为培养学生语言能力的手段开展教学活动,课堂教学中知识的传播多于能力的实践。而语言教学,特别是大学英语教学,与其他课程的显著区别在于它是技能的培养而不是知识的传授。二是课堂教学对教材利用不充分,忽视了教材的作用。这是对"以学习者为中心"教学思想的误解所导致的。许多教师在课堂教学中过分强调学习者的自主性,尤其在口语教学过程中,往往对学生不加限制,允许随意发挥。这样对于提高语言运用能力其实并无好处。而教材一般会对口语活动的主题和步骤进行限制,教师也应该发挥组织者的作用。只有充分利用教材的课堂,才是有组织、有效率的。

此外,当前的大学英语教材皆呈系列化,册数众多,内容繁杂。以《新视野大学英语》系列教材(郑树棠主编,2001—2003 年)为例,该教材由"读写""听说""听力""快速阅读""泛读"和"综合训练"六种教程组成,每种四册。与教材配套的还有磁带、学习光盘、网络课程、试题库等资源。其中,"读写"教程共有四册,每册十个单元,共计四十单元。而大学英语课程设置和课时安排不足以完成全部教学任务。王守仁、王海啸（2011）对全国 530 所高校的大学英语教学现状进行了较为全面的调查，发现平均每校开设 4.6 门大学英语课程，多实行分课型教学，如"读写（译）＋（视）听说""读写（译）＋（视）听＋口语""读写（译）＋（视）听说＋自主学习"和"读写（译）＋（视）听＋口语＋自主学习"等，采取"课堂面授＋自主学习"教学模式情况下的课时安排是每周面授 3.8 课时，采取"课堂面授＋有教师辅导的语言训练"教学模式情况下的课时安排是每周面授 3.5 课时。由此可见，"课程多、课型杂、课时少"是多数学校大学英语课程教学呈现出来的特点，大学英语常规教学的任务很重，给教师和学生带来不小的负担。这是大学英语教材的使用面临的现实问题。

从总体上看，我们认为大学英语教材的利用不是一个仅限于教材层面的问题，而是对教学理念、教学手段、教学资源、教学环境等的理解和整合。教师和学习者都要对教材有整体的认识，在课堂教学中充分利用教材并及时对教材进行评估和改进。在大学英语课程设计中，通过教材的调节作用保持教学内容静态与动态的统一。所谓静态，是指具有一定稳定性的教材内容；所谓动态，是指教师根据学生的语言能力及需求状况，及时选用、补充一些较新的教学材料，使教学内容基于教材又不拘泥于教材，满足学生对教学内容的多种需求。做到了这些，大学英语教学效果才能得到提高。

（四）教材与能力培养

学生外语能力培养与课堂教学和教材有密切关系。狭义的外语能力仅指学习者的语言能力，即掌握和运用听、说、读、写、译等语言技能的能力；鉴于语言学习中实践性大于理论性的特点，广义的外语能力还包括学习者的学习能力，即以快捷、有效的方式获取准确的知识和信息,并将新知识融入已有的知识体系,转化为自身经验的能力。《大学英语课程教学要求》(2007)强调大学英语教学必须兼顾学生英语综合应用能力和自主学习能力的培养。"重视学生、培养能力"是我国高校普遍使用的第四代大学英语教材最突出的一个特点。然而,隋晓冰、周天豪(2012)通过对第四代教材的分析,发现第四代教材与新世纪学生外语能力培养的要求有差距,主要体现为只注重语言技能而忽略能力的培养。由此可以看出,教材与能力培养的关系不仅体现在课堂教学中教师所利用的教材内容,还体现在教师和学生所使用的教学方式和学习方式。对于教材内容,要把语言技能学习与能力培养结合起来,就必须把基于任务的教学内容设计和编写进未来的教材之中;对于教学方式和学习方式,要强调教师自主和学习者自主的结合,二者相互作用、密不可分,学习者自主性的发展有赖于教师自主性的提高。

现有教材仍然过度强调在语言知识、语言技能、学习策略等方面培养学生的语言综合应用能力,这从教材的内容上可以发现。第四代教材还是较为注重语言的本体内容和技能操练,课堂上语言操练与能力培养相结合的教学内容几乎没有。尽管教材开发已经趋于立体化,但仍较注重语言技能的综合教学,缺乏有效的任务型练习,忽略了从语言教学过程中培养学生独立认识问题和解决问题的能力。此外,教材配有大量的自主学习资源,不少高校还为此建立了大学英语自主学习中心,引进基于计算机和网络环境的学习软件,以计算机为核心,连接教师、学生、教学内容和学习方法以及其他可获取的网络信息等,从而创造了一个较为理想的个性化自主学习环境;同时充分发挥网络教育资源优势,向教师和学生传递数字化信息,开展交互式的同步或异步的教学活动。学生被置于一种动态、开放、生动、多元的学习环境中，学生在自主学习的过程中具有更多的自主性和选择权。但传统的教学评估模式并未打破，这就决定了学生的自主学习流于形式，无法深化为其自身的能力。计算机和网络环境下，面对式样繁多的学习资源和海量的信息，学生一时难以适从，无法甄别这些资源和信息的有用性，找不到有效提高其语言能力的路径。教师对学生基于自主学习中心的学习没有给予足够的指导和管理，有些资源也比较单调贫乏，使用不便，且网络版教材的内容又与课本内容重复，自然很难激发学生再学习的兴趣，这些都导致现代信息技术的超强功能没能充分地发挥，学生的自主学习也自然得不到锻炼和提高。

（五）教材与技术

改变传统的单一教学模式，鼓励多模式探索和现代教育技术的充分利用是新一轮大学英语改革比较强调的，因而与之相适应的第四代教材也都遵循此要求，开发了基于网络和计算机的大学英语教学系统。然而，教材电子化和网络化其实就是将纸面上的内容简单搬到光盘和网络上，第四代教材的网络版在一定意义上说就是教材的"文字版＋电子版＋网络版"。这样的教材只是物理载体发生了变化，对于提高外语教学效果无任何实际意义；更为重要的是，电子版或网络版教材没有跳出纸质教材的框框，学生在电子教材或网络教材进行的所谓的"二次学习"是对课堂教学的重复，长此以往，学生失去了原有的学习兴趣，也完全不能体现学习的个性化，这是对现代信息技术超强功能的极大浪费。也就是说，教材与技术的融合并未完全到位。

束定芳、张逸岗（2004）以一次有关教材在外语学习过程中的作用和使用情况的问卷调查为基础，分析外语教材在外语教学过程中应有的地位和作用。调查发现，"学生更希望通过比较自然、轻松、有趣的方法来学习外语，愿意仅通过教材来学习外语的人数只占到 6％左右。这一方面说明现有的教材还无法全面反映丰富多彩的语言活动，教师的课堂教学也常常是枯燥乏味，远离真实的语言交际活动；另一方面则反映出学生渴望在真实的语言活动中学习语言，渴望形式多样的语言输入，渴望在真实的交际环境中展示和锻炼自己的语言交际能力"。因此，技术的作用应该更多地体现在构建真实语言交际和学习环境上，而非仅仅是教材内容呈现的载体和工具。既然技术不只是一个简单的载体，那么它对大学英语教学的改变应该是深层次的。当前，采用多媒体、多模态技术的计算机学习软件日益增多，其学习系统、测试系统、教学管理系统与学习资源库为学习者创造了一个真实的语言学习环境，并且通过有效的网络管理将教师教学和学生在计算机上的自主学习有机地结合起来。这些学习软件大多与教材配套使用，是教材培养学生学习能力的有力支撑。

技术进入大学英语教材的设计与编写体系中，并逐渐成为生态化外语教学环境中的一个有机组成部分，但这并不意味着要舍弃纸质教材而一味地使用电子化和网络化的学习资源进行学习。举例而言，大学英语读写教程的纸质教材应该为学生的学习提供充分的背景知识、语言重难点释例和简要的课文分析等，而在技术支持的电子版和网络版教材中，以音画效果加深学生对所学内容的多感官感知认识，利用电子版面设计灵活的优势提供一些音像、图画、文字等形式的练习，通过有情境支持、支架帮助的问题任务的解决过程使学生在有声、有图、有像的输出应用中学习语言，同时检查验证、巩固强化学习成果。纸质教材与电子网络教材相结合、课堂学习与课外练习相结合，这样能更加有效地增强学生的学习兴趣和自信心，发展其个性化学习能力，使教材满足因个体差异而带来的多层次需求。

第四代教材是在大学英语教学改革进入全面实施阶段之后推广开来的，它具有如下三个特征：第一，遵循传统教学模式，注重阅读技能的培养；第二，教材系列化，分工越来越细，听、说、读、写基本各成一体；第三，教材的编写一般都由国家重点院校的专家、教授承担，这从一个侧面说明教材更适用于重点院校的学生。与前三代教材相比，第四代教材有了显著的变化和进步：一方面，编写理念较为先进，能综合体现各种教学理论；另一方面，教材向立体化方向发展，不仅有纸质课本，而且还有音视频光盘和网络版教材。然而，这些变化能否满足大学英语教学改革的要求呢？从教材与目标、学生需求、使用、能力培养以及技术等五个方面分析第四代教材的应用现状，我们不难发现，当前我国高校普遍使用的大学英语教材仍然有需要改进的地方，如编写理念与教材、教材与教学和学习方式等都有程度不一的脱节现象。为防止教材在大学英语教学中偏离和异化，我们有必要了解大学英语立体化教材的缘起，梳理其发展历程。

# 第二节　大学英语立体化教材的缘起与发展

## 一　理论背景：信息技术与课程整合

基于信息技术（Information and Communication Technology，简称为 ICT）的教育信息化是教育现代化的基本内涵，也是实现教育现代化的重要手段。"信息技术应用于教育的唯一选择和唯一出路是整合"(陈琦、张建伟,2003)。信息技术与外语课程的整合不是简单地把信息技术作为辅助教或学的工具,而是把信息技术同外语课程的目的、任务与学科教学整合在同一教学过程中。通过与外语课程整合,信息技术成为促进学生自主学习的认知工具和情感激励工具,学生通过利用信息技术所提供的学习环境,充分调动语言学习的主动性和积极性,可以有效锻炼创新思维和实践能力。在信息技术与课程整合背景下的教材研究也呈现多元态势。整合背景下的外语教材以立体化教材形式出现,把 ICT 作为知识建构工具、学习管理工具、反思评价工具和协作互通工具,在信息技术支持下的由学生、教师和网络教学资源构成的促进学生个性化学习的"学习共同体(学习社区)"内,构建多模态、多媒体、多环境的外语教学模式,即在多环境下利用多媒体进行多模态学习(亦称"三多学习"),实现立体化外语课程体系。

(一)多模态理论及其对外语教材的影响

新伦敦小组(New London Group,1996)提出多模态化教学这一概念,开辟了多模态作为一种教学理论应用于语言教学的先河,主张利用网络、图片、角色扮演等多种渠道、多种教学手段来调动学生的多种感官协同运作参与语言学习,强调培养学生的多元读写能力(multiliteracy)。21 世纪初国外学者对教育领域的多模态化研究表现出极大的兴趣。Royce(2002)提出"多模态教学方法论",并将其运用到读写、听说和词汇教学中。与之相似,Stein(2008)提出"多模态教学法",认为课程、教学和评估应以学习环境的模态特征为中心开展,课堂上所有的交际活动都是多模态的。追根溯源,多模态与语言教学研究的理论基础是 Kress & Van Leeuwen(2001)提出的多模态话语分析理论,他们不仅研究了模态与媒体的关系,还探讨了多种模态有规则地表达意义的现象，并且提出了多模态环境下多元读写能力的培养设计方案和应用原则。多模态理论在 21 世纪初传入我国，顾曰国、张德禄等学者做了大量的引介和推广工作。顾曰国（2007）区分并剖析多媒体学习和多模态学习这两个概念，构建用于剖析两种学习的模型，并以学习外语为例演示如何用这个模型进行实例分析；张德禄（2009）研究多模态话语理论与多媒体技术在外语教学中的应用；张德禄、王璐（2010）探讨在大学英语课堂教学中，各种不同模态是如何相互协同共同完成整体教学目标的，发现教学的主要模态是口头话语，其他的模态对前者起到补充、强化、优化等作用；张德禄（2010）探讨英语课堂教学中的设计及其对模态系统的调用，总结出教学设计对模态系统的选择以及选择的原则；张德禄（2012）通过新伦敦小组的设计理论探讨多模态选择的资源、过程和结果，建立多元读写的理论框架和多元读写能力的教学培养框架。然而，有关多模态的研究在国内还处于初始阶段，尚缺乏实证性的研究成果。

多模态性教材指的是由多种模态共同筑成的教材，包括图画、表格、文字、录音、录像等，但与传统教材不同的是，这些模态共时或者按一定顺序出现，尽管还是文字起主导作用，但是与传统教材相比，多模态性教材不再是一种模态独占鳌头的局面，而是多种模态先后出场。多模态性教材与传统教材相比，具有协同性、多维性、共时性、动态性、链接性、网络性等特点（Okada & O'Brien，1995：266-274），其含义表述如下（转引自张德禄、张淑杰，2010）：

（1）协同性：多模态性教材总是有两个及两个以上的模态

相互协作、共同表达意义，如声音与文字、图画与文字、动画与声音和文字等相互协作。

（2）多维性：多模态性教材通常是多维度的，甚至是立体的，如文字是线性的，但图画是二维的（平面的），动画则是三维的。在文字与其他模态的配合中，总是有两个及两个以上的维度在起作用。

（3）共时性：由于多模态性教材的协同性特点，它还要表现出共时性，即两个或者两个以上的模态同时在意义表达中起作用，多维度刺激学习者的感官，提高学习效率。

（4）动态性：在多模态性教材中，有些模态是动态的，反映现代媒体技术的作用，如声音、动画、链接性移动、画面切换等。

（5）链接性：多模态性教材中的语篇具有超文本特点，通常由一个主语篇与许多不同层次的链接语篇相联系，相互链接成为一个复杂的语篇网络（Luik & Mikk，2008：1484-1486）。

（6）网络性：多模态性教材的链接性和动态性引发了其网络性，即它不再是一个个简单的语篇组合，而是语篇中包含语篇，层层嵌入，可以形成许多语篇甚至无数个语篇的网络集合（Okada & O'Brien，1995：273-274）。

张德禄、张淑杰（2010）把多模态性教材简单归结为三类：纸质教材、电子教材、演示教材，并指出多模态性教材不是模态的简单叠加，而是多种模态的合作、协同、辅助和强化，相互协作、各有用途。该文还初步探讨了多模态性外语教材的宏观编写原则和具体编写原则，如图3-2所示：

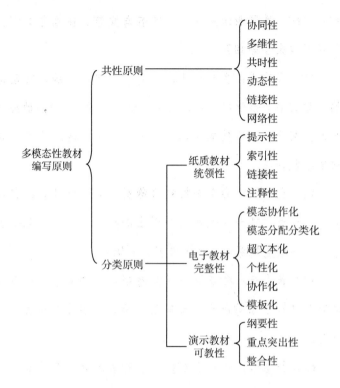

**图 3-2  多模态性教材编写原则 (张德禄、张淑杰，2010)**

　　无论是国内还是国外，对于多模态性教材的设计和有效性的研究有限。以刘明、胡加圣（2011）对大学外语视听教材的多模态化设计为例，他们以外语教学与研究出版社《新视野大学英语》（视听说教程）为例进行实证研究，检验该教材的网络教学系统的听力教材是否能够促进学习者听力水平的提高。研究发现，大学英语网络教学系统的技术并不成熟，不能完全呈现多模态课堂理念和设计，并且反映出了一些普遍问题，比如：（1）教材内容：听力材料缺乏真实性。该研究发现听力材料提供的对话缺乏日常生活对话中常有的迟疑、停顿、重复等语言现象，无法达到让学生通过该模式接触真实英语对话场景的语言情景化设计的目的。（2）教学模式：练习形式单调，学生缺乏兴趣。调查发现，在所谓多模态网络教材里所涵盖的练习题依然沿袭了传统教材的简单、机械、僵硬的教学模式，而并没有真正实现视、听、说三者深层次练习的语言教学模式。(3)学习策略:自主学习缺乏控制力度，学生缺乏学习策略意识。然而，也有研究发现现行多模态性教材的使用可以达到一定的教学效果，如李宝宏、尹丕安（2012）通过应用上海外语教育出版社《全新版大学英语》(综合教程和听说教程）开展多模态语境下新的大学英语教学模式的一项实证研究发现这种教学模式摆脱了传统教学模式的束缚，使学生在多模态英语学习环境下，改变其传统的学习方法，进行开放式的、自主的英语语言知识学习、技能训练和文化培养，能更好地适应新时代多样化、网络化、个性化的英语教学模式。这种学习模式有效地培养了学生的跨文化交际能力，全面提高了学生的英语综合应用能力和文化素养。

综上所述，在多模态环境下，基于课堂和计算机网络的混合教学模式越来越普及，但与之相适应的多模态性外语教材的设计、编写研究还很欠缺，没有系统的理论框架可以利用。外语教育界需要更加深入地探讨多模态性教材的特点，按照理论来自实践、应用于实践并指导实践的路子，进一步研究多模态性外语教材的编写方法和策略等。

（二）多环境理论及其对外语教材的影响

计算机网络技术进入外语课程后，"由于计算机网络具有多媒体的集成功能、教学信息的扩展功能、教学过程的交互功能、学生地位的主体性功能、教学方法的多样化功能、教学情景的虚拟化功能，它的运用扩充了教学内容、开放了教学环境，它的发展和应用正逐步由教育改革的边缘走向中心"（郭建红、黄田，2011：113 - 115）。

由此带来外语课程的目标、方法、手段、模式、教材体系等要素发生变化,继而打破传统外语教学环境的生态平衡。解决外语教学环境的生态失衡问题需要构建和优化计算机网络背景下外语教学多环境系统,并使其动态、灵活、良性地发展,形成新的生态平衡。多环境是指在开放的教育系统中与教学有关的各种要素和资源,如教师、学生、教学内容、场景、媒介、设施甚至文化氛围等相互作用和影响并发生有效改变的环境体系。构建大学英语多环境教学模式的目的在于充分利用各种跟语言教学有关的教学要素和资源,挖掘它们之间的关系,使其融为一个内在相互作用的有机整体,形成教师教学、学生探索知识和自主学习的网络化便捷平台,促使各种教学资源实现其价值的最大化,其最终目的是全面提高大学英语教学的质量和效益。

学习环境是一个复杂的系统,是影响学习活动发生以及学生学习效果的一切情况和条件。魏晶(2012)将外语学习环境划分为四个子环境:外部学习环境(physical learning environment)、学习资源环境(resourceful learning environment)、学习技术环境(technological learning environment)和情感环境(emotional learning environment)。外部学习环境包括自然环境和社会环境,是外语学习的客观环境和宏观环境,很难为个人意志所转移,却可以保障或者干扰学习者的学习行为和效果。学习资源环境包括诸如学习模态、教材、教学设计、参考资料、教本以及网上资源等和学习相关的资源,这属于外语学习的微观环境,直接决定了学习者语言学习的效果和质量。学习技术环境指的是在学习者学习期间提供的技术支持和保证,体现了外语学习环境的优劣,它不仅能够通过技术手段帮助学习者对外语学习产生兴趣,帮助他获得学习的进步,还可以帮助学习者开展一系列的小组讨论和合作式学习。情感环境涵盖了心理因素、人际关系和社会认同感三部分。四个子环境在外语学习中的功用各不相同：外部环境保证外语学习的舒适性；资源环境的协调包括了如何搭配教学模态、教材教学设计、参考资料、教本以及网上资源以及如何合理分配这些教学元素和环节，这是维持有效教学的唯一途径；技术环境使得多模态的外语学习和教学成为可能，也使得外语学习从课堂延伸到课堂外，为学习者提供多元选择；情感环境从根本上可以提高学习者的学习积极性和动力。科学地处理多环境之间相辅相成的关系能使外语教学和学习的大环境平稳运转、良性发展。

关于外语学习环境的发展，越来越多的研究者倾向于为外语学习者探索一个具有支持性的、建构性的语言学习环境。近年来，虚拟环境已被更多地应用于教育及教学研究中，它可以为学生提供近似真实的目的语社会文化环境，使语言学习以"全浸式"的方式进行，其设计和应用有利于改变我国外语教育教学中课堂教学占绝对主导地位的现状，充分促进社会化的语言学习，有效提高学生的语言综合运用能力（马冲宇、陈坚林，2012）。虚拟学习环境（virtual learning environment）以虚拟现实技术（virtual reality technology）为支持，是一种人工创造和控制的环境，可以把课堂学习和课外习得有机地结合起来，构成仿真世界现象与环境的"探索式＋发现式"学习系统（环境）。马冲宇、侯晓舟（2008）认为，外语虚拟世界是解决中国语言环境缺乏的有效方案，外语学习者可以借助它在真实、自然的语言环境中习得和学习外语，大幅度提高我国外语学习者的外语技能，特别是听说技能，并弥补外语学习动力的不足。虚拟外语学习环境既建构外语学习课堂情境，也动态仿真外语学习的社会环境，为学生提供了观察现象、模仿语境和实验交际的空间，使学生在真实、自然的语境中的语言学习和使用成为可能，其"身临其境、寓教于乐"的特点可以培养学生对问题与现象进行主动思考与解决的能力，从而激发学习者成为知识的探索者、发现者与建构者。虚拟现实技术应用于外语教材设计和编写可以使教材充分利用互联网和多媒体等现代技术的特点，成为真正的情景化、个性化和交互性的教材，通过虚拟现实技术创新学习环境，改变学习方式，在促进教材与教学大纲相适应、推动大学英语教学向"校本特色、内涵发展"延伸和提高外语教学质量和效益方面作用显著（杨港，2013b）。

（三）多媒体理论及其对外语教材的影响

多媒体技术是信息化学习的核心技术之一，多媒体学习以其形象、直观的特点被认为可以促进学生的理解力和提升学生的学习兴趣。多媒体学习理论的代表人物、美国教育心理学家理查德·梅耶（Richard E. Mayer）提出了多媒体学习的认知理论。该理论认为，多媒体学习是从所呈现的文本或叙述中选择相关语词，或从所呈现的画面中选择相关图像，并将所选择的文字组织成连贯清晰的语言心理表征（或者将图像组织成图像表征），进而将言语模型、图像模型与先前知识进行整合，并据此提出了多媒体学习的生成模式（见图 3-3）。

这个生成模式以听觉和视觉两条主线进行，分别形成言语心理模型和图像心理模型，并与原有的知识体系相整合，最终产生新的认知结果。根据此生成模式，梅耶进一步制定出多媒体学习的五个原则（沈彩芬、程东元，2008）：

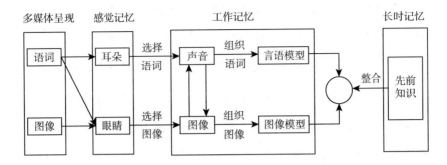

**图 3 - 3　多媒体学习认知模型（Mayer，2005）**

（1）多媒体呈现原则（multiple representation principle）：学习者同时接受言语信息和形象信息进行学习，比单独接受某一种信息更有助于意义的理解；

（2）时空同步原则（contiguity principle）：言语信息和视觉信息在同一时空内呈现，而不是分别或者依次呈现，更利于学习者理解和接受所学内容；

（3）注意分配原则（split attention principle）：听觉和视觉两种感官注意力均衡分配，有利于学习者对信息的接受和加工；

（4）个体差异原则（individual differences principle）：上述三项原则对原有知识基础和形象思维有差异的学生来说会产生不同效应。这些效应的产生状况取决于学习者的个体差异；

（5）紧凑性原则（coherence principle）：在多媒体环境下学习，学习者接受短小精悍的言语和图像信息比接受冗长松散的信息，学习效果更佳。

根据多媒体学习理论及多媒体学习的五个原则，如果外语教材把文字、声音、图像等有机地融合在一起，形象直观地呈现教学内容，会更利于学生正确理解和掌握语言。因此，多媒体学习理论指导下的外语教材设计理念应该包括：（1）教材全面调动学习者的多种感官，挖掘学生深度理解教材的潜力；（2）教材以多媒体呈现方式将抽象的教学内容具体化、形象化，便于学习者消化吸收；（3）多媒体教材设计中文字、声音、视频等要素的相关性要强，要以准确呈现教学内容为目的协调安排上述要素，不能流于形式；（4）多媒体教材中加入简单的用户交互，使学生在使用教材进行外语学习的过程中感觉自己正在参与某种语言交际和社会交往；（5）根据动态学习材料（动画＋解说）和静态学习材料（图片＋文字）的对比实验结果，利用静态学习材料的学习效果要好于使用动态学习材料（闫志明，2008）。虽然还需在不同学习领域、不同学习类型中继续开展大量实验以验证动画效应是否存在以及动画学习材料适用的范围和条件，但这已说明多媒体外语教材的设计在不同媒介形式的选择方面要严谨、科学，才能发挥其独特的风格，满足个性化教学的需要。

## 二 实践背景：大学英语教学改革

2001年8月28日，教育部在其下发的《关于加强高等学校本科教学工作提高教学质量的若干意见》中指出，一本平面纸介质教材和一张CAI课件光盘的模式已经无法满足和适应当前我国高校创新人才培养工作的需要。我国高等教育应该运用现代教育技术，把各种相互作用、相互联系的媒体和资源有机地整合，形成立体化教材，为高校教学提供一套整体解决方案。"立体化教材"一词首次在我国出现。2003年，教育部启动大学英语教学改革，实施以现代信息技术为支撑的新教学模式。2004年，教育部下发《关于实施大学英语教学改革试点工作的通知》,委托高等教育出版社、清华大学出版社、外语教学与研究出版社、上海外语教育出版社开发四套基于计算机和网络的大学英语立体化教材(如表3-2所示),并研制与教材配套的"大学英语教学软件",于当年12月进行项目验收,2004年2月向180所试点学校推荐使用。大学英语立体化教材进入繁荣局面。

表 3-2　　　　　　　　　四套大学英语立体化教材简介

| 教材名称 | 内部系列 | 总计 | 主编 | 出版社 | 首版出版时间 | 配套资源 |
|---|---|---|---|---|---|---|
| 《大学体验英语》 | 综合教程<br>扩展教程<br>听说教程 | 19册 | 孔庆炎<br>李宵翔<br>贾国栋 | 高等教育出版社 | 2002 | 网络课程、多媒体学习课件、电子教案和学习系统(体验英语自主学习系统) |
| 《新时代交互英语》(全新版) | 预备级综合教程<br>读写译<br>视听说<br>新闻英语视听说(用于选修课)<br>商务英语(用于选修课) | 12册 | 余渭深 | 清华大学出版社 | 2003 | 计算机学习系统、测试系统、网络辅助教学管理平台和学习资源库 |
| 《新视野大学英语》 | 读写教程<br>听说教程<br>快速阅读<br>综合训练 | 16册 | 郑树棠 | 外语教学与研究出版社 | 2001—2003 | 学习光盘、助教课件、网络教学管理平台、试题库、语料库、新视野大学英语网站 |
| 《大学英语》(全新版) | 综合教程<br>听说教程<br>阅读教程<br>快速阅读教程<br>语法手册 | 27册 | 李萌华 | 上海外语教育出版社 | 2001—2003 | 多媒体学习课件、电子教案和学习系统(新理念大学英语网络教学系统) |

(一)立体化教材是现代教育学理论发展的产物

任何教材都基于若干对学习过程的假设(Hedge,2000)。大学英语教材是依据一定的语言学习理论而设计并围绕一定的语言学习模式而编写。在过去很长一段时间里，教材的编写都是以当时流行的某种教学法为指导思想。随着现代教育学理论研究的深入，大学英语教师意识到一种教学法不足以解释语言教学，能对语言教学做出精辟阐述的应该是学习理论（Stern，2000）。行为主义学习理论认为学习是学习者对环境刺激做出反应的过程，是刺激与反应联结的形成或行为习惯的加强或改变；认知主义学习理论进一步指出，学习是一个比"刺激—反应"联结要复杂得多的过程，学习在于内部认知的变化，是学习者内部心理结构的形成和改组。相比行为主义学习理论把学习看作学习者与外界的相互作用，认知主义学习理论已经开始关注学习者内在动机与学习活动本身带来的内在强化作用。但是，进入90年代以来，社会对人才培养的目标提出更高的要求，人才培养模式也日益多样化。学习者自身的需求和学习特点在大学英语教学中的作用需要得到充分体现。建构主义学习理论迎合了这一变化。它强调，学习者要在完整的、真实的环境中积极进行有意义的体验活动（Piaget，1971）；同时它又指出，学习者在教师和同学的协作下参与学习全过程，能够掌握他单独无法领会的概念和思想（Vygtosky，1978）。显然，建构主义学习理论主张以"学"为主，以"教"为辅。学生是意义的主动建构者，是教学实践的主体。"以学生为中心"的教学新理念在大学英语立体化教材的设计和编写中体现明显。

（二）立体化教材是教育技术发展的产物

20世纪90年代以来，随着网络教育的兴起，教学媒体的呈现方式日趋多样化，图、文、声、像、影等教学信息载体出现在一个教学平台上。印刷形式的课本和电子形式的语言影像资料是大学英语教材的主要物化形态，分别承载了字符、语音、图片、影像等语言文化信息。随着信息技术与教育教学的整合，教材的类型及其物化形态发生了巨大变化。大学英语教材的形态有了更多的选择，印刷形式的课本不再是唯一的教学信息载体。新兴教材以其信息表现的多元性、集成性、可控性，信息内容的开放性、共享性，以及通达手段的交互性、非线性，呈现出有别于传统教材的显著特点。立体化教材在这样的背景中出现。教育技术与教育理念持续更新变化，给大学英语教材多样化、立体化发展赋予了强大的推动力，掀起了外语教材领域改革的浪潮。立体化教材把文字信息、拓展素材与网络资源整合为相辅相成的一体化资源组合，三者互相影响，发挥各自优势，共同作用于学生全新的学习体验中，满足学生学习的多样性、过程性和动态生成性新需求。

（三）立体化教材是教学模式革新的产物

现代教育技术的出现使大学英语教材发生了一次大变革，立体化教材的应用有助于打破传统的教学模式，使广大教师在实践中不断探索一种全新的大学英语教学模式以适应时代的要求。教育部于2004年初颁布了《大学英语课程教学要求（试行）》，指出各高等学校"应当充分利用多媒体、网络技术发展带来的契机，采用新的教学模式改进原来的以教师讲授为主的单一课堂教学模式。新的教学模式应以现代信息技术为支撑，特别是网络技术，使英语教学朝着个性化学习、不受时间和地点限制的学习、主动式学习方向发展"。基于网络的多媒体英语教学模式在大学公共英语教学的舞台上正式亮相。2007年，教育部颁布了新的《大学英语课程要求》，倡导个性化、自主化和超文本化的新教学模式，新的课程要求体现了教育理念的转变，而教学改革的深化为立体化教材的编写注入了新鲜活力。教材是体现教学内容和教学方法的载体，立体化教材建设的过程是探讨分析大学英语课堂中存在问题并提出相应的可行性解决方案的过程，也是深化大学英语信息化教学改革、全面推进教学质量提升的重要保证。

## 三　大学英语立体化教材的发展

自 21 世纪初开始，大学英语立体化教材进入快速发展阶段。高等教育出版社等四家出版社研发的四套大学英语立体化教材（见表 3-2）相继推出第二版，甚至第三版的同时，又有一批立体化教材面世。其中，影响较大的几部教材包括：

（1）《大学英语教程》，黄必康主编，北京大学出版社 2004 年出版，共 10 册，配有网络版教材等立体化资源；

（2）《大学英语（第三版）》，董亚芬主编，上海外语教育出版社 2006 年出版，共 29 册，配有电子教案、网络课件和训练光盘等立体化资源；

（3）《新世纪大学英语》，秦秀白主编，上海外语教育出版社 2007—2012 年出版，共 44 册，配有助学光盘、电子教案和网络教学平台等立体化资源；

（4）《新标准大学英语》，Simon Greenall 和文秋芳主编，外语教学与研究出版社和英国麦克米伦出版公司 2009—2010 年共同出版，共 20 册，配有学习光盘、教学光盘、网络自主学习平台和试题库等立体化资源；

（5）《新 21 世纪大学英语》，翟象俊、张增健和余建中主编，复旦大学出版社 2010—2012 年出版，共 21 册，配有光盘、多媒体课件和网络课程等立体化资源；

(6)《新核心大学英语》,蔡基刚主编,上海交通大学出版社2011年出版,共16册,配有学生光盘、教学课件和网络教学平台等立体化资源。

这些大学英语立体化教材主要呈现以下特点:

(一) 编写理念有了突破

尽管出现了分类比较细致的系列教材,特别是(视)听说教材被置于重要的地位,但21世纪初的四套立体化教材仍然注重培养学生的综合英语能力,即听、说、读、写、译综合技能,教材以为学生打好语言基本功为出发点和落脚点。因此,大学英语教学也可以称作综合英语教学,语言本身就是教学和学习的核心内容。首批立体化教材都不约而同地出版"综合教程"作为主干教材和"听说教程""阅读教程"或"快速阅读教程"等作为扩展教材。随着我国英语教育事业的快速发展,"以技能为导向"的课程建设理念及教学理念已经难以满足社会需要,急需发展为"以内容为依托"的教学理念。"内容依托教学"(Content-based Instruction,简称为CBI)是特定的内容和语言教学目标的融合,它将语言教学建立于某个学科或某种主题内容教学之上,把语言学习与学科知识学习结合起来,在提高学生学科知识水平和认知能力的同时,促进其语言能力的发展(袁平华、俞理明,2008)。面临社会和世界大环境的变化,大学英语教材必须与时俱进,在编写理念上有一个新的突破。蔡基刚(2011a)提出新一代的大学英语教材应该是以内容为依托的分科英语教材,而不是综合英语教材;培养学生的是应对专业学习的学术英语能力,而不是应对考试的综合英语能力;教材不应仅仅是人文题材的,而应有科学素质教育的题材,不是帮助学生自学,而是帮助他们发展自主学习的能力，如《新核心大学英语》（上海交通大学出版社 2011 年版）就是基于这一理念编写而成。本着培养大学生科学素质、采用折中主义教学法、突出任务型教学理念、培养自主学习能力、偏向学术能力训练、强调词汇能力以及注重语块学习的七大编写理念，该教材首次提出了大学生科学素质教育，鲜明地打出以内容为依托的外语教学原则；提出在课文选材上偏向学术训练文章，通过和专业相关的大学科内容来学习英语。

（二）编写体系更加细化

与 21 世纪初的四套立体化教材相比，近年来问世的大学英语教材在编写体系上更加细化。因《大学英语课程教学要求》（2004，2007）反复强调大学英语要培养学生的听说能力，故 2000 年以后的大学英语教材都有"（视）听说教程"，《新世纪大学英语》（上海外语教育出版社 2007—2012 年版）则再将与听说能力培养有关的教材分为"视听说教程"和"听力训练"。各套教材的册数也呈现一定程度的上升。十年来，大学英语教材的册数从 10—20 册（如 2003 年出版的《新时代交互英语》共 12 册）增至 30—40 册（如 2007—2012 年出版的《新世纪大学英语》共 44 册）。册数的增多一方面是教材体系进一步系列化的结果，另一方面也体现了教材编写者遵循《课程要求》，尊重个体差异，充分满足个性化教学的需要。如作为国内首套完全按照《大学英语课程教学要求》（2007）编写的大学英语系列教材《新世纪大学英语》（上海外语教育出版社 2007—2012 年版）将主干教材扩充至 8 册（多数同类教材为 4 册）就是为了贯彻《课程要求》中"一般要求""较高要求"和"更高要求"三个层次的教学目标和"分类指导"的原则。该教材在教学模式、课堂活动和课后练习上提供了广阔空间，让不同地区、不同群体、不同层次乃至不同时期的学习者各取所需地选用学习资源。教材从选材到教学环节的设计都坚持"聚焦于学习者"和"聚焦于文本"的理念,力图实现《课程要求》提出的教学模式的转变,即从"以教师为中心、单纯传授语言知识与技能的教学模式"向"以学生为中心、既传授一般的语言知识与技能,更注重培养语言运用能力和自主学习能力的教学模式"转变。

总之,吸收各种学习理论和教学思想的长处,以多元大纲为指导是大学英语立体化教材的发展思路。大学英语教材的编写者逐渐意识到,一套教材能为大多数教师和学生接受的前提是教材的设计与编写充分考虑学习者需求和层次的不同。当前的大学英语教材在此方面做了努力。随着教材分工的愈加明确和多媒体资源的日益增多,教师可以根据本校情况,选择不同的教材及多媒体资源组合方式,建立适合本校学生的"集多种教学模式和教学手段为一体的教学体系"。

# 第三节 大学英语立体化教材的内涵与框架

## 一 大学英语立体化教材的内涵

学界对大学英语立体化教材内涵的理解说法不一。庄智象、黄卫(2003)指出,大学英语立体化教材是以现代教育学理论尤其是建构主义理论为指导,通过计算机技术创新教学手段和教学环境,充分利用大量涌现的第一手教学资源,而形成的一整套大学英语教学方案。其目的是要更新大学英语教学观念和教学模式,最大限度地提高大学英语教学质量和效益。它是现代教学理念、现代信息技术和现代高校教学需求三者相结合的产物。王扬帆（2007）认为，大学英语立体化教材是以现代教育理论尤其是建构主义理论为指导，以传统纸质教材为基础，多媒介、多层次、多形态、多用途的一整套教学解决方案。它与多媒体网络英语教学相适应，通过计算机及网络技术创新教学手段和教学环境，以期达到提高大学英语教学质量和效益的目的。陈坚林（2010：186）指出，立体化教材是从传统教材（纸质图书）到音像、电子以及计算机网络系统的多媒体、多模态的存储和呈现介质的转移和融合，并从三方面定义立体化教材：(1) 以多媒体、多模态、多介质方式来存储和呈现教学资源；(2) 以一体化、系统化策略来设计教学内容；(3) 以多元化、互动式方法来实现教学过程。最终目标是形成教学能力，完成教学任务（陈坚林，2011）。尽管不同的学者对立体化教材的内涵有不同的理解，但分析上述对立体化教材的定义和论述我们可以总结出：理解大学英语立体化教材的内涵要从传统教材与立体化教材的比较入手，探讨立体化究竟给大学英语教学带来哪些变化，特别是对教学目标甚至是人才培养目标的影响。

理解大学英语立体化教材的内涵首先要从立体化教材与传统教材的对比谈起。传统教材大多是文本教材，而立体化教材是电子出版物，更加重视运用计算机和网络技术等现代教育手段来构架教材体系；传统教材资源单一，一般只有主教材和教学参考书等，立体化教材囊括纸介质教科书、音像制品、电子制品和网络教学平台等，是以课程为核心来整合已有资源并聚拢新资源。所以，关于立体化教材的内涵目前还没有统一的认识，但可以肯定的是如果把立体化教材看作纸介质教科书、音像制品、电子与网络出版物的集合就未免过于浅显和片面了。

　　理解立体化教材的内涵要对立体化教材引起大学英语课程发生哪些变化有清晰的认识。大学英语立体化教材的出现使课程资源由过去单一化的纸介质教材发展成为文本教材、电子教材和多媒体网络教材等立体化的教学资源解决方案，它带动了课程与教学模式的转变。立体化教材体系的开发和利用，使各种现代化电子媒介被正式引入到课程教学过程之中。立体化教材既丰富了教材资源的结构形态，也拓展了大学英语课程教学的时间与空间结构，改变了传统语言课堂内外的学习活动方式，使得课程、教材、教法相得益彰。

　　对立体化教材内涵的理解要联系大学英语课程的教学目标和高等教育人才培养目标的实现。杨忠（2007）、成镇权（2008）、张绍杰（2010）和蔡基刚（2010）等就大学英语课程的属性是工具性还是人文性展开辨析，其目的之一就是在全球化背景下对我国大学英语课程目标重新定位。课程论对制定与修订课程目标提出了三个依据：学生发展的需求、社会发展的需求和学科发展的需求（钟启泉等，2008）。文秋芳（2012）在分析由三个需求变化引发的主要问题后指出，英语技能目标应给学生提供更多的选择权。这与大学英语立体化教材层次化和开放性等特点吻合。所谓"层次化"是指大学英语立体化教材根据《课程要求》（2007）对学生英语能力要求的三层次（一般要求、较高要求、更高要求）划分设计和编写，切合每个层次目标对"听、说、读、写、译"五种技能的要求，改变了以往大学英语教材编写中"要求统一、步调一致"的路子。学生可以按照自己的需求和实际语言水平对教材进行选择。所谓"开放性"是指大学英语立体化教材以培养具有创新精神和实践能力的人才为目标，全方位强化学生的语言知识与应用能力的训练，其选材内容、练习设置、课前课后延展资源等都体现了立体化教材在培养学生外语能力和人文素养方面的优势。立体化教材不拘泥于大学英语课程的工具性和人文性之争，而是开放性地兼顾语言教学在通识教育和专业教育上的作用。

此外，理解大学英语立体化教材的内涵必须要厘清"内容和形式""促教和促学"这两组关系。在内容与形式的关系上，大学英语立体化教材根据语言课程的性质和特点选择恰当的技术手段和表现形式，同时也充分利用各种媒体手段的特点，做到"化难为易、化繁为简、化抽象为具体、化枯燥为生动"地呈现教学内容；在促教与促学的关系上，大学英语立体化教材实现"以教师为主导、以学生为主体"的教学方式，促进教师指导下的学生自主学习氛围和环境的形成。大学英语立体化教材协调"内容和形式""促教和促学"这两组关系的结果就是各种教学资源之间以及多种学习方式之间互相融合、互为补充。

需要说明的是，我们开发立体化教材并在大学英语教学中使用并不意味着彻底抛弃传统教材，而是以传统纸质教材为基础，从大学英语课程整体观出发，打破纸介质为载体、线性结构知识传播的局限，引入多媒介、多形态、多用途、多层次的教学资源和多种教学服务，改变教学内容的简单呈现和教学方法的一成不变，为教学提供整体解决方案，形成教师的教学能力、学生的学习能力和围绕大学英语课程的教学包。

## 二　大学英语立体化教材的框架

Weinbrenner（1992）撰文提到：教科书设计研究有三类缺失，即理论缺失，缺乏详尽且公认的教科书理论；经验缺失，对师生在课堂内外应用教科书的情况所知甚少；方法缺失，缺乏适应教科书

的理想教与学的方法（转引自黄显华等，2002）。为此，范印哲
（2003b）比较全面地概述了教材设计的理论框架，包括三个理论基
础、十二项原则和一个教材评价，其中，教材设计的理论基础是学
习理论、教学理论和教育传播理论（兼教育技术学原则）；十二项设
计原则是教材设计的知识论原则、教材设计的学科发展原则、教材
设计的课程论原则、教材设计的教学目标分类原则、教材的宏观设
计原则、教材的知识系统结构设计、教材的知识应用结构设计、教
材微观设计原则、实验课教材设计原则、教材设计的教师条件和教
学策略原则、教材内容的科学阐述原则、教材编辑工作的规范性原
则；一个教材评价是教材分析与评价的指标体系和评价方法。根据
以上关于教材设计研究的缺失及教材设计的理论基础、原则和评价
体系，我们拟从教材编写、教材使用、教学服务、教与学的方式等
四个主要方面来构建大学英语立体化教材的框架。当然，评价机制
的反馈和现代教育技术的保障在此框架中也不可或缺。

（一）教材编写

明确教材的指导思想是教材编写的第一步（程晓堂，2002：6-7）。
对于教材编写的指导思想或教材的编写原则，国外学者早有相关研
究。Nunan（1988）指出英语教材编写的六大原则：（1）体现大纲
精神；（2）选文和任务体现真实性原则；（3）要有利于互动；（4）
允许学生注重语言形式；（5）鼓励学生发展学习技能与方法；（6）
鼓励学生把学习技能运用到课外学习中。Tomlinson（1998）基于二
语习得理论提出教材编写十六大原则，从材料、任务、方法等方面
提出要求，体现了对学习者的极大关注，可归纳为：（1）充分考虑
学习者的学习风格和情感态度。通过内容的新颖性、形式的多样性、
任务的趣味性和适当的挑战性来激发学生的好奇心和参与意愿，不

应过于依赖控制性练习;通过版面留白、背景知识提供等手段降低学习焦虑。(2)采用内容适当循环的真实语料,使学习者接触大量真实使用中的语言。尽管课程早期教材应允许一段沉默期,但总体上要向学生提供使用目的语进行交际的机会;同时应提供学习效果反馈的机会。Tomlinson(2003a)系统地探讨了有效教材编写原则,涉及的话题包括:教材评估与调整、教材开发原则与程序、针对不同学习群体的教材开发、针对不同语言技能的教材开发、教材编写与教师发展等。Tomlinson(2008)论述了语言习得与语言学习材料之间的关系:教材须向学习者提供真实使用英语的机会,促使他们从认知和情感上得到发展,同时帮助学生参加有意义的交际,广泛接触真实语言,加快语言习得过程。

信息技术进入外语教育领域后,外语课程构成范式由传统的"理论、方法+教材"模式自然地进入到"理论、方法、技术+教材"模式(陈坚林,2010:39),教材作为其中的重要构成部分必然发生变化。当前的大学英语教材以先进的教学、学习理论为指导,吸收建构主义、人本主义和课程生态观等理论的精髓来应对这些变化。建构主义学习理论认为,知识是学习者在一定的情境即社会文化背景下,借助其他教学要素(包括信息技术)的帮助,利用必要的学习资料,通过意义建构的方式而获得。人本主义学习理论的内涵体现在教学理论上就是以学生为中心,鼓励学生积极主动地学习。课程生态观主张应用生态学视角探寻立体化教材在大学英语教学中的作用,使教学各要素(教师、学生、环境、教材、方法和信息技术等)在外语教学系统中相互作用和相互适应,趋于动态平衡。综合三种理论的核心思想,大学英语立体化教材在设计和编写时要注重以真实任务(authentic tasks)为主要形式给学生建构意义提供丰富而真实的学习情境和多种学习资源，以信息技术为媒介，形成师生、生生互动，形成"以学生为主体、以教师为主导"的教学构架，学生在学习中发挥主动性，并提高其学习能力。在此过程中，支撑大学英语立体化教材的信息技术必须得与其他要素（如任务、活动、方法以及教材本身等）合作、融合，这样才能在教学上发挥其功能，促进教学要素在实践中兼容，从而达到教学结构的平衡与稳定。

（二）教材使用

以往对于教材的研究，注意力主要集中在教材内容（亦即教学信息）本身的评价上，如语言材料的取舍甄别、课文编排的组织结构、教学过程的逻辑顺序以及相应的教学方法等，而对教材的使用，如教师的教材使用观、教材功能的开发、教材使用率等很少关注。立体化教材的物化形态与传统教材不同，信息技术的应用是否到位以及信息技术与教学活动的关系等直接影响教材使用以及大学英语教学效果。就大学英语教学实际而言，由于对立体化教材的物化形态、信息载体及其传播方式对教学模式、学习方式的根本性影响缺少深刻的了解和细致的研究，人们常常仅将其作为一种高新技术手段来使用。比如，将传统的文字教材和电子音像教材直接转换成光盘版的数字教材；教师使用现代化的设备，却以传统的方式组织教学；网络多媒体平台仅被用来进行电化广播教学等。信息技术手段的巨大作用没有真正发挥，立体化教材的使用效果不佳。

大学英语立体化教材以其多样化学习资源和真实化语言环境丰富了教学形式，激发了学生的英语学习动机。如何设计学习活动和学习任务以有效整合这些学习资源和合理利用逼真的英语交际环境是立体化教材使用的关键环节，这需要教师具有对教材进行"再设计"的能力，即教师通过规定学生所要完成的任务目标、成果形式、活动内容、活动策略和方法等对教材进行二次开发和二度处理,使"人、载体、方法"融为一体,语言学习更为综合化。同时,信息技术与立体化教材的有机融合要求教师在课程的实施中加强信息技术教育,培养学生利用信息技术的意识和能力,形成一定的技术素养,并充分发挥信息技术的优势,在教学过程中注重学生适应能力、学习和实践能力的培养,引发学习者内部的认知加工和思维,从而达到发展学习者心理机能的目的。学习者也要主动调整学习动机和学习行为,充分利用信息技术与能力发展整合搭建活动平台,有效地促进自身学习能力的发展,提高使用大学英语立体化教材进行学习的适应性。陈潇潇、关兴华(2007)指出,计算机素养对学习者的学习动机和学习行为有一定的影响,计算机素养中的计算机操作技能是学习动机的主要预测因素,网络使用经验是有效预测因素。学习动机中的学习态度和效果受计算机素养的影响尤为显著,并进而影响学生的学习行为。因此,基于立体化教材的大学英语教学中,具有较高计算机素养的学生对学习动机的各个方面能产生积极的影响,进而促进其参与英语学习的积极性,产生积极的学习行为。在学习行为方面,已有调查(李雪顺、马武林,2010)显示:信息技术进入大学英语教学后,大学生英语学习行为也因此经历着一次变革,但英语学习整体状况不好。一方面,学生学习英语时很少利用网络资源,也没有充分利用各类电子工具;另一方面,学生并没有积极采用已经证明有效的英语学习策略。这就是说,使用大学英语立体化教材要充分利用其配套的学习资源,特别是电子和网络资源,还要调整学习方式,适应信息技术对教材使用和英语学习的要求。我们倡导"自主、合作、探究"等学习方式,改变传统的"填鸭式""一言堂"的大学英语教学。值得注意的是,传统的教与学的方法也并非一无是处。

（三）教学服务

信息技术"自由、开放和不确定"等特点要求立体化教材的教学有效性需要强有力的教学、学习与管理服务保障。从 21 世纪对人才关键素质的培养要求即从培养学生的自主学习能力、思维能力和创新能力出发，立体化教材要求教学服务体系主要包括在线教学与学习管理、资源提供、环境构建、交流互动以及其他与网络教学和学习相关的服务，以保证大学英语教学与参与、互动、协作、个性化以及思维训练和创造能力培养的网络学习特征和社会需求相适应。在上述教学服务体系中，资源提供和环境构建尤为重要。

在立体化教材的资源和环境建设方面，以主教材为基础，以多媒体、多模态、多环境的教学资源和多种教学服务为内容的立体化教学包（主教材＋辅助教材＋CAI 课件＋电子教案＋网络学习平台＋网络测试平台等）为大学英语课程提供了整体教学解决方案，形成了一个"以学生为中心、以学习为中心"的教学环境。这种看似科学、合理的立体化教材资源建设思路其实只是把传统的教学资源和教学环境简单地数字化、网络化，并未考虑立体化教材资源的应用是否效率高、效益好，也没有涉及网络交际环境、网络人文环境的建设等问题，明显不能适应新技术、新环境、新方法引起的大学英语课程实施的变化，也跟不上信息技术发展的需求。为此，结合陈坚林、谷志忠（2008）提出的计算机多媒体教学关键的三件事:"硬件"（hardware）、"软件"（software）和"人件"（humanware）和余朝文、张际平（2011）提出的基于"人""物"和"环境"的立体化教学资源建构方案，笔者认为立体化教材的资源建设要重点突出三个方面，即学生是主体、网络化教学信息系统是关键、网络交际和人文环境是基础。立体化教材的编写注重考虑如何在大学英语课程实施中体现出"以学生为中心"的指导思想,学生是教材资源和环境设计的对象和使用的主体;网络化教学信息系统有别于传统教材的教学辅助资源,它依托网络无限延展和深入,对个别化、个性化学习而言是强有力的助推剂;网络交际环境是传统教材构建的教学环境所缺乏的。胡青球(2010)的调查显示非英语专业大学生不太喜欢外语课堂中的交际性活动,传统学习方法、应试教育、大班教学与课程设置、二语教育与外语教育的区别等都是影响他们积极参与课堂交际性活动的主要因素。网络交际环境规避了这些因素的消极影响,注重交际过程中服务于真实意义交流的互动,突出个性化互动中语料的真实性和情景的生活化,最大限度地为提高学生的外语水平而服务。网络人文环境依托网络技术特点,结合教育本质与内涵,突出大学英语教学"以人文本"的理念,强化以语言体验为核心的语言教学原则,在教学材料和教学过程的多元组合中构建以体验为基础的语言能力发展模式(邹为诚、刘蕴秋、熊淑慧,2009)。

(四)教与学的方式

《大学英语课程教学要求》(2007)规定大学英语课程设置要"充分体现个性化……要有利于学生个性化的学习,以满足他们各自不同专业的发展需要",教学模式要"充分利用现代信息技术,采用基于计算机和课堂的英语教学模式,……以现代信息技术,特别是网络技术为支撑,……朝着个性化和自主学习的方向发展,促进学生个性化学习方法的形成和学生自主学习能力的发展",同时,教学评估也要包括"学习者的自我检查"。这些提法的核心要义是"个性化的教与学"(individualized teaching and learning)。李如密、刘玉静（2001）指出，个性化教学是指教师以个性化的教为手段，满足学生个性化的学，并促进个体人格健康发展的教学活动。李广、姜英杰（2005）认为，个性化学习过程应是针对学生个性特点和发展潜能而采取恰当的方法、手段、内容、起点、进程、评价方式等，促使学生各方面获得充分、自由、和谐发展的过程。大学英语教学过程中立体化教材的使用和个性化教与学需求的满足是相互作用、协同发展的关系。一方面，立体化教材可以克服以往教材形式的单一、提高其适用性，满足当代外语学习者个性化、自主性和实践性的要求，促进优秀教学资源有机整合与合理运用；另一方面，倡导个性化教与学能促使"出版社去开发适合不同层次、不同要求、不同水平的教材，从而避免了目前所有大学英语教材都几乎是同一起点、同一难度、同一词汇量、同一框架，结果使得教师对大学英语教材的选择非常有限，或根本没有选择的尴尬局面"（蔡基刚、辛斌，2009）。

大学英语立体化教材与信息技术紧密结合，具备提供个性化教与学的技术支持和物质载体。立体化教材依托信息技术所构建的多媒体教学环境中，教师根据学生的需求、能力差异、学习进度、兴趣爱好，动态地调整学习计划及进度，提供海量学习资源，使学生运用个性化学习方式或自主或协作，或线上或线下进行学习成为可能。立体化教材推动学生的学习方式由传统的被动式学习变为主动式学习，实现"以学生为中心、以学习为中心"的个性化教育理念。新型学习方式主要包括：（1）自主学习（A-Learning：Autonomous Learning）；（2）协作学习（C-Learning：Collaborative/Cooperative Learning）；（3）数字化学习（E-Learning：Electronic Learning）；（4）混合学习（B-Learning：Blended Learning）。这些新型学习方式既可发挥教师引导、启发、监控教学过程的主导作用,又能充分体现学习者作为学习过程主体的主动性、积极性与创造性。二者相互结合,优势互补,故能获得最佳学习效果。大学英语立体化教材以学生为主体,以教师为主导,注重参与和体验;将教师与学生、学生与机器、课堂教学与自主学习、面授与辅导、教学与管理等有机结合,形成互动与互补,为学生攻破英语学习难关,特别是听说难关,提供有效方式和途径,达到理想的教学效果。

综合以上对教材编写、教材使用、教学服务以及教与学的方式等方面的理论阐释,本研究构建大学英语立体化教材框架如下图所示:

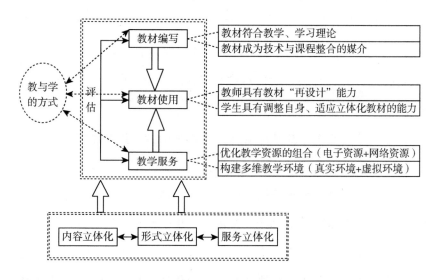

图 3-4　大学英语立体化教材框架

## 三　本章小结

本章剖析了各阶段大学英语教材的特点,从新中国成立以来大学英语教材的演变和当前大学英语教材的改革出发分析大学英语教材的发展趋势，从而继承、发扬我国大学英语教材编写和应用中的优良传统，摒弃以往教材中存在的弊端和不足，以便更好地服务于我国的大学英语教学改革。通过对比分析不同历史时期的大学英语教材发现历代教材所体现的教学需求、教学内容、教学方法以及使用的教育技术手段等一直在变化。导致这些变化的因素有很多：人才培养的目标、教学大纲的要求、教材编写理论和实践体系的发展、教育技术的成熟等。当前大学英语教材在立体化设计与编写方面取得了突破，教材内容、形式和服务的立体化给大学英语教学带来了快速进步的契机。当然，应试导向并未消除、教材内容缺乏经典、教学资源的优化和多维环境的构建还不理想、教育技术的应用还不充分等问题依然存在。

教材发展的规律为师生更加合理、有效地选择和应用教材提供了依据，但当前的大学英语教学实际显示大学英语立体化教材的应用情况并未达到理想效果。以实证研究发现并总结大学英语教学中立体化教材的应用现状是很有必要的，特别是从教材使用的两大主体学生和教师的角度出发挖掘并归纳影响立体化教材使用的因素对解决基于立体化教材的大学英语教学的实际问题有很大帮助。本章从教材编写、教材使用、教学服务以及教与学的方式等方面构建的大学英语立体化教材框架为本著作开展实证研究奠定了基础。

# 第四章 研究设计:大学英语立体化教材使用现状调查

随着大学英语课程改革的深入,大学英语教材发生了许多转变,如构成形态从"单系单册"到"多系多册"、教材载体从"纸质"到"纸质+电子+网络"等。立体化教材的出现和普及突破了大学英语教学手段单一的局限,充分利用网络技术和多媒体技术,给个性化教与学提供了空间。然而,面对数量越来越多、技术愈加复杂化的大学英语教材,如何科学、合理地使用教材以发挥教材的最大效益是摆在我们面前的重要课题。我们有必要对大学英语教材的使用情况进行分析,发现并解决师生教材使用中存在的问题,反馈给教材设计和编写者,有助于他们了解教师和学生对教材的实际需求,缩小教材与师生需求之间的差距,开发出更有针对性、更实用的大学英语教材,从而最大限度地发挥学生潜力。本章从定义"教材使用"和形成教材使用以及立体化教材使用概念框架开始,以开放式访谈进行先导研究,从与外语教学研究专家、教材编写专家、教师和学生的广泛交谈中获取"立体化教材使用"的构成要素,寻找影响教师和学生使用大学英语立体化教材的因素,细化成用来编制调查问卷与访谈提纲的维度，并挖掘这些维度的支撑理论，完成调查问卷和访谈提纲的编制，进而在教师与学生中间对大学英语立体化教材的应用现状进行全面调查，验证并考察这些因素在多大程度上影响立体化教材在大学英语教学中的应用，从而构建大学英语立体化教材的应用框架。

# 第一节　概念界定：教材使用

"使用"一词在《现代汉语词典（第六版）》（2012：1198）里的解释是"使人员、器物、资金等为某种目的服务"。显然，"教材使用"不是简单地使教材为教学服务，而是以教材为载体呈现教学内容并分解为具体教学任务，教师和学生采用与之匹配的教学和学习方式完成教学任务，实现教学目标。教材使用的主体是教师和学生，教师、学生和教材三者之间实现最佳平衡状态才能提高教学效率和质量（谢金，2012）。吕筠（2008）强调：教材使用不是物理学意义上的"受力""搬运"或"时空易位"，而是对教材的开发利用，教材功能、教材的设计与编写以及教材观的转变对教材使用有很大影响，理解教材、转变教材观、在教学实践中寻求有效策略对于教材使用尤为重要。教师和学生在使用教材的过程中形成教材观，教师教材观是"对教材内容、结构、功能以及教学属性的基本看法与主张，不同的教材观体现了不同的教材内容观、组织观、功能观以及教学观"（陈柏华、高凌飚，2010），学生教材观"由外而内可以分为两个层次：可观察的表层（外显行为与语言）和深层的态度倾向与理性思考"（段会冬、袁桂林，2011）。教材观影响教材使用行为、方法、措施和手段。课程目标和教材功能的转向要求教师打破原有的课程观、教材观和教学观，重新认识和利用教材。具体而言，就是要求教师对教材进行"再设计"[①]，这就要求教师不仅要灵活运用既有教材的资源，还要整合教材与其他教学资源和自主开发教材资源（俞红珍，2005b）。作为除教师之外的另一个课程实施的主体——学生与教材的关系密切，他们参与教材"再设计"的过程，教材"从历来的作为教学之用转型为作为学生之用，简而言之，就是从'教材'转型为'学材'"（钟启泉，2003：389）。教材"学材化"成为学生参与课程实施的最现实的平台，从理念层、编写层和教学层三个层次出发，在编制理念、内容选择与组织、呈现方式、结构体系和功能定位上服务于学生学习（谢小芸，2006）。教材"再设计"和"学材化"的过程中，教师和学生都积极参与、反馈和协商，强化教学和学习能力的形成和教学效果的提升。

根据上述总结，我们认为"教材使用"的概念框架可以用下图表示：

信息技术与课程整合背景下，教材不再是教学的全部内容，教材是可变的、发展的和开放的。立体化教材更是如此，多样化的教学资源、现代化的教育技术和个性化的学习方式都促使教师和学生在教材使用的观念和行为上做出改变以追求更好的使用效果。立体化英语教材因采用了多媒体技术、网络技术等现代信息技术而具有以下几个相对于传统单一纸质教材的优势：知识表达的立体性、教学的互动性、教学的自由性和教学管理的灵活性。赵婉莉（2009）指出运用大学英语立体化教材存在的问题主要包括：只重多

---

[①] 教材"再设计"等同于国内教材研究领域多数文献使用的教材"二次开发"这一概念。笔者认为，二者最大的区别在于前者更加强调教师在使用教材过程中主观能动性的发挥和创新能力的体现。教材"再设计"融入教师的规划和设想，是一种创造性活动；教材"二次开发"强调对资源的开拓和利用，在创造性方面低于教材"再设计"。

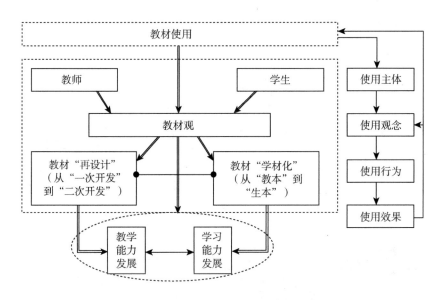

图 4-1　"教材使用"概念框架图

媒体而忽视常规教学媒体和手段;学习过程引导不够灵活多样,缺乏情感交流;教学方式技术化,教学艺术缺失等。刘英杰(2010)也认为大学英语立体化教材使用中存在类似问题,如硬件设备不够完善;大学生自主学习能力急需得到培养;大学英语教师自身的局限性限制了立体化教材的高效率使用等。立体化教材要求立体化的使用方法与之相适应,才能使教材和教学系统中教师、学生、媒体等其他教学要素之间相互联系、相互作用的效率达到最高水平。曹颖哲(2010)认为,立体式教或学的方法是一种能力,是以立体化教材为依托,对包括多种媒介、教学手段、学习模式在内的所有学习要素进行合理选择和组合,从而使教学过程最优化、教学效益最大化的理论与实践,具体包括:(1)教学媒体和手段的选择立体化;(2)学习资源的组织方式立体化;(3)评价方式立体化;(4)教学过程结构立体化;(5)情感交流方式立体化。据此,结合"教材使

用"的概念框架,我们认为下图可以表示"立体化教材使用"的概念框架:

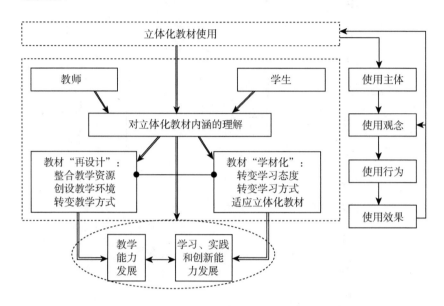

**图 4-2 "立体化教材使用"概念框架图**

# 第二节 先导研究:开放式访谈

Creswell(2008)指出,在混合方法的设计中,先导研究通常是研究者为论证提出的理论假设是否正确而进行的前期研究,以质化研究为主要形式收集和分析数据,旨在为后期的实证研究提供理论支持和方法论支持。本先导研究的主要目的是摸索"立体化教材使用"的构成要素,找出影响教师和学生应用大学英语立体化教材的因素,提炼出不同维度用以编制调查问卷与访谈提纲,从教师与学生两个方面对大学英语立体化教材的应用现状进行全面、系统的评估,检验立体化教材在实际教学中的适应性,构建立体化教材在大学英语教学中的应用框架。具体而言，本先导研究包括：

（1）访问外语教学研究专家、教材编写专家、教师和学生关于如何使用大学英语立体化教材以发挥其最大效益和获得更好教与学的效果；

（2）结合教材应用理论，概括出大学英语立体化教材应用框架维度，编制大学英语立体化教材应用情况调查问卷、访谈提纲和课堂观察指标体系。

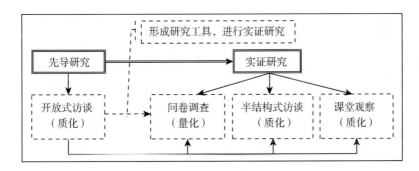

**图 4-3　先导研究在本研究中的位置示意图**

（一）先导研究设计

秦晓晴（2009：79）指出，从研究选题到测量指标的操作化过程是一个从少到多、从抽象到具体的过程（如图 4-4 所示）。在确定选题和研究问题（见第一章）后，本著作通过文献综述和理论梳理提出研究假设：立体化教材在大学英语教学中的使用是影响外语教与学的效果的重要因素。这一研究假设涉及两个概念：一是立体化教材的使用，二是教与学的效果。其中，立体化教材的使用是本研究的核心概念，笔者在本章第一节中给出了它的概念框架，相当于概念定义（conceptual definition）或理论定义（theoretical definition)。而针对立体化教材的使用进行实证研究,还需要对它的概念框架进一步细化,找出其中的测量指标,再通过借鉴前人研究或自我设计,把测量指标变成具体问题,生成调查问卷。在这个过程中,核心概念的操作性定义(operational definition)或实证定义(empirical definition)得以确定,为开展实证研究提供依据。

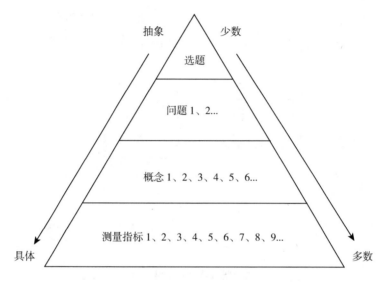

图 4-4　从研究选题到测量指标的操作化过程 (秦晓晴,2009:79)

　　确定核心概念的测量指标可以基于前人的研究成果,也可以通过研究者的探索性研究,还可以将两种方法结合起来。本研究以笔者自己设计并实施的探索性研究确定立体化教材在大学英语教学中的使用这一核心概念的测量指标。探索测量指标的方法多种多样,访谈法是其中"使用得最多且非常有效的方法" (秦晓晴,2009:96),这是因为访谈的结果可以很好地反映受访者的真实情况,这样研究者可以获得反映不同情况的测量指标。

　　本研究拟突破教材使用研究多从教师视角出发的传统,从学生和教师双重角度研究立体化教材在大学英语教学中的应用。笔者利用开放式访谈①的形式来收集数据，以便深入了解大学英语立体化教材在课程实施中应用的真实情况。选择开放式访谈为本先导研究方法的主要原因是开放式访谈强调被访问者的主动性和积极性。开放式访谈中，被访问者并非一味地回答访问者提出的问题，而是一个双方互动交流的过程，中间可以穿插对一些问题的讨论。这样，笔者可以从访谈中获取更直观、更贴切的信息，一方面全景式展现立体化教材在大学英语教学中的应用现状，另一方面归纳相同（或相似）观点，提炼问卷调查的维度。开放式访谈并不是严格遵循事先拟好的提纲，而是根据被访问者的具体特点、访谈过程中的具体情况调整访谈内容。当然，开放式访谈绝不是漫无边际。笔者在进行开放式访谈的过程中始终有一个明确的目的，就是要了解教材的编写者和使用者对"如何使用大学英语立体化教材以发挥其最大效益和获得更好教与学的效果"的想法。这是一条明确的访问线索，围绕该线索的信息与先导研究之后的问卷调查和访谈等实证研究息息相关。

（二）先导研究实施

笔者对上海 2 家出版社的 3 位外语教材编辑和上海、黑龙江、山东、安徽等省（市）高校的 4 位大学英语教师以及上海某高校的 16 位大学生进行了访谈，之后以发送邮件或在网络社交媒体即时聊天等形式对位于北京、武汉的两家出版社的 3 位外语教材编辑和陕西、江苏、四川、福建、江西、贵州等省高校的 8 位大学英语教师进行了访谈。访谈参加人员情况如表 4-1 所示：

---

① 按照研究者对访谈结构的控制程度，访谈法分为三种类型，即封闭式（也叫结构型）、开放式（无结构型）和半开放式（半结构型）访谈。

表 4 - 1                              先导研究访谈参加人员情况

| 人员组成 | 人数 | 访谈途径 | 重点访谈内容 |
| --- | --- | --- | --- |
| 教材编辑 | 6 | 面对面、网络 | 立体化教材设计理念、编写流程;立体化教材的使用带给大学英语教学哪些改变 |
| 大学英语教师 | 12 | 面对面、网络 | 立体化教材的使用尚存在哪些不足;如何改进教材使用以优化大学英语课程教学 |
| 非语言类专业大学生 | 16 | 面对面 | 是否适应立体化教材;使用立体化教材进行英语学习的方式与传统学习方式有何不同 |

访谈紧紧围绕"立体化教材在大学英语教学中的合理、高效使用"这一核心主题展开,来解决大学英语立体化教材要"用得对"(即合理使用)和"用得好"(即高效使用)的问题。笔者将这一主题用"是什么""为什么""怎么样""如何做"等疑问词分解为若干问题,如图 4-5 所示:

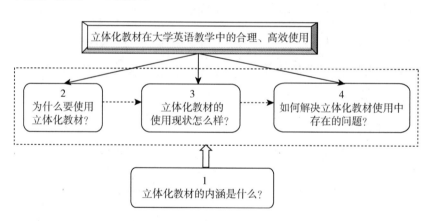

图 4‐5   开放式访谈问题分解示意图

笔者与被访谈者在事先商定的时间和地点进行一对一或小组式访谈,小组式访谈中被访问者确保不超过 3 人,每次访谈时间不超过 2 个小时。访谈在单独场合、安静环境中进行,不受他人等外界因素干扰。这些措施在最大程度上保证了被访问者回答的真实性。访谈过程中,笔者适时地进行了"追问",即要求被访问者针对前面说的某个观点作进一步解释和说明，这可以更好地了解被访问者对该问题的理解和认识。如：笔者注意到被访问教师谈到立体化教材使用中存在的问题时，提到立体化教材的"售后服务"明显滞后。笔者对这个概念很感兴趣，希望进一步了解，于是追问"您刚才提到'售后服务'，这个生活中常见的词在这里是什么意思?"在教师解释了以后，笔者继续追问，"那您希望教材出版方怎样做好'售后服务'?"在之后的访谈教材编写和出版人员的过程中，笔者向其提出了同一问题。通过"追问"和多方验证，笔者能更加准确地了解被访问者的思想和行为，深入挖掘其根源，以便获得较为详细的材料。在征得同意的前提下，笔者对大多数被访问者的谈话进行了录音，访谈结束后做了文本转写，对访谈资料进行概念化和分类，建立类别与次类别系统，以便进行进一步归纳和分析。

（三）先导研究结果与反思

通过开放式访谈，笔者发现目前影响教师和学生使用立体化教材进行大学英语教学和学习的因素是多方面的，既有教学资源、教学环境等方面的客观因素，也有存在于师生自身的主观因素。笔者整理了记录下来的访谈结果，并对访谈内容进行了编码。编码是质化数据分析最核心的工作，是研究人员定义所分析的资料及其内在意义的过程。通过对数据文本的编码，研究人员把原始数据中的具体内容在较抽象的概念层面上进行关联，用于回答研究问题。本先导研究采用以数据为导向创建编码，通读数据，逐渐形成对数据在深度和广度上的全面了解。在此基础上，逐渐找出潜藏在数据中的重要主题和概念。根据杨鲁新等（2013：153－155）对编码类型的划分——描述性编码、主题编码和分析性编码，本研究应用主题编码（又称类属编码）探索访谈对象的言语中所暗示的内容，即从访谈对象所使用的词语中脱离出来，使用更加主题化、更具分析力和理论性的编码层次，初步形成本研究的概念架构。

现对访谈结果编码举例分析如下：

编辑1：

访谈要点：出版立体化教材的根本目的就是要改变长期以来我国高校沿用的"以教为主"的教学模式。这种模式以教师为主体，强调知识的传授，但忽视了<u>学生自主学习</u>、<u>自主探究与个性化学习</u>的需要，造成学生知识增长与能力提高之间的脱节。改变这一状况的首要任务是在<u>现有信息技术条件</u>的保障下构建<u>主动、开放、交互、有效的教学环境</u>。它主张在教师引导下，以学生为主体，以培养能力为目标，<u>师生、学生互动</u>进而建构知识体系的过程。立体化教材与教学模式的改变是相适应的。立体化教材的使用是<u>教师自主教学能力</u>的集中体现，教师必须具有很强的<u>教材"二次开发"</u>的意识和能力。

> 学习方式

> 教学模式

> 学习资源

> "再设计"

编辑2：

访谈要点：立体化教材是<u>计算机技术</u>、<u>网络通信技术、多媒体技术、数据库技术和教育技术</u>飞速发展的产物。我们设计、编写立体化教材就是要依托技术的发展改变大学英语的教与学。比如，我们希望通过<u>教学服</u>

> 学习环境

务专用网站在网络上为教师和学生提供<u>交流</u> 〔教学模式〕

<u>的场所</u>，<u>教师指导、辅助学生的学习</u>，对学 〔学习资源〕

生来说，则在<u>教学支撑平台所提供的自主学</u>

<u>习空间来完成作业、与他人讨论和自我测试</u>。 〔学习方式〕

这样，在教材、教师、学生之间建立起一个

以网络为纽带、以数据库为基础、以网站为

门户的立体化教材建设与实践的体系，用快

捷的信息反馈机制和优质的教学服务促进大

学英语教学改革。

教师1:

访谈要点:学生进入大学学习阶段后发 〔学习环境〕

现大学英语教材延展了他们的<u>学习空间</u>，包

括看得见的物理空间和看不见的心理空间。

物理空间的延展意味着学生的学习不再局限

于教材本身，学习不必一定要发生在课堂上; 〔学习态度〕

心理空间的延展是指学生的<u>学习态度发生了</u>

很大变化，教材的变化使得学生对英语学习

<u>重新产生兴趣和信心，认为英语学习有价值，</u>

<u>学习更加主动</u>，<u>更想参与其中，由此带来学</u> 〔学习方式〕

<u>习方式的变化</u>。

教师2:

访谈要点:大学英语立体化教材提高了

学生的<u>课堂参与度</u>。有的学生是基于教材设 〔学习环境〕

计的学习任务主动参与课堂教学，有的学生

则是为不得不完成这些学习任务而被动参与。

但不管怎么说，立体化教材中数目众多的学 学习态度
习任务激发了学生的<u>学习热情</u>。从这个角度
来说，学习任务的设置和设计可以起到桥梁
的作用，促进学生和教材之间的互动。

教师3：

访谈要点：立体化教材是教育信息化发
展的结果，<u>教材、课件、音频、视频等材料</u>
学习资源 <u>让教师和学生拥有了大量的学习素材</u>，网络
课程、网络平台等新兴的<u>配套资源</u>更是把大
学英语教学无限延伸，从课内到课外，从纸
上到网上，实现了<u>资源多样化和资源共享</u>，
这也就超越了传统意义上的大学英语教学的
概念。

教师4：

访谈要点：立体化教材的使用提倡个性
化，教师不能依赖于传统教学模式，那样学
生的个性化需求根本无法满足。教师要正确
理解立体化教材的内涵，<u>变单一模态为多模</u> 教学模式
<u>态教学</u>，并通过潜移默化或使用一定手段使
学生<u>适应教学模式的变化</u>。

教师5：

访谈要点：随着学生认知水平的变化，
教材的使用也要做出改变。教师不能一成不 "再设计"
变地"以课本为纲"，教材的内容<u>可增、可</u>
<u>减、可变</u>。立体化教材提供了便捷的"<u>二次</u>

开发"工具支持,有课件、有网站、有平台,

便于随时改变教学内容和教学形式。

　　学生1:

　　访谈要点:立体化教材就像一个书包,里

面装了很多用来学习的工具。既有文字教材,

也有电子材料,还可以随时在网络平台进行

在线学习。作为新一代大学生,我们习惯于

使用多种学习工具而非单一的纸质课本。如

果只使用一本课本,我们反而没有学习英语
<sub>学习态度</sub>
的兴趣和动力,主动性和目的性也会差很多。

　　学生2:

　　访谈要点:使用立体化教材后,老师不

再单一地进行讲授式教学,增加了我们学生
<sub>学习方式</sub>
在学习过程中的自主体验、主动发现、合作

探究的机会。立体化教材具有很强的交互功

能,我们可以利用立体化教材的网络学习平

台进行人机对话,自主体验英语口语交际过
<sub>学习态度</sub>
程,也使我们对英语学习更有兴趣,这是纸

质教材没法做到的。

　　学生3:
<sub>学习资源</sub>
　　访谈要点:立体化教材所提供的文字、

音频、视频等多种形式的学习资源,为英语
<sub>学习环境</sub>
学习提供了理想的学习环境。登录网络学习
<sub>学习方式</sub>
平台可以自主学习语言知识,操练语言技能,

还可以进行真实对话,学会使用英语自然地

交换信息和交流感情，交际能力进一步增强，告别"哑巴英语"。

学生4:

访谈要点:老师使用立体化教材进行英语教学时会强调个性而非共性，老师根据学生的个别能力以及需求特点组织教学，在具体的教学情境中采用<u>变化的教学方法</u>，如把灌输式教学改为探究式教学，引导我们在网络环境下进行自主学习或合作学习，老师不再处于教学的中心地位。我们基本上能够适应老师在教学方法和角色等方面的变化。

教学方法

学生5:

访谈要点:教师应该有<u>自主整合、再次开发教材的意识和能力</u>，而不是把教材看做"圣经"。老师用立体化教材进行英语教学就是要对教学内容进行<u>取舍和调整</u>，并找到最适合的形式呈现给我们。这是一个<u>创造性使用</u>立体化教材的过程，学生受益大，学习效果好。

"再设计"

将访谈中教材编辑、教师和学生谈到的关于影响教师和学生使用立体化教材进行大学英语教学和学习的因素进行了简单的分析后，笔者认为:制约于我国人才选拔体制，学生在基础教育阶段所使用的英语教材大多为传统形式的教材，程晓堂、康艳（2009）分析并总结了我国中小学英语教材编写和使用的几个问题，较突出的有:

教材中的语言素材真实性不足、听、说、读、写等交际任务不足、配套教学资源不足、自主学习能力培养不足、教师的独立性和主动性不足以及与教材相适应的教学方法、教学设计、活动实施等诸多方面的匮乏。这些问题在学生进入高等教育阶段开始使用立体化英语教材后得到一定程度的解决。立体化教材的特点弥补了上述不足。对学生而言，利用立体化教材丰富多样的学习资源和真实自然的学习环境，转变自己的学习方式，并适应教师使用立体化教材而选择的全新教学模式，这些都是影响他们是否能够把立体化教材的优势发挥出来以提高学习效果的因素。当然，学生对于立体化教材这一相对新鲜的事物的态度是很关键的，学习态度影响学习行为，与学习效果密切相关。对教师而言，不对立体化教材进行"再设计"就意味着立体化教材与传统教材相比在资源、环境、方法等方面的优势不能完全显现出来。教师依据教学大纲对立体化教材的内容进行适度增删、调整和加工，合理选用和开发配套资源，设计互动性较强的语言交际任务和学习活动，体验真实环境下的语言活动，提高学生的学习兴趣，增强学习动机，从而使之更好地适应和满足学生的学习需求。教师仅仅具有对立体化教材进行"再设计"的意识还不够，还要有相关的策略，优化教材使用，才能产生好的立体化教材"再设计"效果。因此，教师对立体化教材"再设计"的过程就是按照教学需要对教材进行合理的改造，立足于学生的需求使用教材并且帮助学生学会使用教材的过程。对上述要点进行归纳，我们得出影响教师和学生使用立体化教材进行大学英语教学和学习的因素主要包括：

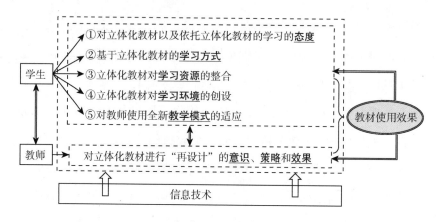

**图4-6 影响立体化教材使用的因素分析**

# 第三节 实证研究:大学英语立体化 教材使用情况调查

大学英语立体化教材使用情况调查主要是为了优化大学英语立体化教材的使用成效,规范教师和学生使用立体化教材进行大学英语教与学的行为,促进大学英语教学质量的进一步提高。本次调查的核心内容之一是全面了解我国高校非外语专业师生在大学英语教学中依托立体化教材完成教学任务、实现教学目标的基本情况,教师和学生作为教材的主要使用者是本次调查的两个重要角度,问卷、访谈提纲和课堂观察系统的设计、实施和结果分析等均从教师和学生双重角度进行。

## 一 研究方法

### (一)问卷调查法

在第二语言研究领域中,问卷调查方法是使用最多的数据收集方法之一。"问卷是给受访者呈现一系列问句或陈述句,并要求他们写出答案或从已有的答案中进行选择的书面工具"(Brown,2001)。秦晓晴(2011)指出,问卷的测量内容主要涉及事实问题、行为问题和态度问题三个方面。这三个方面在本著作对大学英语立体化教材使用框架的探索中皆有涉及:本研究以立体化教材在大学英语教学中的使用情况为依据(事实问题),着重考察学生基于立体化教材的学习方式的变化和教师对立体化教材进行"再设计"的策略与效果等(行为问题),这其中,学生和教师对待立体化教材这一新事物的态度和对其合理使用的意识是关键因素(态度问题)。鉴于此,本著作以问卷调查为主要研究方法。但由于问卷自身设计、调查过程和受访者交际意愿等都有可能存在不足和缺陷,因此,问卷法与访谈或其他方法需要结合起来使用,这样所收集的数据在信度和效度方面的问题会少一些。访谈法,通过对研究参与者进行面对面的交流获得有效信息,具有适用性和可操作性强的特点,是一种严谨的社会科学研究方法,与问卷法的广泛性相比,访谈法更具深入性,研究者可以借助访谈法挖掘参与者对问题的深层次看法,形成"问卷法+访谈法→表面信息+深层信息"的信息链。

(二)访谈法

访谈法,也称访问法,是指访谈员在一定的研究目的指导下通过有计划地与被访谈对象进行口头交谈,以了解其基本情况,获取有用信息,了解相关社会实际情况的一种方法(黄奇杰、蔡罕,2007)。与一般性访谈(如电视访谈节目等)不同的是,应用语言学研究中的访谈通常要求访谈者尽量避免阐述自己的观点,以免对访谈对象的观点产生影响。访谈法依据不同的划分标准可以分为不同的种类,其中,按照对访问程度的控制不同分为结构式访谈、无结构式访谈和半结构式访谈（袁方、王汉生，2006）。根据研究需要，本著作主要采用半结构式访谈来与参与研究的教师和学生交流大学英语教学过程中立体化教材的使用情况，重点针对问卷调查中出现的问题和笔者尚存的以及新发现的疑问，进行进一步的提问和追问。

半结构式访谈表现出来的具体性和灵活性能够有效地展现立体化教材在大学英语教学中的应用现状，特别是具体的实践细节，还原当前高校公共外语教育的真实面貌，弥补理论演绎过于抽象化和问卷调查过于表面化的不足。访谈法还可以提供全新材料，或补充或纠正已进行的文献梳理和问卷调查等研究。但访谈法也有其难以克服的缺陷，如访谈法的结果一般是个别性和具体性强于全面性和普遍性，无法展现贯穿师生教材使用全过程的实践行为；受制于采访人和受访者知识背景和研究兴趣的不同，他们对于同一问题的理解可能存在或大或小的差异，通过访谈所获取信息的真实性也就值得考虑。这时，采取课堂观察法作为辅助手段，以研究者对教学现场的观察和解读最大限度地保证信息的客观性。

（三）课堂观察法

在教学研究领域，课堂观察是研究者可以直接地了解课堂教学真实行为、获取质化数据的一种方式（Wajnryb，1992）。具体而言，课堂观察就是通过观察对课堂的运行状况进行记录、分析和研究，在此基础上谋求学生课堂学习的改善和促进教师的专业发展。它对改善学生课堂学习、促进教师专业发展和形成学校合作文化等都有重要作用（沈毅、崔允漷，2008：230）。课堂观察要求观察者具有明确的观察目的，借助一定的工具（观察表和录音、录像设备等），直接或间接从课堂上收集信息和资料，并据此做出相应分析和研究。Malderez（2003）指出，根据研究目的的不同，课堂观察可分为四种模式（见表4-2，转引自陈镨，2009），不同模式具有不同观察侧重点和特点。本研究主要采用第四种模式（以教学研究为目的的课堂观察）。

**表4-2        课堂观察的四种模式（Malderez，2003）**

| 研究目的 | 观察者 | 观察侧重点 | 特点 |
|---|---|---|---|
| 教师职业发展 | 教师自身 | 观察课堂效果，促进教学设计 | 随堂观察，随时记录 |
| 教师培训 | 培训专家 | 观察培训效果，获得培训反馈信息 | 观察目的及工具明确 |
| 教学评价 | 教学管理者/专家 | 观察决策形成过程，形成评估报告 | 观察侧重描述解释现象 |
| 教学研究 | 教学研究者 | 更新教学理论，探寻教学实践误区 | 工具设计科学并且精细 |

运用课堂观察法进行教学研究的首要任务是确定观测点。国外研究中经典的课堂观察系统包括 Spada & Fröhlich（1995）设计的"交际教学指向的课堂观察系统"（Communicative Orientation of Language Teaching）和 Luke et al（2005）编制的"新加坡课堂观察系统"（Singapore Pedagogy Coding Scheme），每一个系统都包括两个大类和若干个子类（见表4-3）：

**表4-3        国外课堂观察系统**

| 大类 | | 子类 |
|---|---|---|
| "交际教学指向的课堂观察系统"<br>(Communicative Orientation of Language Teaching) | | |
| Part A | | 时间、活动、组织形式、话语内容、话题控制、学生状态、材料 |
| Part B | 教师交际互动量表 | 包括交际特征、目的语、信息差、持续话语、对形式或意义的反应、对学生话语的反馈等观察项 |
| | 学生交际互动量表 | 除了目的语、信息差、持续话语、对形式或意义的反应等观察项以外，还有对教师/学生话语的反馈和形式约束 |
| "新加坡课堂观察系统"<br>(Singapore Pedagogy Coding Scheme) | | |
| "知识架构"<br>(knowledge framing) | | (1) 课段、(2) 学生座位安排、(3) 课堂话语类型、(4) 学生参与程度、(5) 氛围、(6) 互动空间 |

续表

| 大类 | 子类 |
|------|------|
| "知识分类"（knowledge classification） | （1）知识来源、（2）教师工具、（3）学生工具、（4）学生产出、（5）知识融合、（6）知识深度、（7）知识批评、（8）知识操控、（9）技术语言 |

在国内，佐斌（2002：250）认为基于课堂观察的教学行为有五个层面，分别是教师层面（包括教师的教学仪表、教学语言、教学动作、教学内容的呈现方式、教学反馈的方式及内容）、学生层面（包括学生的课堂行为、自律状态、学生间的互动状况）、师生互动层面（包括师生间互动的方式、频率以及互动的成效）、学习环境层面（泛指与教学地点和场地有关的事项）和其他层面（未归入上述四个层面，但仍对教室内的活动具有影响力的因素）。于秀娟（2007）提出了外语教师应从教师（包括对学生的关注、组织能力、调控能力、教学机制、练习设计、课堂呈现等）、学生（包括参与程度、学生地位、学生情感、对学习内容感知程度、学习态度与动机、水平差异等）、言语交互作用（包括课堂语言使用、教学技巧与策略等）、教师课堂管理（包括课堂交互模式、同伴和小组活动、教师角色、时间与节奏控制、课堂中权力的协调等）、学生认知水平和师生情感交流等几个方面实施观察。沈毅、林荣凑、吴江林、崔允漷（2007）对课堂观察的四个维度进行了重新定位：学生学习、教师教学、课程性质和课堂文化，并提出了课堂观察框架（如图4-7所示）。

## 二　研究对象

本研究的主要对象是大学英语学生和教师群体。笔者在陕西、辽宁、山东、黑龙江、浙江、云南、上海等省（市）选取了11所高校进行调查，在学生和教师中发放问卷进行有关大学英语立体化教

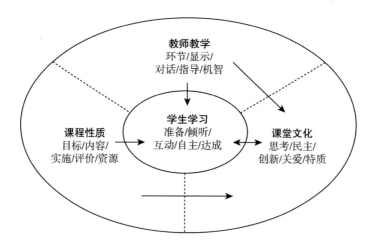

**图 4-7 课堂观察框架（沈毅等，2007）**

材使用情况的调查。学生问卷和教师问卷分别在 6 所高校中发放并回收，完成本研究的数据收集过程。本研究选择的 6 所学生问卷实施学校具有一定的代表性，既有国家重点建设的"985 工程"高校，也有省属重点或省属一般高校；既有位于东北、西北和西南地区的高校，也有位于东部沿海地区的高校。值得说明的是，6 所学校中有 3 所于 2011 年 2 月获批成为教育部第三批大学英语教学改革示范点项目学校（教高司函［2011］28 号）（以下简称"大英教学改革示范点学校"）。该项目旨在贯彻落实《国家中长期教育改革和发展规划纲要（2010—2020 年)》，深化大学英语教学改革，推进基于计算机和课堂的大学英语新教学模式，不断提高大学英语教学水平和人才培养质量，开创大学英语教学改革工作新局面。因此，这些学校大学英语教学特色鲜明、效果显著，特别是学校的重视和经费的充足保证了大学英语教学改革走在同级别高校的前列。本研究选择的 6 所教师问卷实施学校也涵盖了"985 工程"类、"211 工程"类、省属重点类和省属一般类等不同层次的高校，以保证调查结果能较好地说明目前我国高校大学英语教材使用现状,反映大学英语教学或普遍或单独存在的一些问题。

为了对问卷调查的结果及其反馈的信息进行更加深入的了解,笔者选取参加问卷调查的学校的部分学生和教师进行了深度访谈,并观察和记录了部分教师的课堂教学情况。这样,学生和教师的问卷和访谈反馈、笔者的实地走访和观察为本研究提供了定性和定量两方面的数据,最大限度地保证了研究的有效性。

## 三 研究工具1:调查问卷

确定与研究内容和研究方法相匹配的研究工具是保证实证研究获得科学研究结果的重要条件之一。本著作采用问卷调查法、访谈法和课堂观察法等三个主要研究方法,主要研究工具包括调查问卷、访谈提纲和课堂观察系统。

表4-4　　　　　　　　　　　本研究对象概况

| 实施学校 | 所在省(市) | 学校性质 | 使用研究工具 | 参与人数 | 备注 |
|---|---|---|---|---|---|
| XJ | 陕西 | "985工程"高校 | 学生问卷 | 93 | 大英教学改革示范点学校 |
| DC | 辽宁 | 省属重点高校 | | 90 | 大英教学改革示范点学校 |
| HD | 浙江 | 省属重点高校 | | 68 | |
| LD | 山东 | 省属一般高校 | | 86 | 大英教学改革示范点学校 |
| JD | 黑龙江 | 省属一般高校 | | 101 | |
| YS | 云南 | 省属一般高校 | | 132 | |
| HG | 黑龙江 | "985工程"高校 | 教师问卷 | 19 | |
| SD | 山东 | "985工程"高校 | | 22 | 大英教学改革示范点学校 |
| DH | 上海 | "211工程"高校 | | 36 | |
| HS | 黑龙江 | 省属重点高校 | | 42 | |
| SL | 陕西 | 省属一般高校 | | 21 | |
| LD | 山东 | 省属一般高校 | | 52 | 大英教学改革示范点学校 |

（一）问卷构成

调查问卷是本研究用于数据收集的主要工具之一。根据研究需要，笔者以先导研究概括的"影响教师和学生使用立体化教材进行大学英语教学和学习的因素"（如图 4-6 所示）作为问卷编制的维度，查阅各维度的概念界定和内涵理解，参考国内外学者已制定且已验证的相关调查问卷，结合当前我国高校大学英语教学的现状和大学英语立体化教材的特质，编制了《大学英语立体化教材应用情况调查问卷》。该问卷分学生问卷和教师问卷两种，分别对学生和教师使用大学英语立体化教材的情况进行调查，重点考量大学英语立体化教材使用过程中学生和教师的观念、行为和效果。

学生问卷主要由三部分组成。第一部分包含学生的基本信息，如所在学校、就读的专业及年级、性别、年龄和生源地等；第二部分调查学生对立体化教材及其应用于大学英语学习的适应性，要求学生依据立体化教材使用过程中的真实感受提供是否已适应应用立体化教材进行的大学英语教学、应对不适应的对策和导致不适应的原因等信息；第三部分为《大学英语立体化教材应用情况调查（学生问卷）》，重点是描述和分析立体化教材给大学生英语学习带来的影响，包括转变学习态度和学习方式、处理学习资源、利用学习环境和适应教师教学模式等方面。教师问卷主要由两部分组成。第一部分包含教师的基本信息，如所在学校、性别、年龄、教龄、学历和任教课型等；第二部分为《大学英语立体化教材应用情况调查（教师问卷）》，主要调查大学英语教师对立体化教材进行"再设计"的情况，包括"再设计"意识、策略和效果以及进行"再设计"时遇到的困难。

（二）问卷修编

设计《大学英语立体化教材应用情况调查》学生问卷和教师问卷的因子来自笔者在先导研究（详见前文所述）中通过开放式访谈得到的影响立体化教材使用的因素，这些因素从笔者对国内主流外语专业类出版社大学英语教材编辑、各级各类高校大学英语教师和学生的采访中归纳、总结得来，具有一定的普遍意义和较好的代表性，构成本问卷的因子设计框架，涉及学生层面和教师层面。前者包括学习态度、学习方式、学习资源、学习环境和教学模式适应性；后者包括教材"再设计"的意识、策略和效果。

1. 学生问卷修编

（1）学习态度

学习态度是学习者在英语学习过程中所表现出来的一种相对稳定的心理倾向，是学习者对英语学习所持有的积极、肯定的或者消极、否定的行为倾向或心理反应。学习态度在外语学习过程中占据着举足轻重的地位，它被认为是"很可能是促使学习成功最重要的因素"（Bartley，1970：383-393），"学习者二语习得的最终成功最有可能是取决于他们的态度"（Savignon，1997：107）。国外对学习态度的研究始于 20 世纪 60 年代，Rosenberg & Hovland（1960：3）率先提出态度由认知（cognitive）、情感（affective）和行为（conative）意向三个维度组成，这一观点至今在学术界仍广受认可。Baker（1992：83）设计了由 25 个项目组成的外语学习态度问卷对威尔士语言学习者的学习态度进行研究，再次确认了 Rosenberg & Hovland 提出的知、情、行三维度态度框架。Corbin & Chiachiere（1995：258-267）设计的外语学习态度问卷包含 32 个项目，从中可提取出 5 个态度公因子，即外语学习的吸引力、对外语学习的厌烦、学习外语的意义、外语学习在教育生涯中的重要性以及外语学习的难易程度。国内大多数学者把学习态度看作是学习动机的一个组成部分（秦晓晴、文秋芳，2002），学习态度和学习动机研究常常混为一体。对外语学习态度的专门研究也大多借鉴国外学者关于学习态度维度的划分和问卷的设计，如：李祖华、邹立（2007）通过问卷调查来考察大学生，特别是独立学院本科生对教师、学习同伴、学习资源、学习成就的态度；袁凤识（2013）对不同专业和不同性别的被试所表现出来的学习态度差异性进行了统计对比分析。两个研究皆选择了"知、情、行三维度态度框架"设计问卷并实施调查。

国内成熟的学习态度调查问卷有陶德清（2001）和程幼强、张岚（2011），其中后者是专门针对外语学习态度的问卷。陶德清（2001）设计的学习态度问卷由情感体验、认知品质和行为倾向 3 个分量表构成，每个分量表包含不同测量维度：第一，情感体验量表，包括学习中情感体验和求知欲表现；第二，认知品质量表，包括学习目的及意义认识和学习成绩的认识；第三，行为倾向量表，包括学习主动性表现、学习计划性表现、复习考试中的表现、学习中排除困难的表现、学习中抗拒干扰的表现以及学习方法的掌握。程幼强、张岚（2011）以 Rosenberg & Hovland 提出的态度三维度框架为基础，根据中国大学生的特点，编制了中国大学生英语学习态度问卷。该问卷经由主成分分析法提取出大学生英语学习态度公共因子 9 个，分别是对英语教师的评价、学习主动性、学习兴趣与自信、对学习环境与资源的评价、对英语国家的人/文化的感受、在学习中克服困难的意愿、对英语教材的评价、对英语学习价值的关注和与教师互动的渴望。其中，"对英语教师的评价""学习主动性"和"学习兴趣与自信"3 个因子是组成大学生英语学习态度概念的核心内容。

根据学习态度的三维度框架和国内外学习态度、学习动机问卷设计原理，并主要参考程幼强、张岚（2011）的外语学习态度问卷，笔者编制了《大学英语立体化教材应用情况调查（学生问卷)》中关于大学生对立体化教材以及依托立体化教材的英语学习的态度的调查问题（见表4-7），涉及9个因子，测量这些因子是否可以衡量学生对待立体化教材以及依托立体化教材的英语学习的态度，并进一步找出哪些因子影响作用更大，更能促进学生学习态度的正向发展。

（2）学习方式

学习方式泛指学习者在各种学习情境中所采取的具有不同动机取向、心智加工水平和学习效果的一切学习方法和形式（庞维国，2010）。国外相关研究常把学习方式视同为学习风格（learning style）、学习类型（types of learning）或学习方法（approaches to learning）。学习风格是个体在长期的学习过程中逐渐形成的，一经形成，即具有持久稳定性，很少随学习内容、学习环境的变化而变化（哈维·席尔瓦等，2003）。学习类型基本等同于学习的类别，由学习材料或学习内容决定，其本身也无法转变。学习方法是指个体面对学习情境时的意图和动机差异以及所采用的相应策略（Diseth & Martinsen，2003）。因此，这些概念与本著作所讲的学习方式的内涵均有一定偏差。正确理解学习方式的内涵，要在分析学习方式实质的基础上，从分析影响学习方式的变量入手，从多个维度对学习方式加以分类（陈佑清，2010）。国外教育心理学家从不同的角度、依据不同的逻辑对学习方式的分类做了种种尝试，其中最值得推崇的是 Ausubel et al. (1993：25-31) 从两个维度区分学习方式的类型：根据师生相互作用的形式分为接受学习与发现学习，根据学生对所学内容的理解程度分为机械学习与意义学习，上述两个维度所区分的学习方式可以两两组合，构成机械接受学习、意义接受学习、机械发现学习和意义发现学习四种典型的学习方式，并组成一组学习方式序列（谭顶良、周敏，2004）。随着大学英语教材的发展演变，学生在学习过程中所表现出的主动性、创新性也在发生变化，从与传统教材相适应的机械接受学习方式发展到与立体化教材相适应的意义发现学习方式。

**图 4‐8　教材演变与学习方式发展序列图**

在我国，学习方式研究的热潮是随着《基础教育课程改革纲要（试行）》（2001）的颁布而兴起，国内学者对学习方式的研究普遍认同钟启泉、崔允漷、张华（2001：247）的观点：学习方式不是指具体的学习策略和方法，而是学生在自主性、探究性和合作性方面的特征。自主性（主动性）、探究性和合作性是学习方式的三个基本维度。这与《国家中长期教育改革和发展规划纲要（2010—2020 年)》要求"大力提倡自主学习、合作学习和研究性学习，充分发挥学生的主动性，尊重教育规律和学生身心发展规律，为每个学生提供适合的教育"相一致。李立、孙平华（2008）认为自主学习、合作学习和研究性学习三种学习方式相互交叉和融合，共同构成大学公共英语多元化语言学习模式框架，服务于有效的大学生语言能力培养方案，为大幅度提高我国大学公共英语教学效果提供了范例。大学英语教学模式改革的目的之一是促进学生个性化学习方法的形成和学生自主学习能力的发展（《大学英语课程教学要求》，2007），大学英语课堂教学可以通过启发式、多样化、探究性等教学原则来培养学生良好的学习个性（谭玮，2009）。因此，经历了传统教材向立体化教材转向的大学英语教学以自主、合作和探究学习为学生的主要学习方式。其中，自主学习的内涵包括主动性、独立性、自控性，合作学习的内涵包括交往性、互动性，探究学习的内涵包括问题性、过程性、开放性，它们在实践中不能形式化，也不能绝对化（余文森，2004）。根据学习方式的概念界定和类型划分，借鉴林莉兰（2013）涵盖能力、心理和行为三维构念的大学生英语自主学习能力概念模型（即大学生英语自主学习能力是一个由学习者自我管理学习能力、自主学习心理和自主学习行为构成的三维构念）、王坦（2002）的合作学习基本理念（互动观、目标观、师生观、形式观、情境观和评价观等六个方面）和 Ning（2011）的合作学习元素与程序模型（group formation＋technique adaptation＋course evaluation）以及 Justice et al（2002）探究学习模型（卷入一个主题或者发展基础知识→提出问题→明确要这个问题需要知道什么→识别资源和收集数据→评定和分析数据→信息整合→交流新产生的理解→评估是否成功，如图 4－9 所示），笔者编制了《大学英语立体化教材应用情况调查（学生问卷）》中关于学生基于立体化教材的英语学习方式的调查问题，探讨适用于依托立体化教材的大学英语课内外学习的方式。

（3）学习资源

学习资源是学习者可用于学习的一切资源，包括信息、人员、资料、设备和技术等。一般可根据表现形态的不同分为硬件资源和软件资源两类。就语言学习资源而言，硬件资源主要是指专门设计的语言学习设备资源，如语言实验室等；软件资源主要是指各种专

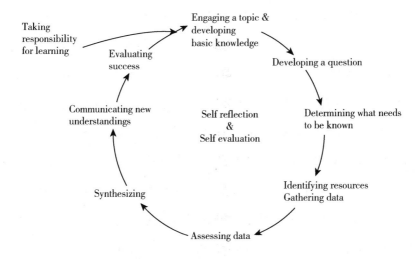

**图 4-9 探究学习模型（Justice et al.，2002）**

门设计的多媒体学习资源或可利用的学习资源，如教材、音视频资料等。当前，大学英语教学进入数字化学习（Electronic learning，简称 E-learning）时代，学习资源的数字化成为实施和实现教育教学信息化的基础，为学生的英语学习提供了丰富的素材。数字化学习资源是指经过数字化处理，依据学习者特征进行策划和编排的、可以在多媒体计算机上或网络环境下运行的供学习者自主或合作学习的且可以实现广泛共享的多媒体信息资源（李建国，2009）。它包括数字视频、数字音频、多媒体软件、CD-ROM、网站、电子邮件、在线学习管理系统、计算机模拟、在线讨论、数据文件、数据库等（李克东，2001）。这可以看作狭义的"学习资源"内涵。从广义上讲，学习资源可以界定为学习者可利用的学习过程中的一系列内外部支持条件，包括：教师、教学媒体、学习环境和学习者内部资源（包括学习者本人的以及作为学习伙伴的内部资源）（曹梅、张增荣，2002）。

信息时代学习资源研究的重点是如何有效整合和应用数字化学

习资源，构建适合目前高等学校大学英语教学的自主、合作或探究等学习模式，以满足学生的不同需求，获得良好的学习效果，提高学生的综合能力。为最大限度地满足教师教学需要和学生学习需要，大学英语立体化教材提供多种教学资源，主要有主教材、辅助教材、配套资料库（如各种文字、图形、图片、动画等素材、音/视频学习资源、网络课程等），提高教学、学习质量，促进教学改革。从这个意义来说，依托立体化教材的大学英语教学是学习资源驱动学生发现问题并解决问题的过程，这一过程中学生或自主探究或与他人合作，从规划学习目标、确定学习任务、选择学习策略到生成学习结果，学习资源始终在为学生提供真实学习情境和最佳学习条件等方面发挥作用。然而，学习资源的获取和利用效果会直接影响学习资源驱动的外语学习过程，冯霞、陈坚林（2012）对此进行了实证调查和研究，分析了国内高校外语学习资源建设和利用的现状，剖析并探讨了其成因，就外语学习资源的建设和利用的相关问题提出建议和思考。冯霞、黄芳（2013）调查了解了大学生自主学习过程中外语学习资源建设和利用现状，提出了基于自主学习的外语学习资源结构和优化整合方案并进行教学实验。史光孝、邹佳新（2013）就我国高校外语学习资源的建设、整合优化以及如何实现学习资源的最大化效益进行了探讨。参考上述研究，笔者编制了《大学英语立体化教材应用情况调查（学生问卷）》中关于学生对立体化教材提供的学习资源的利用情况的调查问题，探讨学生获取和利用外语学习资源并融入学习资源驱动的外语学习的过程（见图4-10）。

（4）学习环境

外语教学系统可划分为构成要素（学生、教师、教学内容）、过

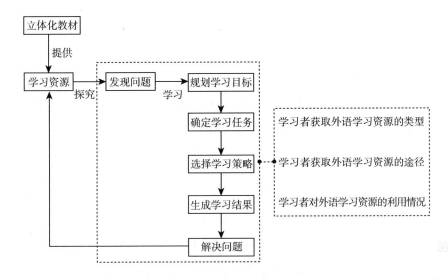

**图 4-10 外语学习资源与学习资源驱动的外语学习过程**

程要素（教学目标、教学方法/模式、教学手段、教学评价）和环境要素三个方面（赵庆红、徐锦芬，2011；董金伟，2008；李如密、苏堪宇，2003）。在我国外语教学（EFL）体系下，环境要素与学习者的学习动机、学习策略、学业成绩等密切相关，直接关系到整个体系的良好运行。然而，现有外语教学研究主要关注构成要素和过程要素，对环境要素的研究很少，相关实证研究匮乏（赵庆红、徐锦芬，2011）。语言学习总是在一定的学习环境中进行的，当学生处于积极而舒适的课堂学习环境时，学习成绩会得到极大提高（Waldrip & Fisher，2003）。学习环境又叫课堂环境、班级环境、课堂气氛、班级气氛，分为物理环境和社会心理环境。本研究中的学习环境是指课堂中并延伸至课堂外（特别是网络和多媒体环境下基于立体化教材的外语学习）中的社会心理环境，具体指课堂中师生互动和生生互动的基本要素及状况的总和以及课堂参与者（教师与学生）的人格特征、心理状态和课堂心理氛围等（范春林、董奇，

2005）。

国外对学习环境的研究可以追溯到 20 世纪 30 年代。最早对学习环境的研究关注的焦点是学生与学生、教师与学生之间的互动关系；20 世纪 60 年代早期，学习环境逐渐成为一个相对独立的研究领域，研究侧重在学习环境中的物理环境方面；20 世纪 60 年代后期，学习环境研究开始关注社会心理因素方面，侧重于考察师生对环境的知觉及其与学生学习的关系；20 世纪 90 年代以来，随着计算机网络和信息技术以及心理学理论的发展，特别是建构主义学习理论的发展，出现了许多从建构主义的角度探讨学习环境的研究（Jonassen & Land，2000；Fisher & Khine，2006）。学习环境在我国的系统研究始于 20 世纪 80 年代初，随后的三十年里，国内相关研究主要集中在对学习环境概念和结构的阐述，如田慧生（1996）、屈智勇（2002）、范春林、董奇（2005）等。近年来，关于大学英语课堂环境的实证研究陆续出现，如侯秀丽（2006）调查了大学外语课堂环境的现状；孙云梅（2009）研究了学习者对课堂环境的社会心理感知在师生、性别及英语能力上是否存在差异以及学生的口语成绩与学生对口语课堂环境感知之间的关系；孙云梅（2010）调查了大学英语课堂环境感知在师生间、不同性别间及语言水平不同的学生间存在的差异；赵庆红、徐锦芬（2012）从学生凝聚力、教师支持、课堂参与、任务取向、语言学习机会、同学间合作等方面来考查大学生英语课堂环境感知；于书林、韩佶颖、王俊菊（2012）探索了大学英语课堂环境的特点，并对大学英语分级、分课型教学模式进行了评估与反思。

西方的课堂环境研究始于 1968 年。20 世纪六七十年代，Walberg & Anderson 和 Moos 相继开发出《学习环境量表（LEI）》和

《课堂环境量表（CEI）》之后，课堂环境的研究者们陆续开发出大量经济有效的从学习者感知的角度对课堂环境进行评估的调查工具，广泛应用于世界各国各层次课堂环境的研究中（Fraser，1998，转引自孙云梅，2010）。此后出现的常用课堂环境评估工具还有《课堂环境量表（CES)》（Moos & Trickett，1986）、《大学课堂环境问卷（CUCEI)》（Fraser & Treagust，1986）、《课堂发生什么事（WIHIC)》（Fraser，Fisher & McRobbie，1996）等。本著作在查阅国外学习环境相关研究量表的基础上，参照孙云梅（2010）、赵庆红、徐锦芬（2012）的《大学英语课堂环境评估量表》（如表 4 - 5 所示）及其他学习环境量表，从学生角度出发，结合依托立体化教材的大学英语课堂内外学习的特点，以学生间合作、课堂参与、任务取向、语言学习机会、教师的支持、教师的领导和教师的创新为因子设计、编制出《大学英语立体化教材应用情况调查（学生问卷）》中关于学生利用立体化教材提供的学习环境进行入学英语学习情况的调查问题，挖掘立体化教材对英语语言学习环境的影响。

**表 4 - 5　《大学英语课堂环境评估量表》因子、内容描述及举例**

**(孙云梅，2010)**

| 因子名称 | 因子内容描述 | 举例 |
|---|---|---|
| 同学间的亲和关系 | 学生相互间了解、帮助和支持的程度 | 我会帮助本班需要帮助的同学（＋） |
| 教师的支持 | 教师帮助、信任以及对学生感兴趣的程度 | 我的老师在教室经常走动目的是帮助我（＋） |
| 课堂参与 | 学生对参与讨论与提问感兴趣的程度 | 我把他们的想法解释给其他同学听（＋） |
| 任务取向 | 完成并从事课堂组织的语文活动的重要性的程度 | 我知道该课堂学习目标（＋） |
| 学生间的合作 | 在课堂组织的语言活动中，学生合作而非竞争的程度 | 当我在本班以小组成员形式参加活动时，就有了小组活动（＋） |

续表

| 因子名称 | 因子内容描述 | 举例 |
|---|---|---|
| 平等性 | 教师平等对待学生的程度 | 我的老师给班上所有同学的帮助都一样多（+） |
| 学生的责任 | 学生对他们自己课堂英语活动负责任的程度 | 我的老师允许我对老师在课堂所做的事负责任（+） |
| 教师的领导 | 教师在课堂上表现的程度 | 我的老师能够吸引我的注意力（+） |
| 教师的创新 | 教师能够设计出别出心裁的课堂活动、使用不同的教学技巧、布置不同的作业的程度 | 我的老师很少有新的教学思想付诸实践（一） |

（5）教学模式适应性

教学模式是在一定教学思想或教学理论指导下建立起来的较为稳定的教学活动结构框架和活动程序。具体而言，教学模式就是在教学理念指导下的、在某种教学环境中形成的教与学各要素有机结合并趋于稳定的关系及在教学过程中被验证的样板形式（萧好章、王莉梅，2007）。近年来，随着立体化教材在大学英语教学中的应用日益普及，我们要有效利用以计算机网络为核心的现代教育技术，以此为基础构建大学英语立体化教学体系来提高教学效率和教学效果，达到发展学生语言能力的目的。陈洁（2008）指出，大学英语立体化教学体系包括多媒体辅助课堂教学模式＋基于计算机的学生自主学习课程模式＋基于网络的第二课堂自主学习模式＋课程评价＋课程管理。这些模式与传统教学模式[①]有诸多区别（如表4-6所示）：

**表4-6 新教学模式和传统教学模式的对比（陈洁，2008）**

| | 内容 | 新教学模式 | 传统教学模式 |
|---|---|---|---|
| 1 | 教学的"中心" | 学生 | 教师 |
| 2 | 学习者的学习态度 | 主动 | 被动 |

---

① 传统教学模式是指以纸质教材为主要教学材料、以单一模态为材料呈现形式的课堂教学模式，没有现代教育技术支持。

续表

| | 内容 | 新教学模式 | 传统教学模式 |
|---|---|---|---|
| 3 | 教学的特点 | 个性化 | 程式化 |
| 4 | 学习时间、地点的受限性 | 不受限制 | 受限制 |
| 5 | 教学的互动程度 | 强 | 弱 |
| 6 | 学习资源的开放程度 | 强 | 弱 |
| 7 | 学习策略培养的重视度 | 强 | 弱 |
| 8 | 学习情感培养的重视度 | 强 | 弱 |

　　立体化教材带来大学英语教学模式的改变，但学生对立体化教材应用于大学英语教学的适应性如何？本著作借鉴"学习适应性"这一概念研究学生对依托立体化教材的大学英语教学新模式的适应程度。学习适应性是指学生在学习过程中根据学习条件（学习态度、学习方法、学习环境等）的变化，主动做出身心调整，以求达到内外学习环境平衡的有利发展状态的能力（田澜，2004），它包括自我调整和学习环境适应状态两大部分，其中自我调整包括学习动机、学习能力、学习方法等，学习环境适应状态包括对教学模式、与学习直接相关的环境的适应水平等（冯廷勇等，2006）。在本著作中，学习适应性是根据立体化教材使用的需要，以顺应教学模式的变化为目标，学生调整学习态度和方式，达到立体化教材所构建的内外环境平衡的心理与行为过程。笔者以目前国内可操作性较强的《大学生学习适应量表》（同上）为基础，并重点参考了多媒体技术支持下、网络环境下的大学英语教学/学习适应性调查（何高大、钟志英，2006，2007；刘萍，2009；彭青华，2013）、英语自主学习的适应性研究（刘萍，2012）以及学习适应性与学习策略的关系研究（张泳、何高大，2012）等研究的问卷设计，编制了《大学英语立体化教材应用情况调查（学生问卷）》中关于学生对立体化教材及其教学模式适应情况的调查问题。

2. 教师问卷修编

教材"再设计",又称教材的"二次开发",主要是指教师和学生在课程实施过程中依据课程标准对教材内容进行适度增删、调整和加工,合理选用和开发其他教学材料,从而使之更好地适应具体的教育教学情景和学生的学习需求。它以既有教材为依托,基于教材,又超越教材,可以从三个向度上展开:一是对既有教材灵活地、创造性地、个性化地运用;二是对其他教学素材资源的选择、整合和优化;三是自主开发其他新的教学资源(俞红珍,2006)。立体化教材"再设计"是在立体化教材使用过程中对教材的"再创作",是学习者在学习过程中与目的语形成意义建构的桥梁,也是教师和学生对教材及其他教学资源加以整合并结合多种教学媒体、模态和环境对教材的"再开发",以形成开放、完整、多元的语言教学平台。

国外关于教材"再设计"(redevelopment/reproduction)这一问题的学术研究一般多在"教材设计"(materials design)或"教材改编"(materials adaptation)的专题下进行,相关研究有时甚至收录于"教材开发"(materials development)的文献中。但国内外语教学研究领域对教材"再设计"的关注程度并不高,对教材"再设计"的研究也很少,如程晓堂(2002)和夏纪梅(2003)分别指出,任何一种教材都不可能满足所有学生的学习需求,不可能适合任何的教学环境,教师使用教材时,应当根据学生的需要并结合教学实际,对教材的内容、结构、顺序、教学活动及方法等进行适当的补充、删减、替换、扩展、调整顺序、改变教学策略、调整教学方法等。随着立体化教材在大学英语教学中地位与功能的转变,传统"教教材"的观念正在为"用教材教"的观念所取代。在大学英语课程改革的背景下,教师被赋予了"再设计"教材的权利(意识),运用教材进行创造性教学已成为教师的必然选择(策略),以此推动大学英语教学质量的提高(效果)。立体化教材在大学英语教学中的应用情况集中体现在教师在课程实施过程中对教材"再设计"的意识、策略和效果。《大学英语立体化教材应用情况调查(教师问卷)》围绕立体化教材"再设计"的意识、策略和效果等几个维度设计而成,并就教师进行立体化教材"再设计"时遇到的困难进行考察。

《大学英语立体化教材应用情况调查》教师问卷和学生问卷均采用李克特(Likert)5 级评分法,1 代表"基本不符合",2 代表"不太符合",3 代表"介于中间",4 代表"基本符合",5 代表"完全符合"。与学生问卷相比,教师问卷添加了开放性问题,供参与调查的教师以其实际教学经历和经验为本次调查提供真实、贴切的信息。

(三)问卷预测前修改

《大学英语立体化教材应用情况调查》学生问卷和教师问卷的设计和编制过程中,有些题项(如学生问卷中关于"学习态度""学习资源"和"学习环境"等维度的题目)参考和借鉴了前人在相关领域设计和实施的问卷或量表,有些题项(如学生问卷中关于"学习方式"和"教学模式适应性"以及教师问卷中关于立体化教材"再设计"的意识、策略和效果等维度的题目)则是笔者紧扣维度的操作性定义、结合国内立体化教材应用于大学英语课程教学的现实情况自编而成。

两份调查问卷从编制到实施经过多次修改。初稿完成后,学生问卷的主体部分共 55 个题目,教师问卷的主体部分共 52 个题目。

笔者首先在上海外国语大学外语教学理论与实践研讨会①上，邀请博士研究生及教育部高等学校青年骨干教师国内访问学者共计 22 人参与问卷的初步审阅。22 人中大多为高校英语教师，16 名教师长期从事大学英语教学和研究工作，均有以问卷为研究工具和手段进行外语教学相关课题研究的经验，并在该领域的专业学术期刊上发表研究论文。他们对两份调查问卷从设计构架到文字表述等都提出了若干意见和建议。根据这些意见和建议，笔者对问卷进行了修改，学生问卷和教师问卷的主体部分分别缩减为 50 个和 49 个题目。同时，问卷中的部分题项采用反向记分以避免系统误差的出现和参与者答题时的思维定式，最后再统一重新编码，进行计算。为防止问卷调查参与者猜出题项所要测定的因素从而导致不真实的回答，笔者故意打乱因子指标及因子指标下的题项，随机确定题项序号。表 4－7 从维度建构及其内涵的角度综合描述两份问卷的构成：

表 4－7　《大学英语立体化教材应用情况调查问卷》维度建构及内涵

| | 维度 | 简要释义 | 问卷题项 |
|---|---|---|---|
| 学生问卷 | 学习态度 | 学生对立体化教材及其学习情境所表现出来的一种比较稳定的心理倾向 | 1、7、16、19、21、23、30、35、40、47 |
| | 学习方式 | 学生在使用立体化教材完成学习任务时的基本行为和认知取向 | 3、6、14、15、24、26、32、34、37、38、42 |
| | 学习资源 | 学生在使用立体化教材进行学习的过程中可以利用的一切显现的或潜隐的条件 | 2、8、12、17、25、27、36、39、43、44、45、48、49 |
| | 学习环境 | 网络和多媒体支持的基于立体化教材的外语学习中学生的社会心理环境 | 5、9、13、18、20、29、41、50 |
| | 教学模式适应性 | 为顺应立体化教材催生的教学模式的变化，学生调整学习态度和方式，达到立体化教材所构建的内外环境平衡的心理与行为过程 | 4、10、11、22、28、31、33、46 |

① 该研讨会由上海外国语大学外语教学理论与实践方向博士生、访问学者定期组织、开展。

续表

| | 维度 | 简要释义 | 问卷题项 |
|---|---|---|---|
| 教师问卷 | 教材"再设计"意识 | 教师进行立体化教材"再设计"的感觉、思维等各种心理过程的总和 | 1、3、4、7、11、12、16、18、20、21、38、41、42、44、46、47 |
| | 教材"再设计"策略 | 教师实现立体化教材"再设计"目标的方案集合 | 2、8、9、13、17、22、24、25、26、27、29、30、32、33、34、35、37、40、47、48、49 |
| | 教材"再设计"效果 | 立体化教材经由"再设计"后对外语教学和学习产生的影响 | 5、6、10、14、15、19、23、28、31、36、39、43、45 |

（四）问卷预测

笔者在江苏、上海等省（市）的 2 所高校的非英语专业大学生中进行了《大学英语立体化教材应用情况调查（学生问卷)》试测，共计发放问卷 101 份，回收有效问卷 89 份。之后，笔者将数据进行编码并录入计算机，运用统计软件 SPSS 进行分析。

1. 项目分析

项目分析就是通过一定的统计程序来检验项目的区分度。项目分析可以通过独立样本 T 检验方法和相关分析方法检验每个项目的区分度。笔者采用的是相关分析法，即根据问卷参与者在各题项的作答结果，计算全部题项的总分，对每个题项与问卷总分进行相关分析。如果相关系数等于或大于 0.30，且达到了显著性水平（P ≦ 0.05)，表明问卷内部的一致性程度高，或该题项具有较好的区分度（秦晓晴，2009：209)。

经对问卷所有题项的得分求和并对每个题项与总分进行相关分析，笔者发现：题项 14、17、19、20、33 与总分的相关系数小于 0.30，且达不到显著性水平（P ≦ 0.05)，根据相关分析方法的统计原理，这些题项需要删除。

2. 信度分析

问卷的信度（reliability）是指其可靠的程度，有信度的问卷通常具有一致性（consistency）、稳定性（stability）、可靠性（dependability）和可预测性（predictability）等特点。信度分析的方法有多种，如评估者之间的信度（inter-rater reliability）、再测信度（test-retest reliability）、复本信度（parallel/alternate form reliability）、折半信度（split-half reliability）和内在一致性检验（Cronbach alpha 系数）等，其中，内在一致性检验被认为是最常用的问卷信度分析手段。

为了确保本研究所使用的调查问卷的有效性，笔者通过运用 SPSS 软件求出 Cronbach alpha 系数对《大学英语立体化教材应用情况调查（学生问卷）》的内在一致性进行了分析。根据秦晓晴（2009：220 - 221），一般认为可接受的 Cronbach alpha 信度系数不应低于 0.70，本问卷整体的 alpha 值达到 0.893，内在一致性好；若删除题项 17，问卷的 alpha 值可以达到 0.898。各维度当中，维度一（学习态度）、维度四（学习环境）和维度五（教学模式适应性）的 alpha 值较好，分别达到 0.739、0.762 和 0.744；而维度二（学习方式）的 alpha 值为 0.537（若删除题项 14 可以升至 0.591），维度三（学习资源）的 alpha 值为 0.622（若删除题项 17 可以升至 0.668），系数稍低一点。但 Cronbach alpha 系数容易受问卷项目数的影响，项目数越多，系数可能越高；项目数不多时，系数可能不太高（同上）。另一方面，信度系数还受测量内容的影响，如果测量的内容不同，信度系数也会有高有低，因而可接受的信度水平也不能一概而论（Foster，2001）。

通过项目分析和信度分析，共计删除 5 个题项。调整后的学生问卷（详见附录 1）保留了 5 个维度共 45 个题项（见表 4 - 8）。

表 4‐8　《大学英语立体化教材应用情况调查（学生问卷）》清单

| 主维度 | 次维度 | | 题项 |
|---|---|---|---|
| 学习态度 | 认知 | 对学习价值的认识 | 立体化教材的使用让我对英语学习的作用和价值有了新的认识 |
| | | 对学习环境和资源的评价 | 与传统教材相比，立体化教材提供的学习环境和资源对我的英语学习大有很大帮助 |
| | | 对教师的评价 | 在使用立体化教材的过程中，老师的指导对提高我的英语学习效果起到重要作用 |
| | 情感 | 对英语语言/文化的体验和感受 | 立体化教材可以使我更好地感受英语语言和文化的魅力 |
| | | 学习兴趣与求知欲 | 我对依托立体化教材进行的英语学习感兴趣，求知欲被大大激发 |
| | | 学习自信 | 立体化教材使我对学习英语有充足的信心 |
| | 行为 | 学习主动性表现 | 我有自己的学习目标，能主动利用立体化教材进行英语学习 |
| | | 学习中克服困难的表现 | 我能够克服使用立体化教材过程中遇到的困难，如信息技术困难等 |
| | | 学习中抗拒干扰的表现 | 我有独立判断的能力和自制力抗拒立体化教材多样化学习资源的干扰 |
| 学习方式 | 自主学习 | 能力 | 我能够根据自己的英语学习现状制定立体化教材的使用计划 |
| | | | 我能够针对自己英语学习的薄弱环节利用立体化教材的优势加强训练，如英语听、说技能等 |
| | | 心理 | 我相信自己能够根据学习计划完成立体化教材规定的学习内容 |
| | | | 我相信我能够正确评价自己对立体化教材的应用效果，找出存在的问题和解决方法 |
| | | 行为 | 我会从立体化教材或相关资源中选择适合自己的学习材料 |
| | | | 我会用一些对自己有效的英语学习方法配合立体化教材的使用 |
| | 合作学习 | 互动 | 我与老师、同学互动，共同完成立体化教材中的学习任务 |
| | | 目标 | 我与老师、同学共同制定并达成立体化教材的学习要求 |
| | | 情境 | 立体化教材更容易创造融"合作"与"竞争"为一体的学习情境，符合教学规律和时代需求 |

续表

| 主维度 | 次维度 | | 题项 |
|---|---|---|---|
| 学习方式 | 探究学习 | 问题 | 使用立体化教材学习英语时我更容易发现并提出问题 |
| | | 资源与数据 | 相比传统教材,立体化教材对收集和整合语言学习资源更有帮助 |
| | | 信息整合 | 我在整合立体化教材提供的丰富信息的过程中锻炼了语言运用能力 |
| 学习资源 | 学习资源的类型 | | 我通过课本获取英语学习信息,并习惯于"记单词、读课文、做练习"的英语学习模式 |
| | | | 我通过电子课件、多媒体光盘等资源获取英语学习信息,并习惯于"听音频、看视频、练听说"的英语学习模式 |
| | | | 我通过网络教学平台、学习网站等资源获取英语学习信息,并习惯于"进平台、上网站、广搜索"的英语学习模式 |
| | 获取学习资源的途径 | | 我常常找不到与立体化教材配套的学习资源 |
| | | | 我主动寻找英语学习资源,配合立体化教材的使用 |
| | | | 我在老师的要求下寻找英语学习资源,配合立体化教材的使用 |
| | 对学习资源的利用 | | 立体化教材的网络资源开放性强,对我的英语学习很有帮助 |
| | | | 我利用信息化学习资源来完成立体化教材规定的学习任务 |
| | | | 我在立体化教材的配套学习资源中发现并获取更多学习素材以拓展学习内容 |
| | | | 我常常对自己使用立体化教材相关信息资源的效果进行评价 |
| 学习环境 | 学生间合作 | | 使用立体化教材时,我与同学互相帮助,合作融洽 |
| | 课堂参与 | | 使用立体化教材时,我积极参与课堂讨论 |
| | 任务取向 | | 我认为立体化教材包含的学习任务都很有用,只有认真完成才能达到锻炼语言技能的目的 |
| | 语言学习机会 | | 立体化教材为我提供了足够的语言学习情景和练习语言的机会,帮助我提高语言能力 |
| | 教师的支持 | | 使用立体化教材时,老师关注我并愿意与我交流 |
| | 教师的领导 | | 老师使用立体化教材进行的英语教学能够吸引我的注意力 |
| | 教师的创新 | | 我发现老师对立体化教材的使用缺少创新,与传统教材的教学模式类似 |

续表

| 主维度 | 次维度 | 题项 |
|---|---|---|
| 教学模式适应性 | 学习适应的自我调整 | 我一时还无法适应"以学生为中心"的教学模式 |
| | | 我能适应老师在因材施教原则下开展的个性化教学,自我需求基本得到满足 |
| | | 老师针对立体化教材开展的学习策略培训能够提升我的学习效果 |
| | 学习环境适应状态 | 与立体化教材提供的多维学习环境相比,我更喜欢传统课堂环境中的英语教学 |
| | | 我能适应在多媒体教室或语言实验室使用立体化教材学习英语 |
| | | 学校网络功能和技术不完善影响我在信息环境下使用立体化教材学习英语 |
| | | 我习惯于按照课程表并在固定教室上课,还不适应不受时间和地点约束的英语学习 |

　　笔者采用相关分析法对教师应用大学英语立体化教材情况调查问卷进行项目分析,检验各项目的区分度。经对问卷所有题项的得分求和并对每个题项与总分进行相关分析,笔者发现:题项 7、9 和 14 与总分呈负相关,相关系数分别为 -1.73、-0.77 和 -0.45,故删除上述三题。同时,笔者通过运用 SPSS 软件求出 Cronbach alpha 系数对教师问卷的内部一致性进行了分析:本问卷整体的 alpha 值达到 0.886,内部一致性好;问卷中删除各个项目后的 alpha 系数介于 0.860 与 0.873 之间,比较接近,变化起伏不大,说明可保留这些项目。综合分析,笔者删除了原题项中 7、9 和 14 三项。这样,经过项目分析和信度分析,共计删除 3 个题项。调整后的教师问卷保留了三个维度共 46 个题项。在前期访谈和问卷修编讨论中,笔者从参与调查和问卷修编工作的老师那里得到很多关于大学英语立体化教材"再设计"出现的困难和存在的问题的反馈,因此笔者在教师问卷中添加了 9 个题项,用于上述情况的调查。至此,《大学英语立体化教材应用情况调查(教师问卷)》完成(详见附录 2),共计 55 个

题项，并设有 1 个开放性问题，以教师为视角，探讨教师和学生在大学英语立体化教材使用过程中分别存在哪些问题（如学习资源的利用、教与学的方式、方法等）。

## 四 研究工具 2：访谈提纲

访谈法是获取访谈对象对某些事件的观点或者看法的方式之一。本研究中，访谈法是补充并验证问卷调查收集的研究信息的重要手段。笔者主要采用半结构式访谈法，围绕拟研究的中心问题设计了访谈提纲（详见附录 3 和附录 4）：

（一）导入性问题

研究者对研究对象的背景情况做全面或深入的了解，对研究对象如何看待本研究的主要问题有初步认识。本研究中，教师访谈问题 1 和学生访谈问题 1 属于导入问题，用以了解教师和学生对当前大学英语教材的应用现状的看法；

（二）宏观类问题

与研究问题紧密联系，在导入性问题之后和重点采访问题之前起到过渡作用，引导访谈对象进入核心问题的情景之中。本研究中，教师访谈问题 2 和 3 以及学生访谈问题 2 属于宏观类问题，获取教师如何理解立体化教材内涵的相关信息，并了解教师和学生在使用大学英语立体化教材时存在的问题；

（三）重点要采访的问题

与研究内容更为接近，也更为重要，与问卷调查、课堂观察等方法所得资料互为补充，是研究的核心数据之一。本研究中，教师访谈问题 4 和 5 以及学生访谈问题 3 和 4 属于重点要采访的问题，通过这些问题笔者可以分别挖掘教师和学生如何使用大学英语立体

化教材以及在这个过程中如何提升外语能力的相关信息,这是本研究要解决的关键问题;

(四)补充性问题

在访谈结束之前,再补充没有问到或者在采访过程中临时添加的问题,或者请访谈对象针对本研究的核心问题提出意见和建议,这对正在开展的研究也很有价值。本研究中,教师访谈问题 6 和学生访谈问题 5 属于补充问题,笔者请访谈对象就如何改进大学英语立体化教材的使用给出建议。

## 五 研究工具 3:课堂观察系统

应用语言学研究中的课堂观察是指观察者通过自身感官(如眼、耳等)或者相关辅助工具(如观察表、录音录像设备等),直接或间接(主要是直接)收集外语(或二语)课堂内及课堂外资料的一种科学研究方法(杨鲁新等,2013:67)。因此,作为主要辅助工具的观察表或观察系统的设计至关重要。借鉴刘永兵、王冰、林正军(2009)针对我国大学英语教学的实际情况而设计的《英语课堂教学观察系统》,结合大学英语立体化教材以及使用立体化教材进行的大学英语课堂教学的特点,本研究拟提出基于立体化教材使用的大学英语课堂教学观察系统的设计构想。

立体化教材应用于大学英语课堂教学强调以学生为中心、在教学中通过互动和体验进行学习和关注学生英语综合应用能力的培养。实现上述课程教学目的,需要全方位调动立体化教材的内容、形式和服务等要素协同发挥作用。因此,根据以上分析,基于立体化教材使用的大学英语课堂教学观察系统应包括两大部分,每一部分由若干小类构成。第一部分是"课堂教学架构",主要指课堂教学中教

师的教学行为、学生的学习行为以及教师和学生围绕立体化教材的
互动行为;第二部分是"教材使用架构",主要指教师和学生为实现
教学目标对立体化教材进行"再设计",以符合大学英语课程对内
容、资源、环境、技术等方面的要求。当然,两个部分之间不可避
免地存在一些交叉、重叠现象,且实际观察时以这些项目和观测点
为纲但绝不仅限于此。以下对该课堂观察系统的两大部分及其主要
项目和观测点分别进行简要描述。

表 4 - 9　　　　　　　　　课堂观察:课堂教学架构

| 小类 1:教师教学行为 | |
| --- | --- |
| 项目 | 观测点 |
| 教学流程设计 | 教学的基本过程是怎样的?教学包括哪些环节?<br>不同环节在课堂教学中的比重如何分配?不同环节之间如何衔接?<br>教学基本过程的设计反映了教师哪些教学理念? |
| 教学内容呈现 | 教师呈现教学内容的媒介有哪些?<br>教师为什么选择这些媒介呈现教学内容?内容与形式的匹配度是否合理、适当?<br>学生是否适应这些媒介?产生了什么教学效果? |
| 教学技巧与策略 | 课堂组织中教师使用了哪些教学辅助手段?<br>课堂上教师是否创造了有利于学习的环境?如何创造?<br>教师是否/如何提问?对学生的回答做出怎样回应?是否/如何进行纠错? |
| 教师自主 | 教学计划是否有针对学生水平、专业等差异的适应性调整?<br>教师是否对教学内容进行补充、拓展或进行更深层次挖掘?效果如何?<br>教师是否/怎样灵活运用多种教学手段?<br>教师怎样进行课堂活动组织(如小组讨论等)?如何处理突发事件?<br>教师扮演了什么角色?师生之间关系如何? |
| 小类 2:学生学习行为 | |
| 项目 | 观测点 |
| 学生地位定位 | 教师对教学内容的讲解、教学活动的设计与展开是否以学生为中心?<br>教学目标的设计、教师话语的变化、教学策略、教学方式、方法是否根据学生的课堂反应、课堂表现而有针对性地做出变化? |
| 教学过程参与 | 学生是否参与到学习活动中?参与度有多大?<br>学生参与的学习活动主要有哪些?<br>学生是否在教师的引导下积极参与思考、讨论、争辩、操练等教学过程? |

续表

| 小类 2:学生学习行为 | |
|---|---|
| 项目 | 观测点 |
| 学生情感与感知 | 学生对学习环境(如多媒体技术环境等)是否适应?<br>学生对学习活动(如小组讨论等合作学习活动)是否有焦虑?<br>学生是否有适度的紧张感和愉悦感,能否自我调控学习情绪?<br>学生对学习内容感知程度如何?(如是否具有问题意识,敢于发现问题、提出问题,发表自己的见解?学生提出的问题是否有价值,探究问题是否积极主动,是否具有独创性?) |
| 学生自主 | 学生是否自定学习目标或参与学习目标的制定?<br>学生是否和怎样根据学习内容(如教材内容)、学习环境(如网络环境)等的变化选择和使用不同的学习方式?<br>学生是否自我监控和管理学习过程,并对学习结果做出评价?<br>学生扮演了什么角色?师生之间关系如何? |
| 小类 3:围绕立体化教材的师生、生生互动行为 | |
| 项目 | 观测点 |
| 意愿 | 教师和学生是否有互动的愿望和兴趣,从而围绕立体化教材设计交互活动? |
| 目标 | 师生、生生互动是否围绕完成立体化教材规定的教学内容加以设计与安排? |
| 形式 | 教师和学生是否有围绕立体化教材的多种形式的互动?如个人—个人、个人—小组、小组—小组等。 |
| 方法 | 围绕立体化教材的师生、生生互动行为是否与其他相关教学方法相配合,有目的地创设"即学即练"的语言使用环境,鼓励学生进入角色,发挥想象力和创造性? |
| 效果 | 教师和学生围绕立体化教材的互动行为是否有效地弥补课程设计、教材和资源的不足,优化学生的学习环境? |

**表 4-10    课堂观察:教材使用架构**

| 项目 | 观测点 |
|---|---|
| 课程目标 | 是否制定多维课程目标(知识与能力,过程与方法,情感、态度与价值观等)?如何实现? |
| 教学内容 | 教师和学生是否和如何围绕立体化教材的信息呈现方式"再设计"教学内容? |
| 教学资源 | 教师和学生是否和如何有机结合多种教学资源以适应教学发展的需求? |
| 教学环境 | 教师和学生是否和如何利用真实环境与虚拟环境的联结性把课堂教学从时间与空间两个维度进行扩展? |
| 教学评价 | 立体化教材如何以课程标准、评价主体和评价方法的多样化实现学习评价的多元化? |

## 六 研究过程

### (一) 问卷发放与数据收集

经项目分析和信度分析后，本研究的正式问卷形成。笔者在陕西、上海、辽宁、山东、黑龙江、浙江、云南等省（市）的 11 所高校内进行实测，共有 570 名学生和 192 名大学英语教师参与了此次问卷调查。这些学校中有"985 工程""211 工程"高校 4 所，省属重点院校 3 所，省属一般院校 4 所；其中，有 4 所学校进入了教育部大学英语教学改革示范点项目学校名单。调查问卷在部分院校由笔者亲自发放，在部分院校由笔者委托该校教师发放。委托他人发放问卷时，笔者会以书面的方式向被委托教师发送问卷作答说明，用于向问卷调查参与者说明本问卷的调查目标、内容设计、核心概念以及作答时应注意的事项等，并向问卷作答者致谢。学生问卷皆在课堂上发放、作答和回收，大部分教师问卷调查是利用大学英语老师进行集体教研活动时进行的，个别也利用网络传递的方式请老师填写。调查前笔者就问卷的目的、内容和注意事项和代测老师进行了详细的交流沟通。本次调查共计发放教师问卷 192 份、学生问卷 570 份，回收教师问卷 186 份、学生问卷 553 份。剔出无效问卷（调查参与者没有完成全部题目或全部或大部分问题都选择了同一个数值）后共计回收有效教师问卷 183 份、有效学生问卷 507 份。笔者对有效问卷进行了整理，并重新编码后录入 SPSS 系统，以备后续分析使用。

**表 4 - 11                                问卷发放与回收情况**

学生问卷

| 实施学校 | 所在省(市) | 学校性质 | 调查人数 | | 问卷回收 | 有效问卷 |
|---|---|---|---|---|---|---|
| XJ | 陕西 | "985 工程"高校 | 91 | 男 65 | 91 | 85 |
| | | | | 女 26 | | |
| DC | 辽宁 | 省属重点高校 | 93 | 男 22 | 89 | 75 |
| | | | | 女 71 | | |
| HD | 浙江 | 省属重点高校 | 70 | 男 47 | 63 | 57 |
| | | | | 女 23 | | |
| LD | 山东 | 省属一般高校 | 86 | 男 42 | 83 | 76 |
| | | | | 女 44 | | |
| JD | 黑龙江 | 省属一般高校 | 102 | 男 62 | 100 | 93 |
| | | | | 女 40 | | |
| YS | 云南 | 省属一般高校 | 128 | 男 28 | 127 | 121 |
| | | | | 女 100 | | |
| 共计 | | | 570 | 男 266 | 553 | 507 |
| | | | | 女 304 | | |

教师问卷

| 实施学校 | 所在省(市) | 学校性质 | 调查人数 | | 问卷回收 | 有效问卷 |
|---|---|---|---|---|---|---|
| HG | 黑龙江 | "985 工程"高校 | 19 | 男 9 | 19 | 19 |
| | | | | 女 10 | | |
| SD | 山东 | "985 工程"高校 | 22 | 男 7 | 22 | 22 |
| | | | | 女 15 | | |
| DH | 上海 | "211 工程"高校 | 36 | 男 10 | 35 | 34 |
| | | | | 女 26 | | |
| HS | 黑龙江 | 省属重点高校 | 42 | 男 10 | 39 | 39 |
| | | | | 女 32 | | |
| SL | 陕西 | 省属一般高校 | 21 | 男 6 | 21 | 20 |
| | | | | 女 15 | | |
| LD | 山东 | 省属一般高校 | 52 | 男 14 | 50 | 49 |
| | | | | 女 38 | | |
| 共计 | | | 192 | 男 56 | 186 | 183 |
| | | | | 女 136 | | |

注:学校的标记方式采用学校简称的首字母,如:北京大学简称"北大"则被标记为 BD。

**(二)访谈过程**

笔者在统计、分析问卷调查结果的基础上,在山东某高校对该

校 14 名大学英语教师和 22 名非外语专业大学本科二年级学生进行
了访谈。访谈内容主要依据本研究访谈提纲（已在前文介绍），访谈
形式包括个别访谈和集体访谈。访谈前，笔者依据"理清观念（教
师和学生对当前大学英语教材应用现状的看法）→找出问题（教师
和学生在使用大学英语立体化教材时存在的问题）→提出对策（教
师和学生如何合理、有效地使用大学英语立体化教材）→给出建议
（如何改进大学英语立体化教材的使用）"的思路拟定访谈计划、设
计访谈提纲。访谈时，笔者以双方共同感兴趣的外语教学与学习的
相关话题引入，有利于创造良好的气氛和建立融洽的关系。在向被
访者阐述访谈的目的和意义之后，笔者按照事先拟定的访谈提纲自
然地进行正式访谈。在访谈过程中，笔者按照访谈提纲中确定的访
谈内容、问题顺序进入访谈，并进行录音和纸笔记录。笔者与被访
者交流的过程中发现了新的问题，也通过进一步追问和反思，将问
题引向深入，扩展研究的广度和深度。如有被访者在回答关于目前
大学英语立体化教材的使用现状的问题时提到"我校大学英语课程
在第四学期时有不少课时会用于四、六级考试的准备和训练，目前
的情况是，即使四、六级不再和毕业证书挂钩，但学生却需要用四、
六级成绩来作为找工作的筹码，很多用人单位会以成绩来决定是否
录用毕业生，因此在一些学校大学英语教学仍然把四、六级考试也
列为日常英语教学中，这样就占用了大学英语立体化教学的课时，
使本来有限的时间更为有限，立体化教材的使用更是无从谈起"。这
时，笔者就此继续挖掘立体化教材引发的大学英语课程评价体系的
变化以及学生外语能力测量的指标、方法、过程等，并在第五章和
第六章中各有论述。

此外，为了使访谈对象更具代表性，笔者分别追加了对教师和

学生的网络访谈。其中,教师 5 人,分别来自江苏、浙江、云南、山东等 4 省的 5 所高校,5 所高校中既有"985 工程"院校,也有省属院校;教师中有副教授 2 人,讲师 3 人,其中 3 人是英语语言文学专业博士生。追加访问的学生有 6 人,皆是非外语专业二年级学生,来自上海市某"211 工程"高校。

访谈后,笔者及时、全面地整理了访谈记录,将笔录与录音相对照,加上回忆的情景,逐字逐句地整理出来,最大限度地突显了访谈过程的原汁原味。根据研究主题理清访谈记录中的意义分布和相互关系,再组合成与研究内容相匹配的意义编码系统:

**表 4 - 12　　　　　访谈记录意义编码系统**

| | | |
|---|---|---|
| 教师 | (1) 观念(立体化教材的定义和内涵理解) | (4) 立体化教材"再设计"的意识 |
| | | (5) 立体化教材"再设计"的策略 |
| | | (6) 立体化教材"再设计"的效果 |
| 学生 | (2) 现状(立体化教材的优势及使用时存在的问题) | (7) 立体化教材的使用对学习态度的影响 |
| | | (8) 立体化教材的使用对学习方式的影响 |
| | (3) 建议(对立体化教材的设计与编写、出版与发行、使用与评估的建议) | (9) 立体化教材对学习资源优化和整合的影响 |
| | | (10) 立体化教材对学习环境创设的影响 |
| | | (11) 学生对教师使用全新教学模式(依托立体化教材)的适应 |

(三)课堂观察

按照不同的分类标准,应用语言学研究中的观察方法可以分为很多种,如:根据观察者的参与程度,可以分为非参与性观察和参与性观察;根据观察的方式,可以分为直接观察和间接观察;根据观察的内容,可以分为开放式观察和聚焦式观察等(Denscombe,2004)。据此,本研究中的课堂观察属于非参与性、开放式直接观察。作为观察者,笔者在现场对观察对象的教学活动进行实时实地的观察和记录,但不参与其中;笔者根据从问卷调查和访谈中收集的资料反映的具体情况和研究中遇到的实际问题，在课堂观察中寻找解决办法和答案。

笔者在上海和山东 2 所高校进行课堂观察，观察了 2 名大学英语教师使用立体化教材进行的课堂授课情况，共计 16 学时。笔者确定观察对象时考虑了教师的性别、职称、学历、教龄、所在学校的属性、所教课程类型等因素，构成这两名教师的基本信息（如表 4 - 13 所示）。观察前，笔者根据研究需要确定观察目的，即知晓使用立体化教材的课堂里学生如何通过倾听、对话和交流建构自己的学习方式，改善学习行为，获得新的认知与情感体验。具体而言，首先要观察课堂教学中教师和学生的行为，重点是教师和学生围绕立体化教材进行的互动行为；其次要观察教师和学生对立体化教材进行的"再设计"。基于上述观察目的，笔者拟定观察项目和观测点，形成课堂观察系统（详见表 4 - 9 和表 4 - 10）。当然，笔者并没有在观察前明确告知授课教师此次课堂观察的目的，就是想了解在真实的大学英语课堂里，教师的教和学生的学是如何通过立体化教材相互交织在一起的。观察时，笔者着重记录教师的课堂行为、学生的学习习惯及课堂环境的创设和课程资源的利用等，这些因素都在一定程度上影响立体化教材的使用效果，最终影响学生的学习效果。因此，课堂观察始终指向学生学习的改善，关注使用立体化教材的大学英语教学中学生会不会学习、如何学习以及学得怎样，关注立体化教材引起的学生行为上的改变。课堂中的其他行为或事件，如课堂文化等，基本不作为此次课堂观察的观测点。本研究主要采用定性方式收集教师课堂观察数据，经过编码、分类、整理、解释等步骤简化和梳理所得信息，通过文字、图表等方式呈现、说明与观察目的相关的信息，让读者较为清晰地了解观察情境中发生的事情。

表 4-13　　　　　　　　　　课堂观察对象教师的背景信息

| 观察对象 | 性别 | 职称 | 学历 | 教龄 | 学校 | 课堂环境 | 班级人数 |
|---|---|---|---|---|---|---|---|
| 教师 L | 女 | 讲师 | 博士 | 1 年 | 211 | 多媒体 | 40 人左右 |
| 教师 Y | 男 | 讲师 | 硕士 | 9 年 | 省属 | 多媒体 | 45 人左右 |

注：教师的标记方式采用教师姓氏的首字母，如：王姓教师被标记为教师 W。

　　需要说明的是，由于考虑到课堂录像会增加教师课堂授课的焦虑感，从而影响正常的授课行为，使研究者收集到的数据失真，本研究的课堂观察采取按照事先编制好的课堂观察系统进行实地记录，并向教师索取教案、课件等，结合课堂观察记录进行综合分析。

　　本章是著作的研究设计部分，即为了获取客观、明确、可靠的研究结论，对研究的方式方法、操作程序和控制方案进行周密、科学、完整的构思、确定和表达。具体而言，本章在界定"教材使用"和形成教材使用以及立体化教材使用概念框架的基础上设计研究方案。首先，以开放式访谈进行先导研究，访谈对象包括外语教学研究专家、教材编写专家、大学英语教师和学生，从访谈中提取对教师和学生使用大学英语立体化教材产生较大影响的因素，细化成用来编制调查问卷的维度，在充分挖掘这些维度的支撑理论并参考相关研究的基础上，自制了调查问卷，经过初测后的项目分析和信度分析后，分别确定了由 5 个维度、45 个题项和 4 个维度、55 个题项构成《大学英语立体化教材应用情况调查》学生问卷和教师问卷。同时，笔者围绕操作定义和研究问题，设计了访谈提纲和课堂观察系统。问卷调查、访谈和课堂观察在国内 11 所不同性质、不同层次的高校展开，参与调查的教师和学生超过 700 人。研究方法、研究工具的多样化、研究对象的多元化使本研究具有一定的广度和深度。本章完成数据的收集和整理，将在下一章对已得数据进行描述、分析和讨论。

# 第五章 研究结果:大学英语立体化教材应用框架构建

框架（framework）是用于处理、解决复杂问题的概念结构。立体化教材作为实现个性化学习的工具和手段，是当前现代教育技术与外语课程设计相结合所强调的教材发展走势。我们认为，要有效发挥立体化教材的教学效果，必须认识立体化教材在转变教学模式和学习方式、整合教学资源以及创设教学环境等方面的作用，理解"用教材学习而非学习教材"的内涵，把握立体化教材的应用框架，实现技术与课程的整合。

研究立体化教材的使用问题是发挥其功能、改善教学模式和转变学习者学习方式的关键，值得从理论和实践层面展开进一步的探索。在前一章中，笔者借助调查问卷、访谈和课堂观察等方法对立体化教材在大学英语教学中的应用现状进行了调查。本章拟对调查结果进行系统梳理，以定量和定性两种方法采集的数据对研究问题展开讨论。首先，分别对学生问卷和教师问卷调查获得的各项数据和信息进行总结和分析，依次对问卷所涉及的各个维度中的选题统计出其频次、百分比、均值和标准差，由此推测出立体化教材应用于大学英语教学的现状;其次,以因子分析对影响大学英语立体化教材应用的因素加以归纳。这样,从应用现状出发、以影响因素为重点对大学英语立体化教材的使用情况进行总结和探究,有利于我们由外及内、由表及里地把握当前广泛使用立体化教材进行的大学英语教学的总体情况。

# 第一节 学生问卷与访谈结果分析

## 一 问卷参与者情况

《大学英语立体化教材应用情况调查(学生问卷)》是本研究的主要研究工具之一。参与该问卷调查的对象是国内 6 所高校的非外语专业在校大学二年级学生,参与调查的学生共 570 人,其中男生 266 人,女生 304 人,分别占 47% 和 53%,涉及教育学、新闻传播学、理学、工学、医学、管理学等学科专业。在总共发放的 570 份问卷中,553 份问卷被回收,其中有效问卷 507 份,问卷回收率和有效率分别为 97% 和 92%,详见表 5-1。

表 5-1　　　　　　　　学生问卷参与者情况

| 实施学校 | 所在省(市) | 有效问卷数量 | | 专业 |
|---|---|---|---|---|
| XJ | 陕西 | 85 | 男:62 | 能源动力系统及其自动化、微电子、信息工程、核工程与核技术、临床医学、电气工程、计算机科学与技术、公共政策与管理、管理科学与工程 |
| | | | 女:23 | |
| DC | 辽宁 | 75 | 男:13 | 会计学、管理科学、金融学、行政管理、新闻传播、劳动与社会保障、物流管理、统计学、经济学、行政学、证券期货、金融期货 |
| | | | 女:62 | |
| HD | 浙江 | 57 | 男:41 | 电子信息工程、通信工程、物理学、工程设计、理工实验、计算机、软件工程、机械、核电 |
| | | | 女:16 | |
| LD | 山东 | 76 | 男:37 | 房地产经营与管理、建筑学、旅游管理、土木工程 |
| | | | 女:39 | |

续表

| 有效学生问卷（507 人，其中男 234 人、女 273 人） | | | |
|---|---|---|---|
| 实施学校 | 所在省（市） | 有效问卷数量 | | 专业 |
| JD | 黑龙江 | 93 | 男：57 | 电气工程与自动化、临床医学、会计学 |
| | | | 女：36 | |
| YS | 云南 | 121 | 男：24 | 物理学、数学与应用数学、市场营销、会计学、国际经济与贸易、工商管理、财务管理、通信工程、旅游管理、教育技术学 |
| | | | 女：97 | |

## 二　学生问卷因子分析

旨在归纳影响大学生使用立体化教材进行大学英语学习的诸多因素，笔者在分布在国内 6 个省份的 6 所不同性质和层次的高校中实施了问卷调查，对回收的问卷进行了必要的数据处理，主要是对问卷中的反向问题在做具体分析之前将其还原为正向问题。学生问卷中共有第 25、38、39、44、45 等 5 个题目为反向问题，即打分趋势和总体相反的题目，对这些题目得到的数据要做经过重新编码后才可以和其他题目一起进行分析，否则得到的结果是不准确的。同时，在对影响学生使用大学英语立体化教材的 45 道量表题进行因子分析之前，笔者还进行了 KMO 检验和 Bartlett 球形检验，结果如表 5-2 所示：学生问卷 KMO 检测值为 0.932，接近 1.0，表明变量间的共同因子多，研究数据适合用因子分析；Bartlett 球形检验值为 8158，显著性为 0.000，小于 0.05，表明原始变量之间存在有意义的关系的可能性很大，即有共同因子的存在。

表 5-2　　　　　学生问卷 KMO 和 Bartlett 的检验

| 取样足够度的 Kaiser-Meyer-Olkin 度量 | | 0.932 |
|---|---|---|
| Bartlett 的球形度检验 | 近似卡方 | 8158.029 |
| | df | 990 |
| | Sig. | 0.000 |

（一）因子提取与命名

对学生问卷调查结果所做的因子分析采用主成分分析法，进行最大方差旋转，因为这样可以使差异最大化，提取的因子相互独立，有助于结果的解释（Gorsuch，1983）。鉴于因子提取的任意性，本研究兼顾实验操作和理论分析的可行性，在因子提取时采用以下三项原则：（1）提取因子的特征值（eigenvalue）≥1，且包含 3 个以上题项；（2）每个题项的因子负荷（factor loading）≥0.3；（3）同一题项如在两个或多个因子上的负荷都超过 0.3，则通过对比分析，根据解释的合理性来决定其归类。根据以上原则，共提取到 10 个因子，方差总解释率为 55.8%，具体见表 5-3。

表 5-3　　　　　　　　　前 10 个因子的负荷情况

| 成分 | 初始特征值 | | | 提取平方和载入 | | | 旋转平方和载入 | | |
| --- | --- | --- | --- | --- | --- | --- | --- | --- | --- |
| | 合计 | 方差的（%） | 累积（%） | 合计 | 方差的（%） | 累积（%） | 合计 | 方差的（%） | 累积（%） |
| 1 | 12.229 | 27.175 | 27.175 | 12.229 | 27.175 | 27.175 | 4.637 | 10.305 | 10.305 |
| 2 | 2.203 | 4.896 | 32.071 | 2.203 | 4.896 | 32.071 | 3.833 | 8.518 | 18.823 |
| 3 | 1.941 | 4.313 | 36.385 | 1.941 | 4.313 | 36.385 | 2.631 | 5.846 | 24.669 |
| 4 | 1.660 | 3.688 | 40.073 | 1.660 | 3.688 | 40.073 | 2.497 | 5.549 | 30.218 |
| 5 | 1.383 | 3.073 | 43.146 | 1.383 | 3.073 | 43.146 | 2.341 | 5.202 | 35.421 |
| 6 | 1.300 | 2.890 | 46.036 | 1.300 | 2.890 | 46.036 | 2.272 | 5.048 | 40.469 |
| 7 | 1.158 | 2.574 | 48.610 | 1.158 | 2.574 | 48.610 | 1.970 | 4.377 | 44.846 |
| 8 | 1.099 | 2.443 | 51.053 | 1.099 | 2.443 | 51.053 | 1.907 | 4.238 | 49.084 |
| 9 | 1.079 | 2.398 | 53.451 | 1.079 | 2.398 | 53.451 | 1.626 | 3.613 | 52.698 |
| 10 | 1.060 | 2.357 | 55.807 | 1.060 | 2.357 | 55.807 | 1.399 | 3.110 | 55.807 |

根据对旋转后成分矩阵中各因子对应题项的归纳（见表 5-4），结合问卷设计时参照的"影响立体化教材使用的因素分析框架"（如第 4 章图 4-6 所示），笔者分别对因子分析得到的各因子进行提取并命名。需要说明的是，笔者设定因子负荷为 0.3，这样有些题项就

在多个因子上重复出现,进行因子命名时根据该题项对哪个因子的贡献率更高以及其核心特征与哪个因子更贴近而决定题项的归类,从而更加灵活地划分因子类别。

表 5 - 4 旋转成分矩阵

| 题项 | 成分 | | | | | | | | | |
|---|---|---|---|---|---|---|---|---|---|---|
| | 1 | 2 | 3 | 4 | 5 | 6 | 7 | 8 | 9 | 10 |
| 2 | 0.741 | | | | | | | | | |
| 1 | 0.732 | | | | | | | | | |
| 4 | 0.667 | | | | | | | | | |
| 5 | 0.616 | | | 0.349 | | | | | | |
| 3 | 0.583 | | | | | | | | | |
| 6 | 0.528 | | | 0.433 | | | | | | |
| 21 | 0.489 | | | | | 0.381 | | | | |
| 20 | 0.457 | 0.338 | | | | | | | 0.442 | |
| 35 | 0.371 | | | | 0.315 | | | | 0.370 | |
| 14 | | 0.685 | | | | | | | | |
| 15 | | 0.632 | | | | | | | | |
| 13 | | 0.628 | | | | | | | | |
| 8 | | 0.527 | | 0.341 | | | | | | |
| 11 | | 0.486 | | 0.378 | | | | | | |
| 12 | | 0.461 | 0.303 | 0.337 | | | | | | |
| 29 | 0.377 | 0.438 | 0.359 | | | | | | | |
| 26 | | | 0.683 | | | | | | | |
| 24 | | | 0.556 | 0.303 | | | | | | |
| 30 | 0.300 | 0.403 | 0.454 | | | | | | | |
| 23 | | | 0.453 | | | 0.365 | | | | |
| 28 | 0.382 | | 0.420 | | | | | | | |
| 7 | | | | 0.646 | | | | | | |
| 9 | | | | 0.645 | | | | | | |
| 10 | | 0.432 | | 0.557 | | | | | | |
| 33 | | | | | 0.631 | | | | | |
| 32 | | | | | 0.622 | | | | | |

续表

| 题项 | 成分 | | | | | | | | | |
|------|------|------|------|------|------|------|------|------|------|------|
|  | 1 | 2 | 3 | 4 | 5 | 6 | 7 | 8 | 9 | 10 |
| 36 |  |  |  |  | 0.478 | 0.320 |  |  |  |  |
| 31 |  |  | 0.372 |  | 0.478 |  |  |  |  |  |
| 27 |  |  |  |  | 0.352 |  |  |  |  |  |
| 17 |  |  |  |  |  | 0.721 |  |  |  |  |
| 16 |  | 0.397 |  |  |  | 0.577 |  |  |  |  |
| 19 | 0.389 |  |  | 0.310 |  | 0.509 |  |  |  |  |
| 18 | 0.345 | 0.336 |  |  |  | 0.353 |  |  |  |  |
| 43 |  |  |  |  |  |  | 0.761 |  |  |  |
| 40 |  |  |  |  |  |  | 0.674 |  |  |  |
| 41 |  |  |  |  |  |  | 0.417 |  |  |  |
| 37 |  |  |  |  |  |  | 0.415 |  |  |  |
| 39 |  |  |  |  |  |  |  | 0.635 |  |  |
| 25 |  |  |  |  |  |  |  | 0.574 |  |  |
| 42 |  |  |  |  | 0.304 |  |  | 0.533 |  | 0.323 |
| 45 |  |  |  |  |  |  |  | 0.501 |  | 0.333 |
| 22 |  | 0.340 |  |  |  |  |  | 0.454 | 0.302 |  |
| 34 |  |  |  |  |  |  |  |  | 0.659 |  |
| 44 |  |  |  |  |  |  |  |  |  | 0.660 |
| 38 |  |  |  |  |  |  |  |  |  | 0.646 |

根据上述因子划分原则,笔者发现:经主成分分析法提取和具有 Kaiser 标准化的正交旋转法旋转、迭代和收敛后得到的 10 个成分可以划分为 8 个因子,其中成分 9 和成分 10 所包含的题项不足 3 个,不能独立成为一个因子,以手动移位至其他因子处。因子分析情况具体如下:

(1) 因子 1 包含 9 个题项,特征值最大的题项是第 2 题,9 个题项主要涉及对立体化教材以及立体化教材带来的学习诸要素改变的态度,如:立体化教材在激发学生兴趣、建立自信心方面的作用、对立体化教材构建的学习环境和立体化教材提供的学习资源的看法等。因此,该因子可以命名为"对立体化教材的态度";

(2)因子2包含7个题项,特征值最大的题项是第14题,7个题项主要强调立体化教材的使用与学生自主学习能力之间的关联,如:使用立体化教材时学生自主制定学习计划、调整学习方法、选取学习资源、完成学习任务和学习内容以及克服学习困难等。因此,该因子可以命名为"立体化教材与学习者自主";

(3)因子3包含5个题项,特征值最大的题项是第26题,5个题项主要涉及学生获取英语学习信息的渠道、对立体化教材丰富的学习资源的认识和使用等。因此,该因子可以命名为"立体化教材与学习资源";

(4)因子4包含3个题项,特征值最大的题项是第7题,经与因子2的题项进行对比,发现因子4同样强调使用立体化教材时学生的学习自主性,如:学生有自己的学习目标、能够主动学习、学习过程中能够克服学习资源的干扰等。鉴于此,笔者将因子4并入因子2;

(5)因子5包含5个题项,特征值最大的题项是第33题,5个题项主要涉及学生在立体化教材使用过程中的角色与作用,如:学生本人是否愿意与同学合作、与老师交流,是否积极参与课堂讨论以发挥学习自主性等。因子6包含4个题项,特征值最大的题项是第17题,经与因子5的题项进行对比,发现因子6同样强调使用立体化教材时学生本人要与老师和同学进行合作,以共同完成学习任务并实现共同制定的学习目标,同时

也强调学生本人学习能动性的发挥等。鉴于此,笔者将因子6与因子5合并,共同命名为"立体化教材与学习者角色";

(6)因子7包含4个题项,特征值最大的题项是第43题,4个题项主要涉及学生对立体化教材及其带来的学习方式、策略、环境等方面变化的适应性,如:立体化教材要求学习方式个性化、学习策略多样化、学习环境网络化,面对这些变化,学生的适应性如何?因此,该因子可以命名为"立体化教材与学习适应性";

(7)因子8包含5个题项,特征值最大的题项是第39题,5个题项主要对比了立体化教材与传统教材分别对应的学习环境,提到依托立体化教材的英语教学依照"以学生为中心"的原则构建了"多维学习环境","不受时间和地点约束",与传统环境下的英语学习大不相同。因此,该因子可以命名为"立体化教材与学习环境"。

需要指出的是,旨在对比传统教学模式和立体化教材建构的新型教学模式之下学生获取学习资源途径和方式的不同,笔者设计了学生问卷中的第22题。根据其解释的合理性,该题项归入因子3"立体化教材与学习资源"更加科学。同理,第25题也归入因子3。此外,未归入上述几个因子的题项有3个。第34题强调学生对待立体化教材设置的学习任务的态度,归入因子1"对立体化教材的态度";第38题强调教师使用立体化教材开展教学活动时创造性地构建有利于学生语言能力发展的学习环境,第44题强调信息环境下使用立体化教材学习英语与网络功能和技术的完善存在密切关系,归入因子8"立体化教材与学习环境"。这样,经过因子分析与命名,

影响大学英语立体化教材使用的因子主要包括:

**表5-5　　　　　影响大学英语立体化教材使用的因子归类**

| | 因子名称 | 题项 |
|---|---|---|
| 1 | 对立体化教材的态度 | 1、2、3、4、5、6、20、21、34、35 |
| 2 | 立体化教材与学习者自主 | 7、8、9、10、11、12、13、14、15、29 |
| 3 | 立体化教材与学习资源 | 22、23、24、25、26、28、30 |
| 4 | 立体化教材与学习者角色 | 16、17、18、19、27、31、32、33、36 |
| 5 | 立体化教材与学习适应性 | 37、40、41、43 |
| 6 | 立体化教材与学习环境 | 38、39、42、44、45 |

（二）因子水平比较

为初步分析大学英语立体化教材应用影响因子的水平,笔者求得各因子的均值（M）和标准差（SD）,并与总体均值和标准差做了对比（见表5-6）。均值是反映数据集中趋势的一项指标,标准差能表示一个数据集的离散程度。这两组数据在一定程度上反映了学生对影响大学英语立体化教材使用的各因子的感知和理解水平。

**表5-6　　　　　影响大学英语立体化教材使用的各因子水平比较**

| | | |
|---|---|---|
| 对立体化教材的态度 | 3.276 | 1.014 |
| 立体化教材与学习者自主 | 3.149 | 0.981 |
| 立体化教材与学习资源 | 3.099 | 0.996 |
| 立体化教材与学习者角色 | 3.102 | 1.027 |
| 立体化教材与学习适应性 | 3.248 | 0.993 |
| 立体化教材与学习环境 | 3.008 | 1.093 |
| 总体水平 | 3.147 | 1.017 |

从表5-6可以看出,参与此次调查的学生在回答与影响大学英语立体化教材使用的6个主要因子相关问题时所得分数均值只有3.147分,与最大值5分比较起来并不高,而标准差为1.017（大于1）,说明学生回答这些问题时所得实际值与期望值差距较大,即数据的离散程度大。所以,从总体上来说,学生对大学英语立体化教

材的使用并不理想。为进一步考量这 6 个因子的得分是否存在显著差异,本研究采用了多组配对检验(Friedman Test)考察 6 个因子分布之间的差异。检验结果(见表 5 - 7)显示,$X^2$ 值为 1145.732,显著性水平为 0.000,小于一般可接受的 0.05 的显著值。因此,可以拒绝虚无假设,即 6 个因子之间存在显著差异,表明影响学生使用大学英语立体化教材的因素在这 6 个因子上的发展水平并不平衡。

表 5 - 7　　　　　　　　　　Friedman Test 结果

| N | 507 |
| --- | --- |
| Chi-square | 1145.732 |
| df | 44 |
| Asymp. Sig. | 0.000 |

在多组配对检验中笔者对 6 个因子进行了排秩,并汇报每个因子的平均秩次。低的秩次量对应于低的变量值,高的秩次量对应于高的变量值。表 5 - 8 中最低平均秩次为"立体化教材与学习环境"(MR＝2.5),表明该因子的变量值低于其他因子;最高平均秩次为"对立体化教材的态度"和"立体化教材与学习者自主"(MR＝5.5),表明该因子的变量值高于其他因子。这一结果与表 5 - 6 的 6 个因子的均值是一致的。

表 5 - 8　　　　　　　　　　秩次统计表

| 因子名称 | Mean Rank |
| --- | --- |
| 对立体化教材的态度 | 5.5 |
| 立体化教材与学习者自主 | 5.5 |
| 立体化教材与学习资源 | 4.0 |
| 立体化教材与学习者角色 | 5.0 |
| 立体化教材与学习适应性 | 3.0 |
| 立体化教材与学习环境 | 2.5 |

综合来看,影响大学英语立体化教材使用的 6 个主要因子并不

均衡,在"对立体化教材的态度"上表现出较高水平,这表明大学生对立体化教材在大学英语教与学中的应用持肯定态度。"立体化教材是启发引导式、传递式、发展式三种教育观的综合体现。从其特点来看,教材因技术的参与使教育的启发和传递功能更加直观、强化,以达高效的教学效果与目标。与平面单一的纸质教材相比,立体化教材体现了综合、全面的教育观,注重学习者的全面发展和成长"(陈坚林,2011)。这也是立体化教材得到广大学生肯定的重要原因。后续进行的访谈发现,大多数学生对立体化教材以及使用立体化教材进行的大学英语课程教学的态度是正面的,如:

大一学生 S 认为:立体化教材采用现代化的教育技术,加大了课堂的信息量,提高了教学效率,符合网络信息技术是我们 90 后大学生获取知识的主要手段这一特质,适应了我们 90 后大学生的需要。

大二学生 W 认为:立体化教材以丰富的电子、网络材料,增强了我们对语言学习的感性认识,它注重参与、注重互动的特点让我们对学习非专业课程《大学英语》有了兴趣和动力。

各因子中,在"立体化教材与学习环境"上表现出较低水平,这表明大学英语学习环境即使有了多媒体网络设备与技术手段的支持仍未达到理想状态的现状。正如张宝弟、何培芬(2009)指出的情况表明,"长期以来,人们把外语教学质量上不去归咎于缺乏理想的教学环境。以计算机网络技术为核心的现代信息技术的出现,为营造理想的外语教学环境创造了条件。然而,越来越多学者注意到,大量信息技术设备的购置并没有带来外语教学质量的大幅提升"。立体化教材如何为大学英语教学创设真实的语言交际环境和理想的语言学习环境值得关注和研究。这在笔者对教师进行的访谈中也可以看出:

　　教师 X 认为:《大学英语》作为我国高校广泛开设的基础性公共课程有其特殊性,如课时少、班额大、教师少等,长期以来这门课程形成了固定的教学模式,"教什么、学什么;怎么教、怎么学",特别是大学英语四、六级考试的指挥棒作用到现在仍多多少少在起作用。立体化教材替代传统教材进入大学英语课程也未能完全改变这种局面。

　　教师 G 认为:立体化教材还没有促使教师和学生完成从关注大学英语教学内容和模式到关注教学环境的转变,很少考虑我们的课堂环境是不是适合语言课程,课堂以外更没有使用语言进行交流的环境。这也是大学英语教学一直达不到最佳效果的原因之一。希望使用立体化教材进行大学英语教学后,我们可以在借助先进的信息技术手段改进传统教学环境方面取得突破。

(三)　因子内容解析

　　如本著作前述,大学英语教学系统可划分为教学构成要素(学生、教师、教学内容)、教学过程要素(教学目标、教学方法/模式、教学手段、教学评价)和教学环境要素三个方面。参照这种划分方法,在对所提取的 6 个因子进行归纳分类后,本研究主要围绕三大方面展开讨论:立体化教材与学习者本身(因子 1、4)、立体化教材支持的学习过程要素(因子 2、5)和立体化教材支持的学习环境要素(因子 3、6),重点解析 6 个因子的内涵和它们对大学英语立体化教材使用的影响。

1. 立体化教材与学习者本身

笔者把因子 1 和因子 4 归为一个方面是基于二者都是从学习者自身角度出发看待立体化教材的考虑。态度是个体对某一对象的评价,本研究调查学习者对立体化教材的态度时着重关注学习者对立体化教材持有的是积极、肯定的还是消极、否定的评价,主要包括以下几个方面:

**表 5 - 9　　　　　　　学习者对立体化教材态度统计表**

| 项目 | 学习者通过立体化教材的使用对英语学习有了新的认识 | | | | | |
|---|---|---|---|---|---|---|
| 选项 | 1 | 2 | 3 | 4 | 5 | 均值 |
| 百分比 | 5.1% | 16.2% | 32.1% | 40.6% | 5.9% | 3.26 |
| 项目 | 立体化教材激发学习者的英语学习兴趣 | | | | | |
| 选项 | 1 | 2 | 3 | 4 | 5 | 均值 |
| 百分比 | 10.8% | 23.1% | 36.1% | 23.7% | 6.3% | 2.92 |
| 项目 | 立体化教材增强学习者的英语学习自信 | | | | | |
| 选项 | 1 | 2 | 3 | 4 | 5 | 均值 |
| 百分比 | 10.8% | 32.1% | 32.1% | 19.9% | 4.9% | 2.76 |
| 项目 | 立体化教材提高学习者的英语语言能力 | | | | | |
| 选项 | 1 | 2 | 3 | 4 | 5 | 均值 |
| 百分比 | 3.6% | 14.8% | 31.8% | 37.5% | 12.4% | 3.40 |

从表 5 - 9 中可以看出,立体化教材应用于大学英语学习使学生对英语学习有了新的认识,46.5% 的学生对此持肯定的看法;他们也认为立体化教材必将有助于提高学习者的英语语言能力,对此只有 18.4% 的学生表示了否定;而关于立体化教材是否在激发学习者的英语学习兴趣和增强学习者的英语学习自信两个方面起很大作用,学生的态度都趋向不积极或不肯定,这从两个项目得分的均值(2.92 和 2.76)可以看得出来。此外,我们从对学生的访谈中也发现类似的观点:

学生 B 认为:立体化教材确实很好,对于刚刚经历高考的我们大一新生来说,它让我们不再单纯关注应试,而是有了更大的学习积极性去完成各种音频、视频里的学习任务,真正体验语言本身和人际交流的魅力。

学生 H 认为:大一我们使用立体化教材学习英语,这一年中老师交给我们的很多学习任务都是进行真实、自然的交流和互动,一年的学习让我对自己的英语听说能力有了更多信心,但大二要参加四级考试了,心里又没底了,不知道自己能考出一个什么样的分数。

立体化教材"以学生为中心、以学习为中心"的核心特征决定了使用立体化教材时学生的角色发生了很大变化。综合分析本研究中学生问卷在该因子上设置的 9 个题项后可以归纳出,学生在应用立体化教材进行的大学英语教学中主要扮演了以下几个角色:

表 5-10　　　　立体化教材应用中的学习者角色统计表

| 题项 | 角色 | 内涵 | 均值 |
|---|---|---|---|
| 16、17、18、32 | 合作者 | 师生、生生之间是平等的合作者,共同制定学习计划、完成学习任务和达到学习要求 | 3.20 |
| 19、27 | 探索者 | 学习者在一定问题情境下寻求解决问题的最佳方案以达到语言、学习等能力发展的目标 | 3.11 |
| 31 | 自我评价者 | 学习者通过自我评价实现自我监督,如对自己使用立体化教材相关信息资源的效果进行评价等 | 2.78 |
| 33、36 | 互动者 | 学习者是互动的发起与参与者,借助各种媒介进行认知、情感等多方面、多层次的信息交流,通过互动过程达到学习目的 | 3.12 |

从表 5-10 对立体化教材应用于大学英语教学中学习者的四个主要角色进行了阐释和对比,结果显示:学习者作为合作者的得分

最高,作为自我评价者的得分最低。这说明当前大学生在学习过程中已不再"单打独斗",他们与教师、同学的合作更加自然、顺畅,这与立体化教材构建的多媒体网络学习环境有关,在这样的环境里,师生、生生之间可以平等对话,技术手段的使用也使其相互之间的合作更方便、高效,这样能够更有效地解决教学中存在的问题。作为自我评价者,学生缺乏的不仅仅是技术,在意识层面也很欠缺,这从参加问卷调查的学生给出的答案中可见一斑。42.3%的学生没有评价、监督自己使用立体化教材进行的英语学习的意识,而具有这种意识的学生只占26.8%,二者对比鲜明。

| 题项 | 我常常对自己使用立体化教材相关信息资源的效果进行评价 | | | | |
|---|---|---|---|---|---|
| 选项 | 基本不符合 | 不太符合 | 有些符合 | 基本符合 | 完全符合 |
| 百分比 (%) | 10.7 | 31.6 | 30.9 | 22.5 | 4.3 |
| | 42.3 | | | 26.8 | |

2. 立体化教材支持的学习过程要素

立体化教材支持的学习过程要素集中体现在学习者自主和学习适应性两个方面。立体化教材把"可接触性"与"可操作性"融入大学英语教学,一改传统的接受式学习模式,增加了学生在学习过程中进行自主体验、自主发现和自主探究的机会,可以满足学习者个性化、自主性和实践性的学习要求。从调查问卷反馈的结果可以看出,学习者从自主制定学习目标和立体化教材使用计划(均值:2.79)到根据学习计划完成立体化教材规定的学习内容(均值:3.13)、正确评价自己对立体化教材的使用效果(均值:3.28),形成了清晰的技术路线以使英语学习更加条理化。在这一过程中,学习者要具备一系列素养或能力,如克服使用立体化教材过程中遇到困难的素养(均值:3.28)、独立判断的能力和自制力以抗拒立体化教材多样化学习资源的干扰（均值：3.05）、针对自己英语学习薄弱环节利用立体化教材的优势加强训练的素养（均值：3.10）、从立体化教材或相关资源中选择适合自己的学习材料的能力（均值：3.40）以及选择对自己有效的英语学习方法配合立体化教材使用的能力（均值：3.40）等。在上述几个方面里，参与调查的学生都可以做到较为理想的程度，但"自主制定学习目标"和"自主制定立体化教材使用计划"两个方面需要提高。访谈中，学生纷纷谈道：

> 我们从不考虑自己去制定学习目标和教材的使用计划，这是老师的事情。有时老师制定出了目标和计划，下发给我们看，我们也基本上是全盘接受，不会想着做任何调整。
>
> 作为学生，一直习惯于接受制定好的学习目标，自己朝着这个目标努力就行了；对于教材的使用计划，教师备课时通常都已做好，特别是学教材上的哪些内容，这个我们肯定不会思考。
>
> 使用传统教材时，都是跟着老师的思路，按部就班地"学教材"。现在，大学英语课使用立体化教材了，我们应该"用教材学"，学生也应该自己做一回主，好好规划一下，把自己的潜能发挥出来。

关于学习适应性，在本研究中特指学生对立体化教材应用于大学英语教学的适应性，是学生主动调整自身以与立体化教材要求相符合，适应依托立体化教材的英语学习的能力倾向。为更加直观地反映学生对立体化教材的适应性，笔者在学生问卷的第二部分专门设计相关问题，具体如下：

问题1:是否已适应应用立体化教材进行的大学英语教学?

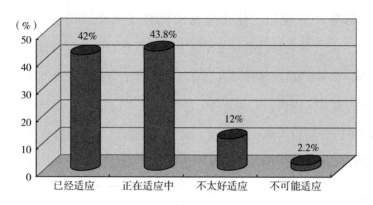

问题2:不适应立体化教材的反应是什么?

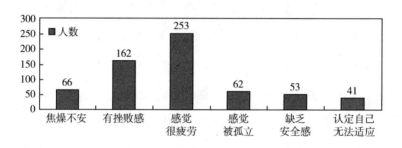

问题3:对立体化教材持续不适应的后果是什么?

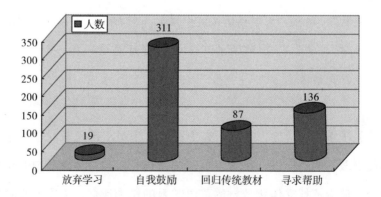

问题 4：导致不适应立体化教材的主要原因是什么？

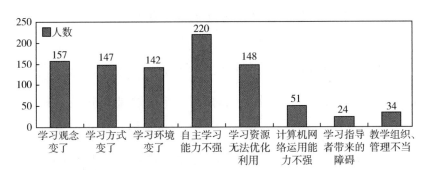

从学生回答上述四个问题的情况分析，学生对立体化教材在大学英语教学中的应用已基本适应（问题 1），因为自主学习能力不强或者没有及时转变学习观念、学习方法已适应变化了的学习环境和学习资源而还未完全适应立体化教材的部分学生（问题 4）会略感疲劳，甚至有挫败感（问题 2），他们通过自己鼓励自己、向老师、同学或其他渠道寻求帮助或者重新选择传统教材辅助学习来帮助自己提高适应性，但不会放弃学习（问题 3）。

（四）立体化教材支持的学习环境要素

本研究把"立体化教材与学习资源"和"立体化教材与学习环境"两个因子皆归入立体化教材支持的学习环境要素是基于二者的定义和关系。马宪春等（2005）指出，学习资源是学习系统内部的元素，是学习者需要直接面对的对象。学习环境在学习系统之外，是学习系统得以生存和发展的条件，是学习支持系统。学习资源是靠学习环境承载的，没有学习环境，资源将无法展现；没有学习资源，学习活动也不能进行，学习系统将不复存在，也就没有了学习环境。

与传统教材相比，立体化教材的一个重要特征就是用多样化的学习资源提供给学生丰富的英语学习信息,学习信息的来源渠道不同,学习模式也会随之有变化。学生问卷中题项 22、23、24 就分别考察了学生对纸质学习资源、电子学习资源和网络学习资源的认知和利用情况。结果显示:三种学习资源对应的得分均值分别是3.35、3.14 和 2.97,说明学生依然习惯于通过课本获取英语学习信息,"记单词、读课文、做练习"的英语学习模式仍然是首选,而通过网络教学平台、学习网站等资源获取学习信息还没有成为学生英语学习的习惯,这样,"进平台、上网站、广搜索"的英语学习模式也还没有得到普及。有 63.9%的学生反映有时或经常找不到与立体化教材配套的学习资源(学生问卷第 25 题),而具有主动寻找英语学习资源来配合立体化教材使用习惯的学生只有 27.9%(学生问卷第 26 题)。

与立体化教材和学习资源的关系类似,学习环境在依托立体化教材的大学英语教学中也有很大的改变。立体化教材借助信息技术手段为学生创设了自然、真实的课内语言学习和课外语言使用环境,一改学生缺乏"非正式的语言环境"的现状,使他们也有机会在日常生活中使用目的语(英语)进行言语交际,因此,他们在一定程度上已不再完全依靠英语课堂来完成语言的学习。但实际情况是,66.3%的学生表示他们更习惯于传统课堂环境中的英语教学(学生问卷第 42 题),习惯于按照课程表并在固定教室上课、还不适应不受时间和地点约束的英语学习的学生比例更是高达 66.9%(学生问卷第 45 题)。究其原因,69.2%的学生认为学校网络功能和技术不完善对信息环境下使用立体化教材学习英语产生了较大影响(学生问卷第 44 题)。

# 第二节 教师问卷与访谈结果分析

## 一 问卷参与者情况

《大学英语立体化教材应用情况调查（教师问卷）》是本研究另一主要研究工具。参与该问卷调查的对象是国内 6 所高校的大学英语教师，参与调查的教师共 192 人，其中男性教师 56 人，女性教师 136 人，分别占 29％和 71％。在总共发放的 192 份问卷中，186 份问卷被回收，其中有效问卷 183 份，问卷回收率和有效率分别为 97％和 95％，经统计，参与该问卷调查的教师信息如表 5-11 所示，包括年龄、教龄、职称和任教课型等。

表 5-11　　　　　　　　教师问卷参与者情况

| 实施学校 | 学校性质 | 调查人数 | 有效问卷 | 项目 | 内容 | 人数 |
|---|---|---|---|---|---|---|
| HG | "985 工程" 高校 | 19 | 19 | 年龄 | 30 岁以下 | 11 |
| | | | | | 31—40 岁 | 108 |
| | | | | | 41—50 岁 | 55 |
| SD | "985 工程" 高校 | 22 | 22 | | 51 岁以上 | 9 |
| | | | | 教龄 | 1—5 年 | 17 |
| | | | | | 6—10 年 | 49 |
| DH | "211 工程" 高校 | 36 | 34 | | 11—15 年 | 73 |
| | | | | | 16—20 年 | 15 |
| | | | | | 21—25 年 | 17 |
| HS | 省属重点高校 | 42 | 39 | | 26—30 年 | 8 |
| | | | | | 超过 30 年 | 4 |
| | | | | 职称 | 教授 | 10 |
| SL | 省属一般高校 | 21 | 20 | | 副教授 | 53 |
| | | | | | 讲师 | 116 |
| | | | | | 助教 | 4 |

续表

| 实施学校 | 学校性质 | 调查人数 | 有效问卷 | 项目 | 内容 | 人数 |
|---|---|---|---|---|---|---|
| LD | 省属一般高校 | 52 | 49 | 学历 | 本科（学士） | 37 |
| | | | | | 研究生（硕士） | 136 |
| | | | | | 研究生（博士） | 10 |
| 合计 | | 192 | 183 | 任教课型 | 大学英语（综合） | 139 |
| | | | | | 大学英语（听说） | 93 |
| | | | | | 大学英语（阅读） | 82 |

从教师问卷参与者的统计数据来看，研究对象大部分为青年教师，年龄在31—40岁左右的教师比例为59%，这些教师在高校从事大学英语教学约有6—15年。在职称方面，拥有中级职称（即讲师）的人数最多（116人，63.4%），拥有高级职称（即教授和副教授）的人数之和只有63人，其比例为34.4%。参与调查的教师中拥有博士和硕士学位的人数所占比例分别为5.5%和74.3%。教师多数从事大学英语基础阶段综合课的教学，也有部分教师讲授大学英语听说课、阅读课，或者几种课型兼有，承担高级阶段课程教学任务的教师很少；学校提供的大学英语课程教学大纲显示教师的基本教学工作量约为周课时8—12节，有些学校提供的实际教学工作量达到周课时12—16节。这与其所在学校的大学英语课程设置有关。从上述数据不难看出，本调查所选取的教师样本基本符合我国大学英语教师队伍的基本特征，即女性教师多，中青年教师多，高职称、高学历教师少，教师教学任务繁重。整体大学英语教师队伍呈现"结构性短缺、低水平富余"的现象。性别、职称、学历结构的不平衡会影响到大学英语教师个人的职业发展，不利于提高教学质量。同时，大学英语教师承担着繁重的基础课程教学任务，科研能力相对较弱，发表纯学术性论文、申请课题的人数少，现行教师评价体制

不利于教师职业发展（王守仁、王海啸，2011）。

## 二 教师问卷描述分析

大学英语立体化教材为师生提供了多种介质、多种工具、多种媒体的立体化教学方案，它通过计算机和网络等载体开展语言教学，并以丰富的学习资源和真实的学习环境与之相配合，大学英语教与学由此变得轻松自如。但立体化教材多元、海量的学习信息和不断变化的呈现方式决定了它必须经过教师的精心设计和细致开发，如选取学习内容、培训学习方法、发挥信息技术手段的支持作用等，才能使大学英语学习既富有新意，又收效良好，满足学生的英语学习需求。这就需要教师对大学英语立体化教材进行"再设计"，即教师通过合理选用和开发教学材料对英语教与学的内容、方式、媒介等进行全方位的调整，以实现大学英语课程教学的最优化。

本书在第四章中提到，立体化教材在大学英语教学中的应用情况集中体现在教师在课程实施过程中对教材"再设计"的意识、策略和效果等三个方面。《大学英语立体化教材应用情况调查（教师问卷）》也正是围绕立体化教材"再设计"的意识、策略和效果等几个维度设计而成，并就教师进行立体化教材"再设计"时遇到的困难进行考察。在问卷实施并回收后，笔者对问卷的各个项目进行了描述性统计分析，了解数据的基本特征以发现其内在的规律，具体包括数据的频数分析、集中趋势分析、离散程度分析、数据的分布以及一些常用的指标如均值、中位数、众数、方差、标准差等。

（一）立体化教材"再设计"的意识

立体化教材的使用效果与教师的"再设计"密不可分。教师能否灵活地、创造性地处理教材与课程诸要素的关系在很大程度上决定了立体化教材使用效果的好坏。教材"再设计"是把教材的"普适性"转变为符合教学实际的"现实性"的最佳途径。从内容上看,立体化教材的"再设计"不仅涉及教学材料本身的取舍、补充和调整,还牵扯课程资源的整合问题,尤其是在信息技术进入并全面影响外语课程之后;从主体上看,立体化教材的"再设计"也不再只是教师的事情,学生也应该有参与其中的权利和机会。就现实条件而言,立体化教材的"再设计"仍以教师为主,作为大学英语课程的设计者和学习过程的指导者,教师主导教材"再设计"的全过程。因此,教师是否具有立体化教材"再设计"的意识就显得尤为重要。笔者把立体化教材"再设计"的意识划分为概念意识、主体意识、原则意识、频度意识、方法意识和过程意识等几个方面,分别阐述如下:

(1) 概念意识(题项1、2、7、11):大学英语教师应该意识到立体化教材"再设计"可以完善教学过程、实现最佳教学效益,是教学设计不可或缺的组成部分。它常常隐匿于日常教学,但会不时地显现效果。因此,大学英语教学中很有必要对立体化教材进行"再设计"。

(2) 主体意识(题项3、9):大学英语立体化教材"再设计"是教师的一项重要权利,但这并不意味着教材"再设计"与学生无关。学生不是教材的被动使用者,而是教材的积极开发者,要在提高对教材本身的解读能力上下功夫,发挥立体化教材的信息技术优势,加工与语言实际使用环境相匹配的语料(即语言输入),增加语言交际的机会(即语言输出)。

(3) 原则意识(题项6、8):对立体化教材进行"再设计"时教师可以自由发挥，但不应该任意发挥。教材的"再设计"应坚持以学生为本，学生的语言水平、知识层次和认知能力等个体因素可以成为教师"再设计"立体化教材时的重要标准。

（4）频度意识（题项5、14）：教师应该经常地、自觉地对大学英语立体化教材进行"再设计"，而不应该视其为可有可无或被动完成的工作。

（5）方法意识（题项10、12、13）：教师在进行立体化教材"再设计"时应该根据课程的特点以及课堂教学的可操作性来设计语言学习任务，针对不同层次的学生设计不同的语言学习任务。教师要有自己独立的想法和做法，且要指导学生完成任务以实现教学目标。

（6）过程意识（题项4）：教师对大学英语立体化教材进行的"再设计"应该是贯穿在教师设计、实施和评价课程与教学的整个过程，尽可能保持其整体性和连贯性。

结合上述六种意识的界定和解释，本著作对大学英语教师立体化教材"再设计"的意识进行调查，结果如表5-12所示。经过分类和对比，可以发现：教师在对大学英语立体化教材进行"再设计"时各种意识的发展程度是不均衡的（见图5-1），其中，发展较好的有方法意识和概念意识，发展较差的是过程意识和原则意识，处于中等位置的是主体意识和频度意识。这说明当前大学英语教师进行立体化教材"再设计"时随意性较大，一方面没有科学的、固定的依据，另一方面也缺乏系统性、连续性，这势必会影响大学英语教学效果。

表 5-12　　　　立体化教材"再设计"意识调查描述统计结果

| 题项 | 1 | 2 | 3 | 4 | 5 | 6 | 7 |
|---|---|---|---|---|---|---|---|
| 均值 | 4.10 | 4.12 | 4.09 | 2.62 | 3.52 | 2.68 | 1.64 |
| 标准差 | 0.815 | 0.817 | 0.910 | 1.122 | 1.094 | 1.180 | 0.926 |
| 方差 | 0.665 | 0.667 | 0.827 | 1.259 | 1.196 | 1.394 | 0.858 |
| 题项 | 8 | 9 | 10 | 11 | 12 | 13 | 14 |
| 均值 | 2.91 | 1.96 | 4.04 | 4.28 | 3.85 | 3.61 | 2.17 |
| 标准差 | 0.930 | 1.089 | 0.948 | 0.918 | 0.943 | 1.053 | 1.154 |
| 方差 | 0.865 | 1.185 | 0.899 | 0.842 | 0.889 | 1.108 | 1.332 |

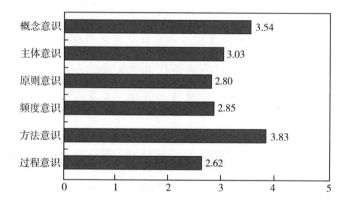

图 5-1　立体化教材"再设计"意识发展类比

（二）立体化教材"再设计"的策略

立体化教材"再设计"是要求大学英语教师按照一定的方式、借助不同的资源、通过特定的信息渠道或自主或合作完成对教学材料进行调整和加工的过程，从而使立体化教材更好地适应具体的教育教学情景和学生的学习需求，使教学实现最佳效益。教师问卷对上述几个方面进行了调查，现就调查结果做一分析：

1. "再设计"方法

McDonough & Shaw（1993/2004）指出英语教材的"再设计"要考虑外部因素和内部因素，外部因素主要是指教学情景特点，如学习者特点、教学环境、教学资源和班级规模等，内部因素主要是指教材的内容和组织，如话题内容、涵盖的技能、语言水平和练习分级等，并针对如何对教材进行取舍和调整的问题提出了一系列建议，包括添加、删减、修改、简化、重新排列和替换等。Cunnings worth（1995/2002）认为，教师可以从以下几方面对教材进行"再设计"：方法、语言、话题、技能、顺序和进度、文化、插图等。由此可见，教师对教材进行"再设计"的内容十分广泛，语言知识和技能、教学方法、语言素材、文化内容、编排顺序和教学进度等都包含于其中。McGrath（2002）也认为，教师可以考虑从语言、内容、方法和结构等方面对英语教材进行"再设计"，这样既能保持教材本身的内部结构，又可以重视学生的学习过程。

本著作在对大学英语教师进行立体化教材"再设计"的方法进行调查后发现（结果如表 5 - 13 所示），教师常用的立体化教材"再设计"的方法有（依据教师使用频率的高低）：扩展、补充、调整顺序、删减、替换、修改。其中，扩展和补充是大学英语教师最常用的立体化教材"再设计"的方法，这也反映出教师在大学英语教学中"求新、求变"的理念和"追求教学内容多样化、多元化"的思路。后续访谈中，笔者就"关于用来扩展和补充原有教学材料的内容"对参与调查的教师进行了提问，归纳教师们给出的答案主要有：

（1）综合运用几套教材内容；

（2）选取国外原版电子教材的部分内容；

（3）利用互联网下载与教学内容有关的视频；

（4）补充相关影视资料；

（5）利用数字媒体技术从电子教案、教学课件中选取有用素材；

（6）添加当日或近日世界新闻热点等。

表5-13　　立体化教材"再设计"方法调查描述统计结果

| 方式 | 补充 | 删减 | 替换 | 修改 | 扩展 | 调整顺序 |
|------|------|------|------|------|------|----------|
| 均值 | 3.67 | 3.32 | 2.89 | 2.78 | 3.71 | 3.52 |
| 中值 | 4.00 | 3.00 | 3.00 | 3.00 | 4.00 | 4.00 |
| 众数 | 4 | 3 | 3 | 2 | 4 | 4 |
| 标准差 | 0.846 | 0.845 | 0.957 | 1.010 | 0.844 | 0.931 |
| 方差 | 0.716 | 0.714 | 0.915 | 1.021 | 0.712 | 0.866 |

2. "再设计"资源

立体化教材"再设计"本质上是一个改变教学材料的内部特征，使其更加符合特定情景教学需要的过程。这个过程的完成需要借助以文字、图形、图像、声音、动画和视像等形式储存在一定载体上并可供利用的信息资源。辅助大学英语立体化教材"再设计"的信息资源主要有电子材料（如课件、多媒体光盘、电子图书等）、校园网信息资源（如网络课堂、精品课程、电子阅览室、网络学习平台等）和互联网信息资源（如具有学习价值的以外语为信息传播载体的外文网站、专门的英语学习网站等）。在这几种资源中，校园网信息资源（M＝3.69）用于大学英语立体化教材"再设计"的频率最高，相反，互联网信息资源（M＝2.93）频率最低，电子材料（M＝3.08）居中。随着大学英语教学改革的推进，各高校都购买、安装了基于校园网的信息化学习资源，构建了校园数字化英语学习资源共享服务平台，涵盖了英语听、说、读、写、译等方面的内容，并将语言学习和学科学习的资源进行无缝集成，搭建学生自主学习平台，以资源整合提高资源利用率。在后续进行的访谈中，教师们谈到了他们利用不同教学资源进行大学英语立体化教材"再设计"的情况：

　　　　教师 X 说：我校购买的大学英语网络学习平台是一个包括网上教学和教学辅导、网上自学、网上师生交流、网上作业、网上测试以及质量评估等多种服务在内的综合教学服务支持系统，它与教材连接紧密，但又不是教材的电脑版或网络版，能为学生提供实时和非实时的教学辅导服务，是对教材内容和呈现形式的有益补充和延展。这个系统帮助教师和学生转变了一个重要理念，那就是英语学习要重视过程，而不是重视结果。

　　　　教师 L 说：为了满足不同层次学生对英语学习的需求，特别是语言和学科两个层面的学习需求，我们把国内各大出版社提供的网络课程集结起来，形成供全校师生可结合自身要求自由选择的网络课程群，在校内局域网上搭建起大学英语网络课程资源平台，实现资源的最大共享。这些网络课程不仅涉及大学英语教材内容，更重要的是利用校园网与学校的计算机中心、数字语言实验室和学生自主学习中心联通，形成一个虚拟的网络学习环境，这样，学生就可以在机房、自主学习中心或通过个人终端，随时、随地进入其中，进行英语学习。

### 3. "再设计"信息获取渠道与方式

教师在进行立体化教材"再设计"时获取信息的渠道和方式直接关系到"再设计"的效率与质量，也集中体现了教师的信息素养和创新能力。本研究对教师进行大学英语立体化教材"再设计"时获取信息的渠道和方式分别进行了调查，结果表明：教师从校内配备的资源（M＝3.43）里获取信息的比例大于校际共享的资源（M＝3.10），从自己探寻的资源（M＝3.23）里获取信息的比例大于他人推荐的资源（M＝2.95）。大学英语教师完成立体化教材"再设计"的方式并无太大差异，他们或独立（M＝4.23）、或与学生互动（M＝4.30）或与同事合作（M＝4.26）开展立体化教材"再设计"。在访谈中，教师们表示：

在各大网站纷纷推出国内外名校公开课程的情况下，每一位大学英语教师都应该积极行动起来，从之前的 TED 到现在的 MOOCs，都是立体化教材"再设计"时可以充分利用的信息素材。相比传统教材，立体化教材更加鼓励自主与个性化学习，督促着教师把来自各个渠道的信息素材集中在一起，满足每个学习者的求知欲，激发他们的学习动力。

与其他教师合作或与学生互动应该成为立体化教材"再设计"过程中不可或缺的一环，且比重应该越来越大，师师、师生之间可以直接面对面地反复交流、讨论，层层深入，获得真实、有效的信息素材，达到教学相长的目的，这样既拓展了教育资源的共享与影响力，避免了教师重复劳动，又为每个人潜能的充分发挥提供了机会，从而保证了大学英语教学质量。

（三）立体化教材"再设计"的效果

立体化教材经过一段时间的使用以后，应该及时对使用情况进行总结和分析，主要包括：教材的使用是否达到预先制订的教学目标；教学效果是否因有效的"再设计"而得到提高；教师和学生对教材的满意情况；教材在使用过程中存在哪些明显的优缺点；如果继续使用该种教材，应该在哪些方面做进一步的调整。这其中，对立体化教材"再设计"效果的评估就显得尤为重要。

语言课程独有的过程性决定了大学英语课程的整体化存在形式和动态化发展过程。Graves（2008）提出的外语课程动态设计系统表明：语言课程通常由三个核心环节组成，分别是 planning（规划），enacting（实施，即教师的教学过程和学生的学习过程）和 evaluating（评价），三个环节彼此相互联系，相互影响，处于动态发展状态。其中，外语课程规划与课程大纲、课程要求等有关，如：课程目标、课程原则、课程设置、课程功能与教学环境要求、需求分析等；外语课程实施与教师的教学过程和学生的学习过程有关，如：教学/学习内容、教学模式与手段、学习策略与方法、课堂教学、教材、学习资源等；外语课程评价通常包括语言测试、对课程/教学内容、方法、手段及效果的评价等。参考该系统，本研究从以下 11 个方面考量立体化教材"再设计"的效果：（1）教学内容的呈现，（2）教学目标的实现，（3）教学过程流畅度的提升，（4）课堂气氛的创设，（5）教学方式的更新，（6）学生课堂专注度的提高，（7）师生课堂互动性的增强，（8）教学效果的促进，（9）学习效果评价的开展，（10）教学重点、难点的解决和（11）教师教学能力的提高等。从调查问卷的统计结果来看，上述 11 个指标平均得分为 4.22，这说明大学英语立体化教材"再设计"的总体效果良好。超过该平均值的指标有 8 项，其中得分最高者是指标（4）（M＝4.32）；低于该平均值的指标有 3 项，其中得分最低者是指标（9）（M＝3.97）。图 5-2 对上述 11 个指标从高到低进行了排列，并根据每个指标的内容将其分别归类于外语课程规划、实施和评价三大环节。

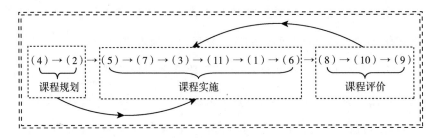

**图 5‒2  立体化教材"再设计"效果指标排序与归类**

从图 5‒2 可以看出,大学英语教师对立体化教材进行"再设计"多发生于课程规划环节,教师通过"再设计"立体化教材以更好地服务于课程评价环节则相对欠缺。居于二者之间的课程实施环节是立体化教材"再设计"最集中的环节,也是整个大学英语教学的核心环节,课程规划和课程评价都是以课程实施为指向并与其紧密联系在一起的。因此,大学英语教师应该在进行立体化教材"再设计"时加大服务课程评价的力度,为在课程评价的影响机制下不断调整课程实施以顺应课程规划的要求提供保障,形成一个"以课程规划为起点、以课程实施为核心、以课程评估为保障"的循环而完整的系统,并确保立体化教材"再设计"在该系统中发挥调节作用。

(四) 立体化教材"再设计"的困难

立体化教材的使用是一个多环节互动的过程,要经过"设计—再设计—使用"的反复循环,才能使教材在内容和形式不断更新的同时获得最佳使用效果。但在立体化教材"再设计"的实践中,往往面对着诸多困难或困惑,又由于缺乏相应的对策,所以,立体化教材"再设计"工作很难开展、效果很难提升。本研究从(1)教学

要求的实现、(2) 教材的解读和把握、(3) 课程资源的利用、(4)
时间/精力的投入、(5) 师师配合、(6) 师生配合、(7) 过度"再设
计"和 (8) 技术/技能的缺乏等方面对大学英语教师进行立体化教
材"再设计"时遇到的困难进行了调查。结果显示,教师在上述方
面皆面临着一些困难,特别是时间/精力的投入、师师配合、师生配
合和技术/技能的缺乏等四个方面尤为突出。这也能从教师访谈中得
到验证,表5-14列举的是大学英语教师进行立体化教材"再设计"
面临的困难、需要解决的问题或建议:

表 5 - 14　　　立体化教材"再设计"困难、问题或建议列表

| 内容 | 类别 |
| --- | --- |
| 对国外网站不够了解,利用率低 | (3) |
| 如果能有信息技术方面的指导,如音视频剪辑等,"再设计"效果会更好 | (8) |
| 熟练掌握的语言课程相关学习资源数量不多,且类型雷同 | (3) |
| 教材"再设计"课下投入时间多,课上没时间实施 | (4) (7) |
| 授课时,教学大纲或教学要求限制了"再设计"内容的展示 | (1) |
| "再设计"内容与学生的语言水平和接受能力有距离 | (1) |
| 学校配备的可以用于教材"再设计"的资源有限,网络上可以找到很多资源但需要付费或者有权限限制 | (3) |
| 技术不够熟练,缺乏"再设计"合作人员 | (8) (5) |
| 有时找不到相关度很高的资源,找到的资源相关度不高,导致教学效果不好 | (3) (2) |
| 安排内容过多,课时却比较紧张,学校对教学进度有统一要求,教材"再设计"会因此受到限制 | (1) (7) |
| 信息资源缺乏,信息技术骨干缺乏 | (3) (8) |
| 教师之间交流少,独立开展"再设计"导致备课量太大 | (5) |
| 硬件设备缺乏,自己信息技术实践经验不足 | (3) |
| 对于自己的设计是否科学合理缺乏自信,需要可用于衡量"再设计"质量的标准,比如来自学生的反馈意见等 | (6) |
| 教师之间多交流"再设计"经验,互相激发灵感 | (5) |
| 受教学计划限制,教师、学生与教学管理者对教材的使用理念和思路有出入 | (1) (2) |

# 第三节 课堂观察结果分析

课堂观察，顾名思义，是通过观察对课堂的运行状况进行记录、分析和研究，并在此基础上谋求学生课堂学习的改善、促进教师教学能力的发展。对本研究而言，就是观察者（即研究者）带着明确的目的（即观察和记录教师和学生使用大学英语立体化教材的情况），凭借相关辅助工具（即基于立体化教材使用的大学英语课堂教学观察系统，见表 4-9），从课堂上收集资料，并依据资料做相应的分析、研究。本研究的观察对象是教师 L 和教师 X（背景信息见表 4-11），二者的教学各有特点，前者强调以人为本，突出个性化学习；后者强调真实输入，教学环境虚实结合。

## 一 课堂观察 1：以人为本，突出个性化学习

在上海市某"211 工程"高校教授大学英语课程的教师 L 使用的是立体化系列教材《大学体验英语高级教程》（下）（高等教育出版社 2006 年版），该教材改编自国外原版语言教材，原教材以"Presentation，Simulation and Role-play"为特色，改编后每个单元都会保留戏剧排演这一教学任务，是典型的交际项目依托式（communicative project-based）编排方式，为学生提供了表现语言能力和知识的机会。教师 L 讲授的是 Module 1 "The Film-Makers"。以本单元导入课（leading-in）为例：

表 5-15　　　　　　　　　　教师 L 课堂观察内容

| 学生构成 | 大学二年级学生，40 人，国际工商管理专业 |
|---|---|
| 教学环境 | 多媒体环境（课内）、网络环境（课外） |

续表

| 教学材料 | David Lodge 小说 *Nice Work* 的节选 |
|---|---|
| 教学目标 | 培养表达能力,强调交际内容的实用性,以戏剧表演中生活化的语言引导学生运用所学的语言知识和技能进行广泛的语言交际活动;<br>课堂教学和自主学习相结合,要求学生充分发挥各自的创造力和想象力,在创作和表演中通过思考、讨论、交流和合作等方式自觉运用英语完成任务。 |
| 教学设计原则 | 知识获取→能力培养;<br>个性化学习内容＋个性化学习方法;<br>教师自主＋学生自主。 |
| 中心任务 | 以创作电影(making films)为中心任务(core tasks)串联各个分任务(sub-tasks) |
| 分任务设置 | authentic reading, visualization, storyboard, presentation, follow-up activities, language activities, extended activities |
| 教学过程 | 在教学开始前,教师L要求学生分成小组(4—6人/组),根据教材提供的素材或自行设计情境编排戏剧,小组成员使用英语就剧情内容和剧本结构、人物语言和心理活动进行讨论,直至作品排演成型;<br>课堂上,各组学生依次表演,并回答其他学生的提问或回应他们的评价,教师和学生共同评价各组任务的完成情况;<br>在教学任务结束后,学生以英语撰写并提交戏剧排演情况总结报告,教师评价其内容组织和语言运用。 |

教师L在与学生一起对教材进行"再设计"的过程中,并未拘泥于教材的内容安排,而是对内容做了适度"扩展"。考虑到多数学生对于David Lodge的小说*Nice Work*并非特别了解,教师L安排学生选取自己熟悉的电影进行评论(presentation)、模仿经典电影片段(simulation)或自行设计表演情境(role-play),这与本教材的原版本编写理念一致。因此,

信息资源利用

学生在课前准备阶段充分发挥自主性,阅读纸质图书、观看音视频电子光盘或查阅网站,利用多种资源获取所需信息,组合这些信息并进行加工和二次创作。在这个过程中,每

一个学生都乐于参与其中，用英语表达自己
的思想、交流彼此的情感。每一组学生都能
自主创设一个英语运用环境，对排演内容进
行讨论、分派角色、对情景、人物刻画、对
话编写、人物的心理描写进行讨论，不断修
改直至完成排演。这种小组合作的学习策略
强调了学生的主体地位和学习过程的参与度，
有利于实现教学目标 (2)。

参与教学过程

个性化学习内容/学生自主

生生互动

表演的过程是学生自如运用目的语的过
程。"在外语语言环境严重缺乏的情况下，
戏剧作品为特殊的文化行为设定了场景，英
语戏剧表演实践活动给学生提供了全方位接
触英语国家社会与文化的机会" (孙万军，
2009)。教师指导学生在表演过程中利用多媒
体设备播放社会和文化背景简介或把自己的
表演与电影原版片段结合起来，使表演对白
自然融入日常对话。教师引导学生融入表演
角色之中，使学生真正把注意力转移到语言
交际而不是机械背诵。学生更容易通过对角
色语言的揣摩和实践认识到语言能力、交际
能力和文化意识是自然习得而非刻意学习。
这样，教师在创造出一个接近真实情境的语言
和情感交流环境的同时，实现了教学目标 (1)。

语言运用环境/语言学习环境

多媒体/网络教学环境

师生互动

能力培养

课后评价阶段，教师L要求每个小组提交
文字总结，把小组活动的成果以书面形式表

达出来，总结内容既包括活动过程的记录，
也包括学生对本组和其他小组活动表现的评价。　┌─────┐
　　　　　　　　　　　　　　　　　　　　　　　│学习评价│
学生在教师的引导下用规范的语言表达，从　　│过程化│
　　　　　　　　　　　　　　　　　　　　　　　└─────┘
不同的角度外化其内心的意义建构，实现了
学习评价主体和方式的变化。

笔者在课堂观察后还对教师 L 和学生 C 进行了访问，请他们分别就本课程的设计和教材的使用发表了意见：

　　教师 L：学生在使用立体化教材时，需要改变自己传统的接受地位，从被动接受知识的传递转变为主动探索发现知识、运用知识、培养能力。我的课程教学设计坚持一个原则，就是充分发挥主观能动性，实现个性化学习。多年来，我国学生从小接受的是以教师讲授为主的单一课堂教学模式，自主学习能力和个性化学受到严重限制，要想在大学阶段改变学生固有的学习习惯，改善学习理念，培养自主学习能力是异常艰难的事情。但是，只有在加强培养学生自主学习能力的前提下，学生才有能力充分利用立体化教材，他们的个性化需求才能得到满足。

　　学生 C：老师对教材一直有独特的使用方式，比如，讲授本单元时就利用教材中的要求加以改编安排了戏剧排演这种英语学习形式，这就如同给我们搭建了一个舞台，在这个舞台上每一个同学都能比较充分地表达内心情感，减少了我们运用英语进行交流时的焦虑，一定程度上消除了我们的交流障碍，增强了我们的表现欲和自信心，带来的结果就是同学们都能够积极参与交流，这样的英语学习才有意义。

## 二 课堂观察 2：强调真实输入，教学环境虚实结合

教师 Y 在某山东省属大学教授大学英语口语课程，所教学生是大学二年级数学与应用数学专业本科学生，学生数量为 45 人，所用教材是本校自编校本教材。该教材依托任务型语言教学（task-based language teaching）的理念，遵循语言习得"输入—内化—输出"的规律，选取英语原版电影片段作为语言输入素材，形成真实的口语交际环境，以主题为中心设计、分解、完成即时性英语听说任务，如：以一部英语电影的多个片段为视听输入，经过听力练习内化后，在规定情境中进行口语活动，以实现口头输出的目标。

本课程不仅仅局限于课内利用英语原版电影片段模拟真实交际环境进行口语表达训练。课堂外，学生以学习者工作坊（learner workshop）的形式利用多媒体和网络资源进行合作学习和自主学习，同时与在美国佛罗里达海湾海岸大学（Florida Gulf Coast University，US）招募的 30 名志愿者在多用户虚拟环境平台"第二人生"（Second Life）的指定区域互动交流[①]，开展英语听说拓展学习，形成"第二课堂"，使学生适应进行语言交际的真实社会文化环境。师生在"第二人生"（Second Life）虚拟环境平台等网络教学系统上进行互动交流，力求完整再现英语交际场景，实现远程面对面体验式英语学习，利用技术为学生提供具有丰富的视觉和听觉效果的体验，在动态仿真英语口语学习的环境中强调学生的参与性、互动性和知识的共同建构。此外，为加强学习效果，教师要求学生根据上课内容在网络平台上搜取音频、视频资料，根据自己的能力和需求练习

---

① 此活动源于该校中美校际合作研究项目"基于中美高校合作的大学英语虚拟教学环境的构建与实践"。

口语。

课堂观察后,笔者访问了教师 Y 和学生 S,听取了他们关于如何利用校本教材和虚拟环境平台练习英语口语的想法:

> 教师 Y:本课程课内外相得益彰的教学设计使英语口语学习中多模态的输入和输出成为现实。英语原版电影片段为学生提供了有效的英语口语输入和输出渠道。"第二人生"(Second Life)虚拟环境平台实时在线交流向学生呈现了诸如听觉的、视觉的甚至触觉的多种体验和多重感官刺激,为学生提供了声、像、图、文环绕的交互式训练语境,建构了立体式学习环境,促进老师与老师、学生与老师、学生与学生、学生与社会人之间的多模态互动,使学生获得交际意识和增强口语表达能力。

> 学生 S:英语口语学习需要一个全真的社交环境来摆脱传统课堂教学的束缚。本课程使用教师 Y 参与编写的校本教材,让我们通过英语电影片段与不同文化背景、不同社会习俗和不同母语背景的英语本族语使用者进行跨越时空的交流。由此,我们获得了对英语口语学习的兴趣,激发了我们学习英语口语的主动性,也提高了我们口语表达的地道性和流畅度。

# 第四节 大学英语立体化教材
## 应用框架的构建

当今外语教学的显著特点和发展趋势是以有意义的语言交流为基础,用外语学习知识和获取信息。与此相关,对于教材的编写及其作用，也有了新的认识。教材不再被看作是教与学的唯一依据，而是一种教学资源，教师和学生都可以从中发现可以促进语言能力增长的素材用于英语教学和学习。立体化教材更是如此，它借助信息技术手段网罗内容多元、形式多样的学习材料形成语言学习资源综合体，这要求教师应创造性地使用教材。因为，无论教材有多好，都不会完全适应每一个学生或教师，总会有这样或那样的问题。作为学生，应该认可立体化教材在大学英语学习中的积极作用，并努力适应它给自己的英语学习带来的变化，如学习资源的广泛化、学习环境的逼真化和师生角色的重新定位；增强自主学习意识，提高自主学习能力。作为教师，若认为立体化教材内容或编排对学生不适合，应该能通过立体化教材"再设计"寻求解决办法，如收集、挑选、调整、加工语言学习信息或删减、替代、补充、改编语言学习素材等。"尽管选择教材是教学中的一个重要步骤，但是教师对所选教材进行创造性的使用才是最重要的"（Harmer，2007）。因此，立体化教材的合理使用对有效促进当前大学英语教学质量的提高有显著意义。为从根本上掌握立体化教材应用于大学英语教学的理念和实践，在前述基础上，本研究构建了大学英语立体化教材应用框架，如图5-3所示。

该框架从四个维度来综合考虑大学英语立体化教材的应用问题：

（1）学生与立体化教材的使用：依托立体化教材的大学英语学习是在教师指导下的、以学习者为中心的学习。立体化教材的优势在于学习资源的丰富和学习环境的逼真，这有助于学习者实现投入的、有意义的学习；立体化教材加速了技术与课程的整合，从而大大提高了英语学习内容的真实度，推动了英语学习方法的革新，情境化、问题化、任务化和多维化的学习被广大学习者采纳，促进了

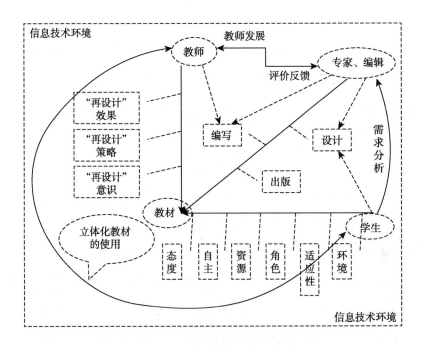

**图 5 - 3 大学英语立体化教材应用框架**

其语言能力和学习能力的共同发展。

(2) 教师与立体化教材的使用:在立体化教材构建的自然、真实的语言学习环境里,学生是意义的主动建构者,教师是意义建构的帮助者与促进者,而不再只是知识的传授者与灌输者。立体化教材在支持学习者学习的过程中成为师生互动的"桥梁"或"中介",教材"再设计"有益于这种关系的巩固和发展。教师运用"再设计"策略最大限度发挥立体化教材的作用,引导学习者投入学习,适应技术带来的全方位变化。

(3) 教材编写者与立体化教材的使用:教材设计、编写专家在设计、编写和出版立体化教材的过程中始终处于与教师和学生进行多向互动的状态。一方面,调查和掌握学习者的学习需求(包括内容、形式、技术等诸方面的需求),并对这些需求进行分析,从教材与学习者需求的匹配程度去检测教材的适用性，用于指导教材的设计；另一方面，教师在大学英语教学中获得的关于立体化教材使用的反馈信息给教材编写者提供了理念和实践的参考，教材编写者也通过搭建与教师互动交流的平台使其更加明确教材设计、编写的目的、要求、形式、结构以及技术运用等，促进教师教学能力的发展。

（4）立体化教材应用观："从教材中学习"或"用教材学习"是两种不同的立体化教材应用观。立体化教材促进大学英语教学实现教学内容的呈现方式、学生的学习方式、教师的教学方式和师生互动方式等方面的变革，充分发挥信息技术的优势，为学生的学习和发展提供丰富多彩的学习资源和先进、有效的学习工具。这也符合Harmer（2007）指出的成功外语课堂要有三个基本要素的观点，即投入（engage）、学习（study）和运用（activate）。

本章对《大学英语立体化教材应用情况调查》学生问卷和教师问卷分别做了定量和定性的分析和讨论。首先，本章从学生问卷的统计结果中抽取出影响大学英语立体化教材使用的六个主要因子：学习态度、学习者自主、学习资源、学习者角色、学习适应性和学习环境，并对六个因子进行了比较，结果显示：影响大学英语立体化教材使用的六个主要因子并不均衡，在"对立体化教材的态度"上表现出较高水平，在"立体化教材与学习环境"上表现出较低水平。其次，本章对教师问卷所得结果进行了描述分析，从教师在课程实施过程中对教材进行"再设计"的意识、策略和效果等三个方面考察立体化教材在大学英语教学中的应用情况，并逐一做了说明。最后，基于上述分析，本章构建了大学英语立体化教材应用框架，从学生、教师、教材编写者和教材应用观四个维度来综合考虑大学英语立体化教材的应用问题。总之，立体化教材的开发与应用要坚持理论与实践相结合，积极研究、探索和践行信息技术环境下大学英语教学理论、观念、内容、模式和方法的改革和创新可以有效推动立体化教材应用效果的显著提高。

# 第六章 研究反思:校本课程设计与外语能力发展

基于外语课程与计算机网络的全面整合,立体化教材以大量、真实的音视频资源和立体、互动的英语学习环境提醒大学英语教师要改变原有的教学思想,打破旧的教学模式,树立以学生为主体、教师为主导、发展为主线的教学观,真正把学生能力发展作为大学英语课程的最终目标并为实现这一目标进行有效教学。倡导现代学习理念的立体化教材通过为英语学习提供整体方案并创造崭新体验来全方位服务于大学英语课程的设计和学生外语能力的发展。本章在对大学英语立体化教材应用情况进行广泛调查的基础上,结合对问卷、访谈和课堂观察结果的系统分析,从大学英语课程设计和学生外语能力发展等角度反思当前的大学英语教学。

## 第一节 课程设计:校本化

立体化教材的推广和应用改变了大学英语课程单一化设计的模式,转向发展校本特色,适应和满足学校、教师和学生个性化的需求。Graves（2000：3）指出，语言课程设计是非线性、无序列的，课程构成要素相互关联，具有系统性，需求分析（assessing needs）是整个系统中的第一要素，它与其他各要素之间是"影响与被影响"的关系，改变一个要素即改变了整个系统。该系统中教材发展（developing materials）也是重要要素之一，通过组织材料和活动使学生实现学习目的进而达到教学目标。立体化教材不拘泥于教材内容和不限于课堂环境的特点为满足学生需求提供了有利条件，依托立体化教材开发大学英语校本课程是可行的。

## 一 课程校本化设计模型

《大学英语课程教学要求》（2007）明确要求："鉴于全国高等学校的教学资源、学生入学水平以及所面临的社会需求等不尽相同，各高等学校应根据本校的实际情况，制订科学、系统、个性化的大学英语教学大纲，指导本校的大学英语教学"。随着大学英语教学改革的深入，校本课程开发必将成为提升高等学校英语教学质量的有效途径之一。校本课程（school-based curriculum）是在学校本土生成的，既能体现各校的办学宗旨、学生的特别需要和本校的资源优势，又与国家课程、地方课程紧密结合的一种具有多样性和可选择性的课程（廖哲勋，2004）。地区间和高校间的差异性其实远大于其相似性，统一的大学英语课程设计模式难免会忽视不同学校的个性化发展需求，与学校定位不相适应。立体化教材可以提供多套大学英语教学方案，通过对本校学生的实际需求进行科学评估，充分利用地区和学校的课程资源，开发独具特色的隐性课程，与显性课程有机结合，构建起一个立体化的课程结构体系。同时，人本主义教育理念认为教育应以学生为出发点和归宿，尊重他们的自然发展规律，满足他们的个性化发展需求，帮助他们挖掘个性和潜能、发展能力和素养。因此，大学英语教学也正在经历学生能力培养转向，即在传授语言知识与技能的同时，更加注重培养学生的语言实际应用能力和自主学习能力。立体化教材利用技术和资源优势延展课堂教学的空间，确保学生获得充足的自主性进行自我提高，总体上为学生掌控自己的学习提供可能，从根本上解决目前大学生英语学习内在动机不足、自主学习能力差和学习"费时低效"等问题。

在当前大学英语教学实践中，以教师、学生为主体自主开发校本课程受投入和体制的双重制约，因此，在既有课程基础上实现大学英语课程校本化是实现高校外语教育与学校和学生个别差异相互适应的有效途径。"课程校本化"是指学校内部基于学校校情、教师教情以及学生学情的立场对国家课程和地方课程所做的教育教学之转化、消化，更强调其适用性和特殊性，而不是传统意义上的课程执行与授受的统一性和普适性（黄春梅、司晓宏，2013）。这也符合Nation & Macalister（2010）语言课程设计内外环模型的基本原则。他们的语言课程设计模型由三个外环和一个内环组成（如图 6 - 1 所示），内环以教学目标为核心（goals），关注教学内容（content and sequencing）、教学方式（format and presentation）与教学评估（monitoring and assessing），外环关注原则（principles）、需求（needs）和环境（environment），内环加外环构成了课程，并以评估（evaluation）贯穿整个系统。这一模型适用于大学英语校本课程设计，体现动态性的课程校本化过程，即依据学生的实际需求确定教学目标，安排实用的教学内容，采用相应的教学方式和评价方式，并创设有效的教学环境。大学英语课程校本化过程使整个课程设计系统更具灵活性，其核心原则是"目标导向原则"，适时根据学校和学生的情况变化对具体教学内容、方式和环境等进行动态调整,以实现课程目标（刘捷等,2005）。

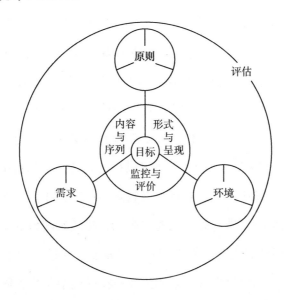

**图 6‑1　语言课程设计模型（Nation & Macalister,2010：3）**

## 二　立体化教材与校本课程设计

依托立体化教材设计大学英语校本课程与传统大学英语课程设计模式的不同之处主要体现在以下几个方面:

(1) 菜单式学习资源:在信息技术与课程深度整合的背景下,学习资源的功能"不应当仅仅局限在追求教学内容的数字化与呈现传递上,它还应具备教学活动理论系统中的'中介'作用,为学习者的学习行为提供相应的认知支持工具"（孙方等,2013）,"其设计与共享已经从关注学习对象转向关注学习活动支持,强调学习资源对教学策略、过程和方法的支持作用"（余胜泉等,2009）。立体化教材包含丰富的数字化英语学习资源供学生依据自己的需要选择,且保持不断更新以保证学习素材有较强的针对性和先进性,充分满足学生的学习兴趣。

（2）泛在式学习环境:如今,信息技术已经成为我们赖以存在的环境,改变着从生活到学习的方方面面。"技术作为工具,主要实现的是教学内容呈现方式的变革;技术作为环境,力图达到的则是学习方式的转换。一方面,信息技术环境的时空延展性是教学重构的基本前提。另一方面,信息技术环境的强交互性是教学重构的实现方式"(于翠翠,2018)。学生可以根据自己的实际情况,在相对随意的时间与场所里完成立体化教材规定的英语学习任务,利用无处不在的网络超越课堂教学的时空限制,让随时随地的学习成为可能,课堂教学与学生学习的时间和空间界限不再那么分明。

（3）个性化学习方式:立体化教材在提供给学生无限丰富的学习内容和无限拓展的学习资源的同时也改变了传统的课堂学习方式,校内资源与校外资源、现实环境与虚拟环境、自主学习与合作学习,相互融合,相互作用,形成一套个性化大学英语学习解决方案。立体化大学英语教材的一大特点是可以提供基于"大数据"的个性化学习服务,即"每一个学生在整个学习过程中对全部学习内容的所有学习行为都能被自动记录下来,汇集成'学习大数据'",这些数据既能帮助教师及时反思和调整教学计划和方法,也能帮助学生考察和分析自己的学习方式、学习效果、学习策略等,认识到自身的优劣势,并通过系统精准的个性化推送服务,使学生能够及时调整学习方法、合理安排学习时间和内容、提高学习效率(鲍敏、李霄翔,2017)。

基于 Nation & Macalister（2010）的语言课程设计模型,结合上述三方面阐释,立体化教材在大学英语校本课程中的应用可以概括为如图 6-2 所示的模型:

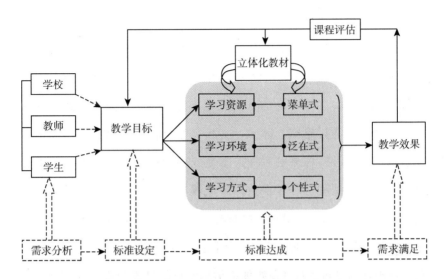

**图 6-2　立体化教材在大学英语校本课程中的应用模型**

　　成功的大学英语校本课程范例少之又少，校本教材建设也十分缓慢。在本著作第五章中提到的山东某省属高校大学英语口语课程和该课程使用的自编校本教材有一定特色。该教材的编写本着"听说并重、口语领先"的理念，以主题为中心，以任务为基础，为学生提供真实的英语环境，训练和提高学生听和说的技能。该教材每个单元一个主题，每个主题均以一部英语电影的多个片段为视听输入，经过听力练习内化后，配以丰富多彩的适应大学生价值取向和心理特征的口语活动，以达到口头输出的目标，其听说训练任务形式多样，实用性和趣味性强。该教材含传统纸质图书、电影片段光盘、教学课件、教学录像、课程网站和教学网络平台。教学提倡"课前引导＋课堂检查"模式，即学生在教师指导下借助该教材提供的立体化教学辅助资源，如电子教案、教学录像等，进行课前自主学习，教师在课堂上进行检查；同时，网络课程资源为学生创造多人在线交互场景、目的语课堂虚拟场景、目的语虚拟社会场景等学习环境为大学英语视听说教学朝着情景化、协作化、自主化、多元化和个性化方向发展夯实基础。具体而言,课堂教学中师生共同对教材进行"再设计",依托任务型语言教学模式(Task-based Language Teaching,TBLT)加工英语电影的真实语言素材,让学生在多媒体环境下通过感知、体验、实践、参与和合作等方式实现立体化教材"再设计"任务的目标,感受成功的语言学习过程,搭建大学英语"显性课程"教学平台;课堂教学外学生组成学习者工作坊(Learner Workshop,LW),同时与美国英语本族语使用者在"第二人生"(Second Life)虚拟环境平台指定区域互动交流,利用立体化教材、虚拟环境平台以及其他媒体提供的海量信息资源模拟真实语言交际环境,搭建大学英语"隐性课程"教学平台,并以此形成"第二课堂",拓展大学英语学习空间。在多模态、多媒体、多环境集成型教学模式下达到课堂内外高度互动,以教材"再设计"弥补传统教学环境的缺陷,最终形成个性化的大学英语校本课程(如图6-3所示)。

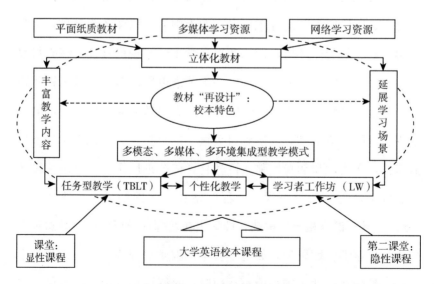

图6-3 基于立体化教材的大学英语校本课程设计模式

# 第二节　外语能力:多维发展

发展学习者的外语能力可视为语言学习的手段,而不仅仅是目的。随着立体化教材应用于大学英语教学,语言学习者的能力构成趋向多元化,他们的个人综合能力、语言能力、交际能力、学习能力、创新能力等呈现多维发展态势,互为补充,互相促进。大学英语立体化教材的设计与编写充分重视学习者的能力培养,但是否能在学生外语能力发展过程中起到关键作用要取决于教师和学生对立体化教材的合理使用。因此,构建能力本位的大学英语教学体系,利用立体化教材的资源、环境、媒体等优势优化课程结构和能力培养结构,对发展学生多维外语能力有积极作用。

## 一　外语能力的内涵

不同视角下外语能力的界定是不尽相同的。戴曼纯(2002)厘清了理论语言学界和应用语言学界对外语能力定义的分歧:理论语言学家往往以第一语言(母语)为研究对象,试图探索人类语言的共同本质;应用语言学家(包括母语教学和第二语言教学的专家)则研究现实中语言能力有明显差异的个体。举例来说,Bachman & Palmer(1996)对外语能力的界定比较符合理论语言学界对它的认识。他们认为外语能力主要由语言知识和策略能力这两大部分组成,语言知识这一部分包括结构知识和语用知识,策略能力主要包括目标确定能力、估计衡量能力和策划实施能力。《欧洲语言教学与评估共同纲领》(Common European Framework of Reference for Languages: Learning, Teaching, Assessment,简称 CEFR)对外语能力的界定更加符合应用语言学界对它的认识。它从一般语言能力和语言交际能力两方面界定了学习者的外语能力。一般语言能力包括语言知识、语言技能、语言个性和学习能力;语言交际能力包括语言能力、社会语言和语用能力(刘骏、傅荣,2008:97)。韩宝成、常海潮(2011)对比中外外语能力标准后发现,美国的外语能力标准主要从语言知识和语言技能两个维度对语言能力进行描述,欧洲和加拿大的外语能力标准以交际语言能力理论为理论基础,聚焦于完成语言活动的能力维度,国内的外语能力标准则集中于各级各类《课程标准》《教学大纲》《教学要求》等。

制定全国统一的语言能力标准的呼声始终存在(方绪军等,2008;鄢家利,2008),但就目前我国外语教学的具体情况来看,应该考虑各地区的不同需要、不同的教学资源和不同的学生水平,制定不同的外语能力目标与要求,不搞一刀切。文秋芳等(2011)指出,我国对外语资源的规划通常以政府颁发文件的形式出现,从20世纪50年代至今,由政府颁发的正式文件达十多个。就大学英语教学而言,从1962年我国颁布第一部公共英语教学大纲到2007年教育部在全国范围内推广实行《大学英语课程教学要求》再到《国家中长期教育改革与发展规划纲要(2010—2020年)》的制定与实施,外语能力的内涵经历了一系列的变化:

(1)1962年我国颁布的第一部公共英语教学大纲。该大纲提出的教学目标是"为学生今后阅读本专业英语书刊打下扎实的语言基础",唯一的教学要求是阅读,如掌握阅读一般科学技术书籍所必需的语法知识,能借助字典独立阅读一般技术书籍并能正确译成汉语等。

（2）1985 年出版的《大学英语教学大纲（理工科用）》和
1986 年出版的《大学英语教学大纲（文理科用）》是新中国成立
之后的第一部完整的大纲。大纲规定"大学英语教学的目的是
培养学生具有较强的阅读能力，一定的听和译的能力，初步的
写和说的能力，使学生能以英语为工具，获取专业所需要的信
息，并为进一步提高英语水平打下较好的基础"。

（3）1999 年推出的《大学英语教学大纲（修订本）》主要特
点如下：大纲不再分文、理科，两份大纲合并成一份；不再说
明是针对重点大学，教学对象改为全国各类高等院校的本科生；
强调"因地制宜，分类指导"；提出大学英语"四年不断线"原
则，要求在大学三、四年级开展结合所学专业的专业英语教学；
第一次把大学英语四级定为全国各类高校均应达到的基本要求；
大纲第一次提出要积极、大力推广合理使用网络和多媒体课件
的教学手段。

（4）《大学英语课程教学要求》（2004 年试行版和 2007 年修
订版）指出，大学英语的教学目标是培养学生的英语综合应用
能力，特别是听说能力，使他们在今后的学习、工作和社会交
往中能用英语有效地进行交际，同时增强其自主学习能力，提
高综合文化素养，以适应我国社会发展和国际交流的需要。

（5）《国家中长期教育改革与发展规划纲要（2010—2020
年）》提出"坚持能力为重，强化能力培养，着力提高学生的学
习能力、实践能力、创新能力"的教育、教学新要求。

## 二　立体化教材与外语能力的多维发展

外语能力内涵的变化反映的是我国大学英语教学目标和高校人

才培养目标的变化,即我国大学英语教学发展需求的变化。金立贤等(2005)在对大学英语教学发展需求(如图6-4所示)做了分析后指出,学生的外语能力应该包含创新能力、思考能力、情感理解与表达能力、跨文化交际与社交能力、自学与采用多种学习方式和有效学习策略能力等方面,并对适应大学英语教学发展需求的教材提出的新要求。学生外语能力培养与教材有密切关系。隋晓冰、周天豪(2012)通过对我国高校普遍使用的大学英语教材进行分析,发现教材对学生语言技能的重视远远胜过其他能力(如对创新思维能力的培养得不到体现),教材与学生外语能力的培养要求之间尚有不小差距。大学英语立体化教材既注重语言技能的综合教学,又依托多媒体网络资源设计学习内容和任务培养学生创新思维能力,从语言教学过程中培养学生认识问题和解决问题的能力,尤其是在充分发挥现代信息技术功能的前提下,在外语教学中把语言技能培养和创新能力培养有机结合起来。

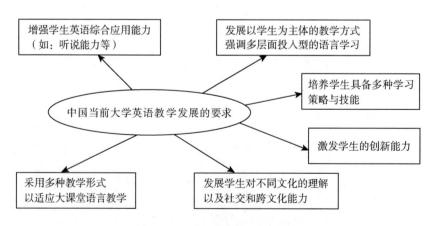

图6-4 大学英语教学发展需求分析(金立贤等,2005)

基于对外语能力内涵的梳理,笔者以内隐能力和外显能力为两个支点形成本研究外语能力的概念框架(如图6-5所示)。内隐能力包括语言学习能力、实践能力和创新能力，外显能力包括语言综合应用能力和综合文化素养。在使用立体化教材进行的大学英语教学中，学习者的语言学习能力随着学习态度的积极转变和学习者角色的准确定位得到提高，体现在学习者优化学习方式、适应学习环境和整合学习资源等几种能力上。语言实践能力是建立在课堂教学与独立交际之间的"接口"（李同路，2012），其核心是在课堂教学基础上，学生系统掌握在真实语言环境中与人进行交流的能力，体验听、说、读、写、译等在语言交际中的自然运用。语言体验将创新人才培养目标按照外语语言习得的客观规律进行分解，并形成有机整体，构成一个科学、系统的实践教学体系，实现创新型人才所需要的创新思维能力与解决实际问题的实践能力的增强。语言学习能力、实践能力和创新能力共同构成学习者内隐语言能力。语言的主要功能在于交际，外语作为一种交际的工具，不交际、不运用，不可能学好语言。到了一定阶段，外语学习必须同其他知识的学习结合起来，成为汲取其他知识的一种工具（蔡基刚，2003）。大学英语课程在通识教育中的角色和任务是：传授社会科学、人文科学领域中一般性的具有引论或概论性质的普及性知识，特别是包括英语国家文化在内的西方文明（陈坚林、顾世民，2011），即综合文化素养。语言综合应用能力和综合文化素养共同构成学习者外显语言能力。在大学英语教学中，立体化教材的内容和形式共同作用于学习者外语能力的提升，即以立体化教材的多媒体网络资源为核心，以信息技术环境为支撑，多维度培养学习者外语能力。

从反思大学英语立体化教材应用现状出发，落脚于推动当前大学英语教学向"内涵式发展"转变，本章提出依托立体化教材内容体系和呈现方式的优势，促使大学英语课程由"一体化设计"转向

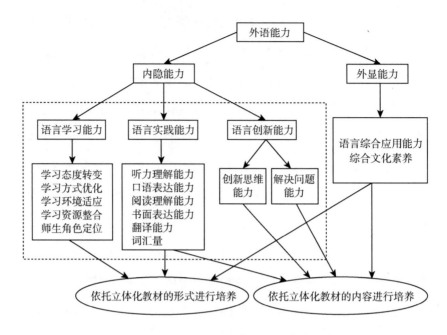

**图6-5 基于立体化教材的外语能力概念框架**

"校本化设计",综合发展学生的外语能力。开发基于需求分析的大学英语校本课程是把学生的需要、兴趣、能力和已有的经验作为课程开发的出发点并以此确定课程的目标、内容和方法的过程,充分考虑了学生个人之间的差异,使学生的学习从单向接受变为双向互动,有利于学生能力尤其是学习能力的培养。立体化教材易于进行教学内容和教学方法调适的特点使其与大学英语校本课程的结合相得益彰。根据学生实际需要和水平,立体化教材适时补充与调整学习内容,更新教学方法,教学方法和手段的选择既符合教学内容的要求,又符合学生的实际。它强调把课堂教学向课外和社会实践延伸,增强学习者学习需求和目标需求的关联性,以"学用结合、能力为本"的理念培养学生的外语能力,最终实现学生的全面发展。

# 第七章 结论

## 第一节 本研究的主要结论

本著作从学生和教师的双重视角对大学英语立体化教材的使用进行了理论探讨和实证研究。从信息技术与外语课程整合背景下我国大学英语立体化教材的缘起和演变历程出发,本著作提出"构建大学英语立体化教材应用框架"的研究目标。针对这一目标,本著作主要围绕大学英语立体化教材的内涵理解、应用现状及其发展趋势等三方面内容展开论述,以思辨研究与实证研究相结合的方法,回答了(1)如何界定和理解大学英语立体化教材,(2)学生和教师如何更加有效地利用大学英语立体化教材和(3)立体化教材如何促进大学英语课程和学生外语能力的发展等问题,得出结论和形成观点总结如下:

### 一 大学英语立体化教材的内涵

外语教材在学习理论的指导和信息技术的介入下发展迅速,教材形式从平面型到立体化的转变过程中,教材的内涵也发生了很大变化。基于本著作从显性的物理表征和隐性的课程架构两个方面对立体化教材的界定（见第二章），笔者认为，大学英语立体化教材的内涵可以从教材本身、教材与课程以及教材与人才培养三个方面来解读（见第三章）：

第一，大学英语立体化教材集纸介质教科书、音像制品、电子制品和网络教学平台等为一体，通常配有主教材、教师手册、多媒体助学光盘、教学录像、电子教案、教学网络系统和专门的资源网站，为师生提供完整、多元、个性化的外语教学和学习平台，它重视计算机和网络技术等现代教育手段的运用，以计算机和互联网为支撑平台，但并不意味着立体化教材就是传统平面教材与信息技术的叠加。因此，大学英语立体化教材不是纸介质教科书、音像制品、电子与网络出版物的集合，而是对大学英语教学内容、教学资源和教学服务进行多媒介、多形态、多层次的整合。

第二，立体化教材是在分析社会、学校和师生需求的基础上设计、编写而成的大学英语课程体系的载体，它为大学英语课程构建了多媒体、多模态教学环境，促进了学生学习方式的转变。因此，立体化教材是学生在教师引导下获得英语应用能力和形成自主学习能力的最佳媒介和手段。立体化教材的出现引起了大学英语课程要素一系列的变化，最主要的就是课程资源由过去单一化纸介质教材发展成为文本教材、电子教材和多媒体网络教材等立体化教学资源结合体和课程环境由过去失真的课堂学习环境发展成为逼真、自然的语言交际环境。正是这些变化拓展了大学英语课程结构，由此实现了大学英语教材与教学的有效整合。

第三，较之传统教材，立体化教材能更加有效地实现大学英语课程目标和高等教育人才培养目标。一方面，大学英语立体化教材迎合《大学英语课程教学要求》（2007）对学生英语能力的三层次要求（一般要求、较高要求、更高要求），形成多册多本的教材体系，且以多种资源强化学生的英语语言知识与应用能力的训练，教师和学生皆可以按照各自需求选择、加工和使用教学材料；另一方面，大学英语立体化教材在培养学生的创新精神和实践能力方面优于传统教材。立体化教材改变单向的"讲一听"教学模式，采取灵活多样的教学组织形式和现代化教学手段鼓励学生去发现问题、提出问题、解决问题，通过质疑、解疑，让学生具备创新思维和创新能力。立体化教材通过构建起学生进行课外自主探究的开放式语言学习平台促进教师指导下的学生自主学习氛围和环境的形成，学生的学习能力由此得以发展。

## 二 大学英语立体化教材的应用

本研究分别从学生和教师的角度寻找影响立体化教材使用的因素，从而审视和分析立体化教材在大学英语教学中的应用现状，并有针对性地提出建议以提高教材使用的有效性。本研究主要采用问卷调查、访谈和课堂观察等方法进行实证研究。在理论挖掘和先导研究的基础上完成《大学英语立体化教材应用情况调查问卷》（分为学生问卷和教师问卷）、访谈提纲和课堂观察系统的设计，在国内十一所不同性质、不同层次的高校中选取七百余名师生展开调查（见第四章），并从定量和定性两个角度对大学英语立体化教材应用情况调查问卷的结果做了分析和讨论（见第五章）。一方面，从学生问卷的因子分析结果中抽取出影响大学英语立体化教材使用的六个主要因子，分别是：学习态度、学习者自主、学习资源、学习者角色、学习适应性和学习环境。比较六个因子的水平可以看出它们的发展并不均衡,大学生普遍在"对立体化教材的态度"上表现出较高水平,在"立体化教材与学习环境"上表现出较低水平;另一方面,以描述统计方法分析了教师问卷的结果,从教师在课程实施过程中对教材进行"再设计"的意识、策略、效果以及遇到的困难或存在的问题等角度考察了立体化教材在大学英语教学中的应用情况,并逐一做了说明。基于上述两方面的分析,笔者构建了大学英语立体化教材应用框架,从学生、教师、教材编写者和教材应用观四个维度来概括立体化教材在大学英语教学中的应用。这一框架的构建也从根本上厘清了教材编写者与教师、学生两大使用主体以及教材设计与教材使用之间的关系。

## 三 立体化教材与课程设计及能力培养

当前大学英语教学紧跟现代信息技术的发展潮流,立体化教材的应用愈加广泛和深入,其中所反映出来的问题不仅仅存在于教材使用的层面,而是已上升到课程设计和人才培养的高度(见第六章)。大学英语立体化教材应利用信息技术的优势在课程设计校本化和学生多维外语能力培养上下功夫。本研究认为,立体化教材在大学英语课程校本化转向过程中扮演着重要角色,主要体现在以下几个方面:(1)菜单式学习资源供学生依据自己的需要选择针对性较强的学习素材;(2)泛在式学习环境让学生依据自己的规划随时随地地学习英语;(3)个性化学习方式为学生形成一套个性化大学英语学习解决方案。同时,本研究基于对外语能力内涵的梳理形成外语能力概念框架,以内隐能力和外显能力为支点,内隐能力包括语言学习能力、实践能力和创新能力,外显能力包括语言综合应用能力和综合文化素养。大学英语教学实践以多媒体网络资源和信息技术环境为支撑多维度培养学习者外语能力就是要使立体化教材的内容和形式共同作用于学习者外语能力的发展。与传统纸质教材不同，立体化教材应用于大学英语教学更加能够满足教师和学生的需求，适应学校的教学条件。因此，在充分考虑学习者需求的基础上，利用网络和多媒体技术对立体化教材的支持，构建个性化的大学英语教学模式，形成"课内与课外、线上与线下、自学与面授、学习与运用、继承与创新"等一系列以学生为中心的学习方式，达到最佳教学效果，从而有效提高学生的外语能力。

## 第二节　本研究的创新点

本著作在解读学习理论与外语教材关系的基础上，考察大学英语教材的演变历程及大学英语立体化教材的缘起和发展，结合信息技术与课程整合的理论背景理解立体化教材的内涵，以问卷调查、访谈和课堂观察等方式找出并阐释影响大学英语立体化教材使用的因素，总结其在大学英语教学中的应用现状，并从该现状出发，对立体化教材如何影响大学英语课程校本化设计和学生外语能力多维度培养进行反思。本研究的创新之处主要包括：

第一，研究视角有创新。我国高等教育界历来重视教材建设，高校英语教材（特别是大学英语教材）已经走过了六十余年的发展历史。但与大学英语教学研究的其他方面相比，教材研究相对薄弱，立体化教材研究更是亟待加强。随着信息化教育普及程度的不断提高，立体化教材已经成为传播知识、传授技能、提高学生学习能力的有效手段，从而成为教材研究中不可或缺的重要内容。目前立体化教材在大学英语教学中应用广泛，但学界对它的研究还需加强。

作为语言教学材料，大学英语立体化教材研究既要适合具有普适性的教学、学习理论，又要兼顾与外语教与学息息相关的语言学、跨文化交际理论，还要把它置于信息技术与外语课程整合的大背景之下。本著作将上述三方面理论与大学英语立体化教材应用实践相结合，体现了大学英语课程与其他课程的本质差异，突出了高等学校外语教学的特色，始终把立体化教材的应用如何服务于大学英语课程的建设作为研究的出发点和落脚点。

第二，研究内容有创新。外语教材研究的主题大致包括教材发展史、教材设计与编写、教材介绍与述评、教材评估和教材使用等，其中，针对教材使用的研究偏少。现有教材使用研究中，教材的选择、教材使用效果的评述以及微观语言现象在教材中的体现与处理等受到较多关注，但从教师和学生角度考量如何创造性地使用教材的研究并不多。立体化教材的使用较之传统教材有很多不同，诸如多形态教学资源的整合、多媒介教学手段的运用、计算机和网络平台的支撑等方面都需要做系统研究。本著作聚焦学生和教师对大学英语立体化教材的使用，挖掘和分析影响他们使用立体化教材的因素，并在此基础上构建大学英语立体化教材应用框架，继而以此框架指导大学英语课程的校本化设计和学生外语能力的多维度培养，设计适合于多元化语言教学的新方案，促进大学英语课程的内涵发展。

第三，研究方法有创新。本著作采用融合使用定量研究和定性研究方法与技术的混合研究方法。定量研究是以问卷调查为数据采集的主要手段，了解学生和教师对大学英语立体化教材的使用情况，找出影响因子，分析因子与整体以及各因子间的相关性；定性研究的数据采集手段包括文献综述、访谈、课堂观察等，具体包括：采用文献法阐释学习理论观照下和信息技术与课程整合背景下的教材观，从中梳理立体化教材缘起与发展的脉络；思考相关文献并结合访谈理解立体化教材的内涵；采用历史研究法总结大学英语教材演变的历程，评述不同时期大学英语教材的发展；采用观察法、访谈法和案例分析法描述和分析大学英语课堂内外学生、教师使用立体化教材的过程和效果；采用思辨法阐释立体化教材促进大学英语课程发展和学生外语能力培养的优势。大学英语立体化教材使用研究是实践性强于理论性的研究，需要大量实证研究数据归纳其现状，再与理论研究相结合揭示原因、展望规律，这样所得出的结论会更加科学与准确，能有效解决大学英语教学的具体问题从而指导语言教学实践。

# 第三节 本研究的局限

本著作是一项针对大学英语立体化教材使用的调查性研究，其资料数据的采集和记录偏重于客观事实的静态描述，研究者寻求对立体化教材使用的总体特征做出回答，并有针对性地处理与事实性问题密切相关的第一手资料。由于受个人研究能力与视野所限，难免存在如下不足：

## 一 关于研究工具的设计

本著作的主要研究工具是针对学生和教师分别设计的《大学英语立体化教师应用情况调查问卷》，两份调查问卷虽借鉴了前人研究的相关成果，多数维度的设置和题项的编写仍系研究者自制，虽经信度和效度检测达到大规模发放的要求，但问卷的总体结构和个别题项内容的语言表达仍需推敲。此外，本著作的其他研究工具如访谈提纲和课堂观察系统也存在细化、提升的空间。访谈提纲注重事实的搜集，在"为什么"和"怎么样"上探究不够；课堂观察系统的设计过于烦琐，力求面面俱到，但使用后发现未能抓住核心问题，切中要害，特别是在发掘未知的教学细节方面考虑不够。

## 二　关于研究结果的讨论

本著作的研究数据由问卷调查、访谈和课堂观察等方法采集，对这些数据的整理和呈现主要采用描述性统计，其中的逻辑脉络未能清晰把握，研究者的分析居多，缺少引用相关研究进行讨论，对研究问题回答的适切性有待增强。具体来说，学生问卷所得结果经因子分析后若能继续采用相关分析等其他推断性统计方法来说明学生的人口统计学变量特征（如性别、地域或学校层次等）与他们使用立体化教材行为与效果的相关性则会使本研究更完整；同样，教师的学历、职称或教龄与他们对立体化教材进行"再设计"的行为与效果之间的相关性也值得研究。此外，就学生问卷结果的分析与讨论而言，研究者对提取的六个因子（学习态度、学习者自主、学习资源、学习者角色、学习适应性和学习环境）进行了横向比较，但缺少对每一个因子的纵向挖掘，即每个因子所反映出的被调查者的行为以及心理状况值得归纳。

## 三　关于研究反思

本著作在分析和讨论研究结果的基础上，从校本课程设计和外语能力培养两个方面反思立体化教材应用于大学英语教学的现状。"校本课程"和"外语能力"是当前外语教学理论与实践领域的研究热点，立体化教材与二者的结合与学习者需求紧密相关。校本课程的设计和外语能力的培养都离不开对学习者需求的分析，而立体化教材支持的大学英语教学可以依据学习者的实际需要和水平做出调整和改变，以适应和满足学习者多样化的需求。但从教学实践的角度来看，仅仅依靠立体化教材来完成大学英语课程校本化设计和实现全方位培养学生外语能力的目标是不够的，且如何把立体化教材的应用转化成校本课程设计和外语能力培养的动因仍需深入的理论探究。同时，依托大学英语立体化教材进行的校本课程设计和外语能力培养的具体措施也未在研究反思部分细致论述。

# 第四节　未来研究展望

如前所述，受研究条件和研究者水平所限，本研究在研究工具的设计、研究结果的讨论等方面存在不足，因此，本研究也不能完全反映我国大学英语立体化教材应用的整体现状。未来的研究可以考虑选择更加成熟的工具、采用更加科学的方法、制定更加周密的计划对大学英语立体化教材进行更加深入的调查和研究。另外，在研究过程中，研究者发现并思考了与立体化教材相关的研究话题，如下所列：

## 一　立体化教材内容的"实用性"转向

推动大学英语课程内涵式发展，要突出大学英语教材内容的"实用性"，"从语言技能本体向内容进行转向，以内容为依托进行大学英语教学已成为学界的共识"（史光孝、赵德杰，2011）。因此，大学英语立体化教材要以具体语言实践活动为平台，融入专业或职业知识结构，改革教学内容，重构课程体系，超越传统的语言技能课程，即实现大学英语课程的"ESP化"。Dudley-Evans & St. John (1998：15-18) 对专门用途英语（ESP）的定义对当前的大学英语教学改革仍然具有启发意义："（1）ESP或许和某一特点学科有关；（2）教学中或许运用和通用英语不同的方法；（3）对象要有基本的语言基础，但也可以是初学者"。这一定义把 ESP 的教学重点放在学科中的语言交流能力而非内容，这也和国际 ESP 的发展趋势——从专门用途语言转向专门用途交际（黄大网等，2010）相互印证。

鉴于此，蔡基刚（2013）指出，"真正的专门用途英语教材重点是在语言，是训练学生特定学科里的语言能力而非传授学科内容和知识。在 ESP 教材中学科内容只是一个媒介，教材通过专业相关的主题来呈现专业特有的语言现象和特点，从而帮助学生掌握特定领域里的语言特点和交际能力的"。这就是说，大学英语立体化教材的内容体系也要反映一定专业或职业领域的语言特性和该领域典型的交际活动特性。立体化教材如何处理学习者需求的特殊性和大学英语教育的共通性、语言学习与专业学习、职业发展与学术发展等交互性关系是亟须研究的课题。

## 二 立体化教材使用效果的"有效性"转向

教材的使用效果是大学英语教学有效性的评估指标之一。"有效的课堂教学强调教师对教材的再开发和再利用，选取和挖掘与教学目标相匹配、与教学设计相适应的教学材料"（朱彦，2013）。实现立体化教材有效使用的途径有多种，但必须始终坚持学生接触目的语、激发和保持学生学习兴趣、创设使用目的语的机会等原则，并承认不同学生对不同刺激的差异性反应。这就是 Harmer（2007：51-

58）提出的有效外语教学应采取的"有原则的折中主义"（principled eclecticism）。

何善亮（2010）以学生能力发展为目标、以学生有效学习为中心、以建立生本课堂为途径构建了有效教学的实践框架，这为立体化教材在大学英语教学中的有效应用提供了理论参考。立体化教材运用多媒体进行教学，赋予了大学英语教学手段上的"有效性"。教学手段的"有效性"如何转化成教学结果的"有效性"？具体而言，大学英语立体化教材整合了教学资源，优化了教学环境，为学生实现有效学习创造了物质条件；通过音频、视频、图文、视听一体的场景，从多个角度对学生的感官形成刺激，加速和改善了信息解构与认知，为促进学生把学习中的外在体验内化为能力发展提供了可能；立体化教材的使用主体是学生，课堂内外的学习均以满足学生需求为中心，创设了"以生为本"的教学氛围。

## 三 支持立体化教材的现代技术的"常态化"转向

随着多媒体和网络等技术完全融入大学英语教学中，支持立体化教材的现代化信息技术和教育技术不再被视作独立的新事物。立体化教材的广泛使用使计算机信息技术不再仅仅承担辅助大学英语教学的任务，而是已经成为教学不可分割的一部分。技术支持的大学英语教学开始向个性化、整合式学习发展。但是，生硬的技术整合，不仅起不到促进作用，相反还会阻碍技术合理性的发挥，破坏教学生态的平衡，影响立体化教材的使用效果。

立体化教材应用于大学英语教学的过程中，教师和学生如何通过有效交互来调整现行教学活动，理顺大学英语课程体系内部的诸因素之间以及内部因素与外部环境之间的关系，从而实现技术的

"常态化"（normalization）（Bax，2003）是值得研究的课题。技术与课程的整合，既要体现技术的角色定位和作用，又要适应二者的生态化融合趋势，促进大学英语教学效果的大幅度提升。

大学英语教育走"校本化、内涵式"发展之路已是必然趋势。立体化教材的应用为大学英语课程实现基于学校、教师和学生需求的校本化设计提供保障，并在多媒体、多模态、多环境集成型教学模式下促进大学英语课程达到课堂内外学习的不间断，使学生的英语学习需求得到满足，并能够调动学生的积极性，发挥学生探究未知的积极性，增强创新实践的能力，从而提高学生外语能力的综合发展。从这个意义上讲，大学英语立体化教材就是要充分利用现代技术的强大功能，将先进的外语教学理念和方法落实到教材的使用中，在"兼容、动态、良性"的环境中实现计算机网络与外语课程的生态化整合。陈坚林（2015）指出基于大数据的外语教学三大优势，即：使个性化学习成为可能，能够真正践行以学生为中心的理念，使新型课程设计与混合式教学成为可能。大学英语立体化教材在设计理念和研发过程中与信息技术的深度融合，将全面影响和改变外语教学理论和实践。这对于全面提高大学英语教学质量、推动高校外语教育科学发展具有重要而深远的意义。

# 附录 1

**编者按：**

"立体化教材"指的是以课程教学为中心，以计算机和互联网为支撑平台，对教学内容、形式和服务进行多媒介、多形态、多层次整合的资源系统，包括纸质教材、多媒体教材包和基于互联网的教学网站等，通常配有主教材、教师手册、多媒体助学光盘、教学录像、电子教案、教学网络系统和专门的资源网站，为师生提供完整、多元、个性化的外语教学和学习平台（杨港，2013b）。当前，我国高校普遍使用的大学英语教材大都在纸质课本的基础上配有多媒体光盘、网络教学平台、试题库等立体化教学资源，因而被认为是立体化教材。

## 大学英语立体化教材应用情况调查
### （学生问卷）

**亲爱的同学：**

计算机和网络技术的发展对大学英语教材开发和建设提出了新的要求。目前，立体化教材在大学英语教学中已得到广泛使用，但其在实际使用过程中还存在一些问题。本问卷旨在了解您使用立体化教材进行英语学习的情况，调查数据仅用于研究，请仔细阅读题目后按照您的实际情况作答，答案无对错之分，不带有任何评价意义。

## 一 基本信息

1. 您所在的学校：

2. 您就读的专业及年级：

3. 您的性别：□男 □女

4. 您的年龄：

5. 您来自的省（市、区）：

## 二 根据您在立体化教材使用过程中的真实感受回答以下问题，请在相应位置打"√"

1. 您觉得自己是否已适应应用立体化教材进行的大学英语教学？

□已经适应 □正在适应中 □不太好适应 □不可能适应

（若对立体化教材及应用立体化教材进行的大学英语教学已适应，请直接进入本问卷的第三部分。）

2. 若对立体化教材不适应，您会有何反应？（可多选）

□焦躁不安 □有挫败感 □感觉很疲劳 □感觉被孤立

□缺乏安全感 □认为自己不适合使用立体化教材进行学习

□其他

3. 若对立体化教材持续不适应，您会如何做？（可多选）

□放弃学习 □自己鼓励自己，会慢慢适应

□重新选择传统教材辅助学习

□向老师、同学或其他渠道寻求帮助

□其他

4. 您觉得导致学习不适应的主要原因是什么？（可多选）

□学习观念变了（被动学习→主动学习）

□学习方式变了（教师为中心→学生为中心）

□学习环境变了（教材＋黑板→多媒体＋网络）

□面对大量多媒体和网络学习资源无法优化利用

□自主学习时间无法保证，自主学习能力不强

□自己的计算机网络运用能力不强

□学习指导者带来的障碍　　□教学组织、管理不当

□其他

### 三　请根据以下每句话与您的符合程度在相应位置打"√"，每题只选择一个答案，请不要多选或漏选

| 题项 | 基本不符合 | 不太符合 | 有些符合 | 基本符合 | 完全符合 |
|---|---|---|---|---|---|
| 1. 立体化教材的使用让我对英语学习的作用和价值有了新的认识 | 1 | 2 | 3 | 4 | 5 |
| 2. 与传统教材相比，立体化教材提供的学习环境和资源对我的英语学习有很大帮助 | 1 | 2 | 3 | 4 | 5 |
| 3. 在使用立体化教材的过程中，老师的指导对提高我的英语学习效果起到重要作用 | 1 | 2 | 3 | 4 | 5 |
| 4. 立体化教材可以使我更好地感受英语语言和文化的魅力 | 1 | 2 | 3 | 4 | 5 |
| 5. 我对依托立体化教材进行的英语学习感兴趣，求知欲被大大激发 | 1 | 2 | 3 | 4 | 5 |
| 6. 立体化教材使我对学习英语有充足的信心 | 1 | 2 | 3 | 4 | 5 |
| 7. 我有自己的学习目标，能主动利用立体化教材进行英语学习 | 1 | 2 | 3 | 4 | 5 |

续表

| 题项 | 基本不符合 | 不太符合 | 有些符合 | 基本符合 | 完全符合 |
|---|---|---|---|---|---|
| 8. 我能够克服使用立体化教材过程中遇到的困难，如信息技术困难等 | 1 | 2 | 3 | 4 | 5 |
| 9. 我有独立判断的能力和自制力抗拒立体化教材多样化学习资源的干扰 | 1 | 2 | 3 | 4 | 5 |
| 10. 我能够根据自己的英语学习现状制定立体化教材的使用计划 | 1 | 2 | 3 | 4 | 5 |
| 11. 我能够针对自己英语学习的薄弱环节利用立体化教材的优势加强训练，如英语听、说技能等 | 1 | 2 | 3 | 4 | 5 |
| 12. 我相信自己能够根据学习计划完成立体化教材规定的学习内容 | 1 | 2 | 3 | 4 | 5 |
| 13. 我相信我能够正确评价自己对立体化教材的应用效果，找出存在的问题和解决方法 | 1 | 2 | 3 | 4 | 5 |
| 14. 我会从立体化教材或相关资源中选择适合自己的学习材料 | 1 | 2 | 3 | 4 | 5 |
| 15. 我会用一些对自己有效的英语学习方法配合立体化教材的使用 | 1 | 2 | 3 | 4 | 5 |
| 16. 我与老师、同学互动，共同完成立体化教材中的学习任务 | 1 | 2 | 3 | 4 | 5 |
| 17. 我与老师、同学共同制定并达成立体化教材的学习要求 | 1 | 2 | 3 | 4 | 5 |
| 18. 立体化教材更容易创造融"合作"与"竞争"为一体的学习情境，符合教学规律和时代需求 | 1 | 2 | 3 | 4 | 5 |
| 19. 使用立体化教材学习英语时我更容易发现并提出问题 | 1 | 2 | 3 | 4 | 5 |
| 20. 相比传统教材，立体化教材对收集和整合语言学习资源更有帮助 | 1 | 2 | 3 | 4 | 5 |
| 21. 我在整合立体化教材提供的丰富信息的过程中锻炼了语言运用能力 | 1 | 2 | 3 | 4 | 5 |
| 22. 我通过课本获取英语学习信息，并习惯于"记单词、读课文、做练习"的英语学习模式 | 1 | 2 | 3 | 4 | 5 |
| 23. 我通过电子课件、多媒体光盘等资源获取英语学习信息，并习惯于"听音频、看视频、练听说"的英语学习模式 | 1 | 2 | 3 | 4 | 5 |

续表

| 题项 | 基本不符合 | 不太符合 | 有些符合 | 基本符合 | 完全符合 |
|---|---|---|---|---|---|
| 24. 我通过网络教学平台、学习网站等资源获取英语学习信息，并习惯于"进平台、上网站、广搜索"的英语学习模式 | 1 | 2 | 3 | 4 | 5 |
| 25. 我常常找不到与立体化教材配套的学习资源 | 1 | 2 | 3 | 4 | 5 |
| 26. 我主动寻找英语学习资源，配合立体化教材的使用 | 1 | 2 | 3 | 4 | 5 |
| 27. 我在老师的要求下寻找英语学习资源，配合立体化教材的使用 | 1 | 2 | 3 | 4 | 5 |
| 28. 立体化教材的网络资源开放性强，对我的英语学习很有帮助 | 1 | 2 | 3 | 4 | 5 |
| 29. 我利用信息化学习资源来完成立体化教材规定的学习任务 | 1 | 2 | 3 | 4 | 5 |
| 30. 我在立体化教材的配套学习资源中发现并获取更多学习素材以拓展学习内容 | 1 | 2 | 3 | 4 | 5 |
| 31. 我常常对自己使用立体化教材相关信息资源的效果进行评价 | 1 | 2 | 3 | 4 | 5 |
| 32. 使用立体化教材时，我与同学互相帮助，合作融洽 | 1 | 2 | 3 | 4 | 5 |
| 33. 使用立体化教材时，我积极参与课堂讨论 | 1 | 2 | 3 | 4 | 5 |
| 34. 我认为立体化教材包含的学习任务都很有用，只有认真完成才能达到锻炼语言技能的目的 | 1 | 2 | 3 | 4 | 5 |
| 35. 立体化教材为我提供了足够的语言学习情景和练习语言的机会，帮助我提高语言能力 | 1 | 2 | 3 | 4 | 5 |
| 36. 使用立体化教材时，老师关注我并愿意与我交流 | 1 | 2 | 3 | 4 | 5 |
| 37. 老师使用立体化教材进行的英语教学能够吸引我的注意力 | 1 | 2 | 3 | 4 | 5 |
| 38. 我发现老师对立体化教材的使用缺少创新，教学环境的变化小 | 1 | 2 | 3 | 4 | 5 |
| 39. 我不认为"以学生为中心"的原则在立体化教材使用过程中得到完全贯彻 | 1 | 2 | 3 | 4 | 5 |
| 40. 我能适应老师在因材施教原则下开展的个性化教学，自我需求基本得到满足 | 1 | 2 | 3 | 4 | 5 |
| 41. 老师针对立体化教材开展的学习策略培训能够提升我的学习效果 | 1 | 2 | 3 | 4 | 5 |

续表

| 题项 | 基本不符合 | 不太符合 | 有些符合 | 基本符合 | 完全符合 |
|---|---|---|---|---|---|
| 42. 与立体化教材提供的多维学习环境相比，我更喜欢传统课堂环境中的英语教学 | 1 | 2 | 3 | 4 | 5 |
| 43. 我能适应在多媒体教室或语言实验室使用立体化教材学习英语 | 1 | 2 | 3 | 4 | 5 |
| 44. 学校网络功能和技术不完善影响我在信息环境下使用立体化教材学习英语 | 1 | 2 | 3 | 4 | 5 |
| 45. 我习惯于按照课程表并在固定教室上课，还不适应不受时间和地点约束的英语学习 | 1 | 2 | 3 | 4 | 5 |

**谢谢合作!**

# 附录 2

**编者按:**

"立体化教材"指的是以课程教学为中心,以计算机和互联网为支撑平台,对教学内容、形式和服务进行多媒介、多形态、多层次整合的资源系统,包括纸质教材、多媒体教材包和基于互联网的教学网站等,通常配有主教材、教师手册、多媒体助学光盘、教学录像、电子教案、教学网络系统和专门的资源网站,为师生提供完整、多元、个性化的外语教学和学习平台(杨港,2013b)。当前,我国高校普遍使用的大学英语教材大都在纸质课本的基础上配有多媒体光盘、网络教学平台、试题库等立体化教学资源,因而被认为是立体化教材。立体化教材"再设计"主要是指教师和学生在课程实施过程中依据课程标准对教材内容进行适度增删、调整和加工,合理选用和开发其他教学材料,从而使之更好地适应具体的教育教学情景和学生学习需求(俞红珍,2006)。

# 大学英语立体化教材应用情况调查
# （教师问卷）

尊敬的老师：您好！

立体化教材在大学英语教学中的应用情况集中体现在教师在课程实施过程中对教材的"再设计"。为对该情况进行调查，特编制了本问卷，调查数据仅为此研究使用，对您和贵校不带有任何评价意义，请尽量客观、真实、独立填答。

## 一 基本信息

1. 您的性别：□男 □女

2. 您的年龄：□30岁以下 □31—40岁 □41—50岁 □51岁以上

3. 您的教龄：□1—5 □6—10 □11—15 □16—20

□21—25 □26—30 □超过30年

4. 您的职称：□教授 □副教授 □讲师 □助教

5. 您的任教课型：□大学英语（综合）□大学英语（听说）

□大学英语（阅读）□其他

## 二 对教师进行大学英语立体化教材"再设计"的调查

（一）请根据实际情况在相应的数字上打"√"。

| 题项 | 基本不符合 | 不太符合 | 有些符合 | 基本符合 | 完全符合 |
|---|---|---|---|---|---|
| 1. 我意识到可以通过对立体化教材进行"再设计"来完善教学 | 1 | 2 | 3 | 4 | 5 |
| 2. 我意识到立体化教材"再设计"是教学设计的重要组成部分 | 1 | 2 | 3 | 4 | 5 |

续表

| 题项 | 基本不符合 | 不太符合 | 有些符合 | 基本符合 | 完全符合 |
|---|---|---|---|---|---|
| 3. 我认为立体化教材"再设计"是教师的一项重要权利 | 1 | 2 | 3 | 4 | 5 |
| 4. 我认为对立体化教材的"再设计"只出现在教师备课中 | 1 | 2 | 3 | 4 | 5 |
| 5. 我经常对立体化教材进行"再设计" | 1 | 2 | 3 | 4 | 5 |
| 6. 我认为对立体化教材进行"再设计"时教师可以自由发挥 | 1 | 2 | 3 | 4 | 5 |
| 7. 我认为对立体化教材的"再设计"与日常教学是两码事,两者没什么关系 | 1 | 2 | 3 | 4 | 5 |
| 8. 我进行立体化教材"再设计"时依照有关指导或效仿他人 | 1 | 2 | 3 | 4 | 5 |
| 9. 我认为对立体化教材的"再设计"是教师的事情,与学生无关 | 1 | 2 | 3 | 4 | 5 |
| 10. 我在进行立体化教材"再设计"时根据课程的特点以及教师教学的可操作性设计语言学习任务 | 1 | 2 | 3 | 4 | 5 |
| 11. 我认为在日常教学中很有必要对立体化教材进行"再设计" | 1 | 2 | 3 | 4 | 5 |
| 12. 我在立体化教材"再设计"的过程中有自己独立的想法、见解和做法 | 1 | 2 | 3 | 4 | 5 |
| 13. 我在进行立体化教材"再设计"时常针对不同层次的学生设计不同的语言学习任务 | 1 | 2 | 3 | 4 | 5 |
| 14. 我很少自觉地进行立体化教材"再设计" | 1 | 2 | 3 | 4 | 5 |

（二）请根据实际情况在相应的数字上打"√"或在"其他"处填写文字。

| 题项 | 从不 | 很少 | 有时 | 经常 | 总是 |
|---|---|---|---|---|---|
| 15. 对立体化教材进行"再设计"时,我会补充教材内容 | 1 | 2 | 3 | 4 | 5 |
| 16. 对立体化教材进行"再设计"时,我会删减教材内容 | 1 | 2 | 3 | 4 | 5 |
| 17. 对立体化教材进行"再设计"时,我会替换教材内容 | 1 | 2 | 3 | 4 | 5 |

续表

| 题项 | 从不 | 很少 | 有时 | 经常 | 总是 |
|---|---|---|---|---|---|
| 18. 对立体化教材进行"再设计"时，我会修改教材内容 | 1 | 2 | 3 | 4 | 5 |
| 19. 对立体化教材进行"再设计"时，我会扩展教材内容 | 1 | 2 | 3 | 4 | 5 |
| 20. 对立体化教材进行"再设计"时，我会调整教材内容的顺序 | 1 | 2 | 3 | 4 | 5 |
| 21. 我使用其他方式进行立体化教材"再设计"，如： | | | | | |
| 22. 我利用电子材料（如课件、多媒体光盘、电子图书等）辅助立体化教材"再设计" | 1 | 2 | 3 | 4 | 5 |
| 23. 我利用校园网信息资源（如网络课堂、精品课程、电子阅览室、网络学习平台等）辅助立体化教材"再设计" | 1 | 2 | 3 | 4 | 5 |
| 24. 我利用互联网信息资源（如具有学习价值的以外语为信息传播载体的外文网站、专门的英语学习网站等）辅助立体化教材"再设计" | 1 | 2 | 3 | 4 | 5 |
| 25. 我利用其他资源辅助立体化教材"再设计"，如： | | | | | |
| 26. 我利用校内配备的信息资源进行立体化教材"再设计" | 1 | 2 | 3 | 4 | 5 |
| 27. 我利用校际共享的信息资源进行立体化教材"再设计" | 1 | 2 | 3 | 4 | 5 |
| 28. 我自己探寻信息资源进行立体化教材"再设计" | 1 | 2 | 3 | 4 | 5 |
| 29. 我利用同事推荐的信息资源进行立体化教材"再设计" | 1 | 2 | 3 | 4 | 5 |
| 30. 我从其他渠道获得信息资源进行立体化教材"再设计"，如： | | | | | |
| 31. 我独立完成立体化教材"再设计" | 1 | 2 | 3 | 4 | 5 |
| 32. 我与学生互动完成立体化教材"再设计" | 1 | 2 | 3 | 4 | 5 |
| 33. 我与同事合作完成立体化教材"再设计" | 1 | 2 | 3 | 4 | 5 |
| 34. 我以其他合作方式完成立体化教材"再设计"，如： | | | | | |

（三）请根据实际情况在相应的数字上打"√"或在"其他"处填写文字。

（注：题项 35—45 是对立体化教材"再设计"效果的评价，请根据您的理解，考虑立体化教材"再设计"在哪些方面更能体现其优势以优化课程教学过程，如：若您认为立体化教材能更好地呈现教学内容但会分散学生的注意力，则第 36 题可以选 4 或 5 而第 40 题可以选 1 或 2。）

| 题项 | 基本不同意 | 不太同意 | 有些同意 | 基本同意 | 完全同意 |
|---|---|---|---|---|---|
| 35. 我认为立体化教材"再设计"有利于教学内容的呈现 | 1 | 2 | 3 | 4 | 5 |
| 36. 我认为立体化教材"再设计"有利于教学目标的实现 | 1 | 2 | 3 | 4 | 5 |
| 37. 我认为立体化教材"再设计"有利于教学过程的流畅 | 1 | 2 | 3 | 4 | 5 |
| 38. 我认为立体化教材"再设计"有利于创造和谐的课堂气氛 | 1 | 2 | 3 | 4 | 5 |
| 39. 我认为立体化教材"再设计"有利于开展新的教学方式 | 1 | 2 | 3 | 4 | 5 |
| 40. 我认为立体化教材"再设计"有利于学生的课堂专注 | 1 | 2 | 3 | 4 | 5 |
| 41. 我认为立体化教材"再设计"有利于师生的课堂互动 | 1 | 2 | 3 | 4 | 5 |
| 42. 我认为立体化教材"再设计"有利于产生良好的教学效果 | 1 | 2 | 3 | 4 | 5 |
| 43. 我认为立体化教材"再设计"有利于学习效果的评价 | 1 | 2 | 3 | 4 | 5 |
| 44. 我认为立体化教材"再设计"有利于教学重点、难点的解决 | 1 | 2 | 3 | 4 | 5 |
| 45. 我认为立体化教材"再设计"有利于自己教学能力的提高 | 1 | 2 | 3 | 4 | 5 |

46. 我认为立体化教材"再设计"有利于产生其他效果，如：

（四）请根据实际情况在相应的数字上打"√"或在"其他"处填写文字。

| 题项 | 从不 | 很少 | 有时 | 经常 | 总是 |
|---|---|---|---|---|---|
| 47. 我对立体化教材进行"再设计"时难以细化教学要求 | 1 | 2 | 3 | 4 | 5 |
| 48. 我对立体化教材进行"再设计"时对教材的解读和把握不够 | 1 | 2 | 3 | 4 | 5 |
| 49. 我对立体化教材进行"再设计"时难以充分利用课程资源 | 1 | 2 | 3 | 4 | 5 |
| 50. 我对立体化教材进行"再设计"时时间、精力不充足 | 1 | 2 | 3 | 4 | 5 |
| 51. 我对立体化教材进行"再设计"时缺乏师师合作 | 1 | 2 | 3 | 4 | 5 |
| 52. 我对立体化教材进行"再设计"时缺乏师生合作 | 1 | 2 | 3 | 4 | 5 |
| 53. 我对立体化教材进行"再设计"过度导致课时不够，无法展开 | 1 | 2 | 3 | 4 | 5 |
| 54. 我对立体化教材进行"再设计"时相关技术、技能缺乏 | 1 | 2 | 3 | 4 | 5 |

55. 我对立体化教材进行"再设计"时遇到其他困难，如：

## 三　您认为教师和学生在大学英语立体化教材使用过程中分别存在哪些问题（如学习资源的利用、教与学的方式、方法等）？

_____

_____

_____

　　对此，您有何建议？

_____

_____

_____

谢谢合作！

# 附录 3

## 访谈提纲(学生部分)

1. 请问您对目前所使用的大学英语教材的满意度是怎样的?

访谈目标:调查学生对大学英语教学教材应用情况的满意度

访谈人员:学生

访谈内容:

(1) 对教材本身是否满意?满意或不满意的原因是什么?

(2) 对教师应用教材教学是否满意?满意或不满意的原因是什么?

(3) 对教师指导学生应用教材学习是否满意?满意或不满意的原因是什么?

2. 请分别说明学生和教师对大学英语立体化教材的使用存在的问题。

访谈目标:以学生视角找出学生和教师在使用大学英语立体化教材时存在的问题

访谈人员:学生

访谈内容:

(1) 学生使用立体化教材时存在的问题:

学习态度的转变、学习方式的变化、学习资源的优化和整合、学习环境的适应、信息素养的提高、对教师教学方法变化的适应等;

(2) 学生发现教师在使用立体化教材时存在的问题:

教学设计(如:依托教材或配套教学资源的学习任务的设计、完成及评估等);

对学生的指导(如:指导学生利用学习资源合作或自主完成学习任务等);

技能、技术培养(如:语言技能实践、信息技术培训等)。

3. 请说明学生应用立体化教材进行大学英语学习的情况。

访谈目标:概括学生使用大学英语立体化教材的情况

访谈人员:学生

访谈内容:

(1) 与传统教材相比,学生对使用立体化教材持什么态度?

(2) 立体化教材的使用引起学生英语学习方式发生了怎样的变化?

(3) 立体化教材的优势很大程度上体现在学习资源和学习环境方面,学生如何最大限度利用这些优势服务于英语学习?

(4) 立体化教材引起了教师教学模式的变化,学生是否和怎样适应这种变化?

4. 请阐述大学英语立体化教材与学生外语能力提高的关系。

访谈目标:分析立体化教材能否和如何促进学生外语能力的发展

访谈人员:学生

访谈内容:

(1) 您认为学生的外语能力应包含哪些方面?

（2）立体化教材能否和怎样促进学生外语能力所包含的这些方面的发展？

（3）教师在使用立体化教材促进学生外语能力发展的问题上应做些什么？

5. 您希望当前的大学英语立体化教材在哪些方面做出改进才能更好地服务于您的外语学习？

# 附录 4

## 访谈提纲(教师部分)

1. 请评述当前大学英语教材的应用现状。

访谈目标：总结、分析大学英语教材现状、发现其使用上的不足

访谈人员：教学研究专家、教师

访谈内容：

(1) 教材与教学大纲和外语课程培养目标的实现；

(2) 教材的实际使用效率（课时安排、考试的效应、课外自主学习情况）；

(3) 教材与学生语言综合应用能力的有效培养；

(4) 教材与技术功能的发挥。

2. 请表述您对大学英语立体化教材的理解。

访谈目标：梳理大学英语立体化教材的特点、较之传统教材的优势；界定大学英语立体化教材的概念

访谈人员：教学研究专家、教材编写者、教师

访谈内容：

（1）大学英语立体化教材的特点（含内容、形式以及服务三个方面）；

（2）大学英语立体化教材与传统教材的本质区别；

（3）大学英语立体化教材的优势：

立体化教材与满足学生个性化学习的需要；

立体化教材与满足学生外语能力培养的需要；

立体化教材与满足信息技术发展的需要；

（4）大学英语立体化教材的定义。

3. 请分别说明教师和学生对大学英语立体化教材的使用存在的问题。

访谈目标：以教师视角找出教师和学生在使用大学英语立体化教材时存在的问题

访谈人员：教师

访谈内容：

（1）教师使用立体化教材时存在的问题：

教学内容的呈现、教学方法的运用、教学资源的开发和利用、语言环境的创设、信息技术的运用、教师角色等；

（2）学生使用立体化教材时存在的问题：

学习态度的转变、学习方式的变化、学习资源的优化和整合、学习环境的适应、信息素养的提高、对教师教学方法变化的适应等。

4. 请说明教师对大学英语立体化教材进行"再设计"的情况。

访谈目标：概括教师对大学英语立体化教材进行"再设计"的情况

访谈人员：教师

访谈内容:

(1) 教师使用立体化教材时是否有"再设计"意识? 若无,请说明原因。

(2) 教师为什么要对立体化教材进行"再设计"?

(3) 教师常用的立体化教材"再设计"策略有哪些?

(4) 立体化教材"再设计"在哪些方面提升了教师的教学效果?

5. 请阐述大学英语立体化教材与学生外语能力提高的关系。

访谈目标:分析立体化教材能否和如何促进学生外语能力的发展

访谈人员:教学研究专家、教师

访谈内容:

(1) 如何界定当前人才培养要求下的学生外语能力?

(2) 立体化教材促进学生外语能力发展的优势有哪些? (如:教学内容、教学资源、教学环境等)

(3) 立体化教材促进学生外语能力发展的途径有哪些?

6. 您认为当前的大学英语课程在哪些方面进行改进,从而与立体化教材的应用协调一致?

# 附录 5

## 与本著作相关研究成果一览

信息化时代，外语课程构成范式发生转变，教学理论、教学方法、信息技术共同体现于课程中。教材是课程内容的主要载体，教材研究意义重大。本著作以大学英语立体化教材为研究对象，论述在信息技术与教育深度融合的背景下大学英语教材发生的变化，通过调查分析构建大学英语立体化教材应用框架，映射大学英语教学理念、内容、方法的创新，为制定大学英语教学质量提升对策提供实证依据。为更加清晰地呈现笔者在大学英语课程和教材领域的一系列研究成果，使教学研究积极反哺教学实践，助力大学英语教学改革，现将笔者完成的与本著作相关的研究成果列举如下，供读者参阅。

# 附录 5－1

## 2000 年以来高校英语教材研究:现状与思考<sup>①</sup>
### ——基于国内主要外语类期刊论文的分析

**摘　要**：本文对国内主要外语类期刊 2000 年以来发表的高校英语教材研究论文进行了统计分析，结果显示：国内外语界对高校英语教材研究总体偏少，但呈上升趋势；大学英语教材研究远比专业英语教材研究多，且主要集中在综合英语教材上；研究角度"重编写、轻评估"，未形成理论体系；研究方法以质化研究为主，但量化研究逐年增长。基于以上分析，我们认为加强对教材研究对象、研究角度和研究方法等方面的反思能推动高校英语教材建设。

**关键词**：高校英语教材；研究现状；研究思考

## 1. 引言

英语教材是供英语教学用的资料，其定义有广义和狭义之分。广义的教材是指所有用来促进学生英语学习的材料，具有信息性（informative）、教育性（instructional）、体验性（experiential）、引导性（eliciting）和探究性（exploratory）等特点；狭义的教材关注材料的教育性，是学习者接受语言输入和进行课堂语言输出训练的基本载体，是英语课程的核心教学材料（Harwood，2010；Tomlinson，2012）。本文以狭义的教材为研究对象，行文中的教材均指课堂内外

---

① 本文发表于《外语与外语教学》2013 年第 2 期。

直接作用于高校英语教学的材料。

我国教育界历来重视教材建设和研究。近年来，国内学者对高校英语教材的综述性研究多是历时性研究，重视对教材发展的总结和展望。胡壮麟（2005）解读《大学英语课程教学要求》对大学英语教材的深远影响；陈坚林（2007）在总结 20 世纪 60 年代以来的四代大学英语教材共同特征的基础上提出"第五代大学英语教材"构想；黄建滨、于书林（2009）针对 20 世纪 90 年代以来我国大学英语教材研究进行回顾；陈珍珍（2010）梳理大学英语教材编写史；柳华妮（2011）对国内英语教育 150 年发展历程中的代表性教材进行列举和评析。由此可见，以历时性研究理清教材发展过程是国内学者研究外语教材的主要思路，其缺点是对各阶段高校英语教材研究的数量、对象、角度、方法等方面的共时性比较不足，并没有对上述问题进行反思。本研究在统计、整理 2000 年以来在国内主要外语类期刊上发表的有关高校英语教材研究的文章的基础上分析现状并加以反思，以期对未来高校英语教材发展有重要启示意义。

## 2. 研究方法

本次调研运用文献计量法对 2000 年以来在国内 15 种主要外语类期刊①上发表的与外语教材研究有关的论文进行描述性统计和分析，分别以"外语教材"、"英语教材"为主题、篇名、关键词和摘要检索词进行单独检索和交叉检索。经过下载和仔细阅读，剔除完全教材介绍类和基础英语教材研究类文章，分析论文内容与高校英

---

① 这 15 种期刊包括：《外语教学与研究》、《外语界》、《外国语》、《现代外语》、《中国翻译》、《中国外语》、《外语学刊》、《外语教学》、《外语与外语教学》、《外语电化教学》、《外语教学理论与实践》、《外语研究》、《解放军外国语学院学报》、《外国语文》和《山东外语教学》。

语教材研究的相关性，选定 2000 年至 2012 年在上述 15 种期刊上发表的 155 篇有关高校英语教材（含研究生英语教材）研究的论文作为研究对象，对这些论文进行分类和整理，并运用 EXCEL 工具进行数据统计，以统计结果作为发现高校英语教材研究存在问题的主要依据，总结研究现状并加以思考。

### 3. 统计结果与分析

本次调查共统计 2000 年至 2012 年国内主要外语类期刊发表的高校英语教材研究论文 155 篇，以 2004 年和 2007 年《大学英语课程教学要求》的颁布和修订为节点，分三阶段说明如表 1 所示的国内高校英语教材研究论文发表情况。

**表 1　　国内高校英语教材研究论文发表情况（2000—2012）**

| 年份 | 2000 | 2001 | 2002 | 2003 | 2004 | 2005 | 2006 | 2007 | 2008 | 2009 | 2010 | 2011 | 2012 |
|---|---|---|---|---|---|---|---|---|---|---|---|---|---|
| 数量（篇） | 2 | 15 | 9 | 8 | 11 | 7 | 14 | 10 | 21 | 19 | 11 | 14 | 14 |
| | 34 | | | | 32 | | | 89 | | | | | |
| 比例（%） | 1.3 | 9.7 | 5.8 | 5.2 | 7.1 | 4.5 | 9 | 6.5 | 13.5 | 12.3 | 7.1 | 9 | 9 |
| | 21.9 | | | | 20.6 | | | 57.5 | | | | | |

从上表可以看出，（1）2000 年至 2003 年，针对我国高等院校英语教学普遍存在教学方法和手段落后、教材老化等问题造成"费时多，收效低"的局面，高校英语教学加大改进力度，这一时期国内主要外语期刊发表高校英语教材研究论文 34 篇；（2）2004 年，《大学英语课程教学要求》（试行）颁布，正式拉开了新一轮大学英语教学改革的序幕，高校英语教材研究明显受到重视，截至 2006 年有 32 篇高校英语教材研究论文发表在国内主要外语期刊上；（3）从《大学英语课程教学要求》修订后正式颁布的 2007 年至今，大学英语教学研究成为外语教育研究的热点课题（陈坚林、谷志忠，2008），高

校英语教材研究论文的数量也迅速上升，发表在国内主要外语期刊上的相关论文达到 89 篇之多。总体而言，目前针对高校英语教材的研究还有很大空间。下面从论文研究对象、研究角度、研究方法等维度做进一步分析。

### 3.1 研究对象

笔者将本次调查选定的 155 篇论文按照其研究的高校英语教材的种类进行了分类统计（如表 2 所示），结果发现对大学英语教材进行研究的论文远远多于研究专业英语教材的论文。若以教材适用的课型为依据细分类，研究较多的是综合英语类教材（即传统意义上的大学英语和专业英语精读教材），而文学、文化、语言学理论等方面的教材研究则寥寥无几，这种研究对象的不平衡应尽快得到改变。

**表 2　　国内高校英语教材论文研究对象分析（2000—2012）**

| 研究对象 | | 论文数量（篇）及比例 |
|---|---|---|
| 宏观分类<br>（按适用学科） | 大学英语教材 | 106（68.4%） |
| | 专业英语教材 | 42（27.1%） |
| | 兼用于专业和非专业英语教学的教材 | 7（4.5%） |
| 微观分类<br>（按适用课型） | 综合英语教材 | 95（61.3%） |
| | 翻译（口译）教材 | 22（14.2%） |
| | 读写教材 | 12（7.7%） |
| | （视）听说教材 | 11（7.1%） |
| | 专门用途英语教材 | 8（5.2%） |
| | 文学、文化教材 | 6（3.9%） |
| | 语言学教材 | 1（0.6%） |

### 3.2 研究角度

研究角度是研究者主体意识介入研究客体的一条途径。表 3 所示的对 155 篇文章研究角度的归纳是笔者在逐一阅读每篇文章的摘要和文献综述后确定的。与涉及"教材设计与编写"的论文比例超过 40% 不同的是, 有关 "教材评估" 的论文不足 10%。这说明 2000 年以来在这 15 种期刊上刊登的高校英语教材研究论文 "重编写、轻评估", 研究角度相对集中, 结果是研究结论难有突破, 研究缺乏新意。

表 3　　国内高校英语教材论文研究角度分析 (2000—2012)

| 主题类别 | 主要内容 | 论文数量 (篇) 及比例 |
| --- | --- | --- |
| 教材设计与编写 | 教材设计与编写的理论、原则、具体方法、特色等 | 66 (42.6%) |
| 教材发展 | 教材发展路径分析、教材发展回顾与趋势展望、教材研究综述等 | 31 (20%) |
| 教材介绍与述评 | 教材介绍或推荐、教材使用效果总体评价等 | 23 (14.8%) |
| 教材使用 | 教材与教学的关系、教材的选择、微观语言现象在教材中的体现与处理等 | 21 (13.5%) |
| 教材评估 | 教材评估理论与实践、国内外教材评估标准对比及其启示等 | 14 (9.1%) |

### 3.3 研究方法

Dornyei (2007) 和文秋芳、韩少杰 (2011) 都将外语教学研究分为质化研究 (qualitative research)、量化研究 (quantitative research) 和混合研究 (mixed methods research) 三大类。依据《朗文语言教学及应用语言学辞典》(Richards et al, 2000) 有关应用语言学研究方法的定义, 质化研究利用定性资料进行研究, 量化研究以收集数量材料为方法, 混合研究指的是一项研究中有质化和量化两种设计。笔者在考察高校英语教材研究论文所采用的研究方法时对兼有质化和量化研究方法的论文根据其哪一种方法占主导地位而定。根据上述标准, 本文对 155 篇论文就其研究方法进行逐篇界定, 图 1 显示了研究方法随着时间的推移而变化的趋势。在 12 年内, 高校英语教材研究方法从质化研究占绝对主导地位, 逐渐发展到质化研究数量减少、量化研究增多并于 2007 年超过质化研究数量。

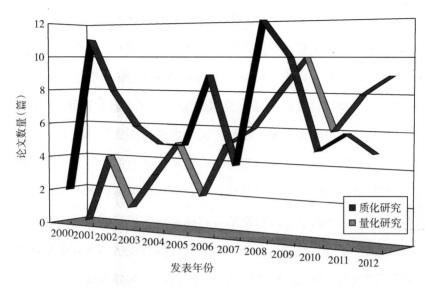

**图 1　国内高校英语教材论文研究方法变化趋势（2000—2012）**

## 4. 对研究现状的思考

2000 年以来，国内外语界对高校英语教材的研究取得了一定成果。综合在国内 15 种主要外语类期刊上发表的 155 篇论文来看，我国高校英语教材研究论文虽然数量偏少，但从总体趋势来看，研究呈上升趋势，说明外语界日益关注教材研究，尤其是从 2007 年至今大学英语教材研究一直为国内外语教学改革研究的热点。

就目前高校英语教材研究的总体情况来看，存在研究对象、研究角度和研究方法具有"片面性倾向"的问题。这种"片面性倾向"表现在：第一，高校英语教材研究中，大量研究关注的是大学英语教材，且主要是综合英语教材。这是缘于大学英语教材使用者众多，覆盖范围更大，更受语言研究专家、一线教师和广大学生，甚至是全社会的关注；而综合英语教材与培养学生英语应用技能息息相关，受到了更多重视。专业英语教材，特别是文学、文化、语言学类教材对学生外语综合素养有很强的导向性和拓展性，理应多做相关研究。第二，2000 年以来，针对高校英语教材进行的研究主要集中在教材设计与编写、教材发展、教材介绍与述评和教材使用等领域，而对教材评估的研究偏少。教材市场的繁荣和丰富促使我们比以往更需要一套科学的评估体系来分析高校英语教材的特点和优劣。因此，与教材研究的其他领域相比，教材评估应得到更多关注，尤其是如何借鉴国外教材评估理论结合我国外语学科发展和英语作为外语教学的实际形成科学、合理的高校英语教材评估体系应是当前教材研究的重点。第三，就总体而言，国内研究者对高校英语教材的研究以质化研究为主，量化研究为辅。但是，从逐年的发展趋势来看，高校英语教材研究方法发生了变化：量化研究论文数量逐年上升，增长幅度较大；质化研究则正好相反。事实上，教材研究既要有客观、精准的量化分析，还要有研究者或师生在教材设计、编写、使用、评估过程中的经验与体会等主观价值因素，这样的研究才符合外语教学相关研究的人文特性。基于上述研究现状，建议高校英语教材研究要在以下三方面进一步深化：

### 4.1 研究对象：ESP 教材

随着专门用途英语（English for Specific Purpose，以下简称 ESP）研究热的出现，ESP 教材研究日益增多，这与国外教材研究多与 ESP 等具体课程有关的发展趋势接轨（García Laborda，2011）。开展对 ESP 教材的研究对完善教材编写体系和推动我国大学英语教学改革具有重要意义（王艳，2011）。

ESP 教材以专业或职业知识结构为框架，以具体语言实践活动为平台，以经贸、科技、法律等多元信息为承载内容，是把语言看作媒介的内容型外语教材。ESP 理论认为 ESP 教材的编写应以学习者需求为中心，因此研究 ESP 教材重点是研究教材如何满足学习者的特殊需求。具体而言，基于 ESP 教学规律要求和我国学生英语学习特点，我们要研究 ESP 教材如何在处理学习需求的特殊性和共通性、语言学习与专业学习、职业发展与学术发展等交互性关系上发挥作用。国内 ESP 相关研究始于 20 世纪 80 年代，从总体上看仍然停留在 ESP 课程的教学方法和教学实践的探索上，ESP 教材在编写和使用中存在目标不明、层次不清和内容形式单一等问题，相关研究滞后。ESP 教材及其研究要求专业教师、语言教师和学生共同参与，以 ESP 教材建设带动整个高校英语教学的重新定位。从目前情况来看，国内 ESP 教材研究任重道远。

### 4.2 研究角度：教材评估

教材评估是通过特定的方法和途径对教材的有效性、可靠性、可行性和使用效果进行分析，并通过一定方式对分析结果加以综合概括，得出对教材的价值的总体认识。国外较有影响的英语教材评估理论主要有以 McDonough & Shaw 和 Cunningsworth 等为代表的几个理论框架。McDonough & Shaw（1993/2004）认为英语教材评估体系的主要目的是选择合适的教材或改编现有教材以最大限度地发挥其作用，其评估体系包括外部评估（the external evaluation）、内部评估（the internal evaluation）和整体评估（the overall evaluation）。Cunningsworth（1995/2002）提出英语教材评估的方法、类型、指导方针、内容等，并提出了整体印象评估（impressionistic overview）和深入评估（in-depth evaluation）两种方法。近年来，国外的教材评估研究有从微观评估（micro-evaluations of materials）

转向宏观评估 (macro-evaluations of materials) 的趋势,Ellis (2011: 234) 指出微观评估存在"过于局部化、范围窄小、缺乏理论支撑"等问题。国内的英语教材评估开展得比较晚,而且没有形成自己独特的评估理论和评估体系,基本上采纳的还是国外几个比较流行的评估理论框架,提出自己的评估角度和标准的代表性著作是程晓堂的《英语教材分析与设计》(2002)。他把教材评估概括为随意的印象性评估 (ad hoc impressionistic evaluation) 和有系统的评估 (systematic evaluation),有系统的评估又分为内部评估 (internal evaluation) 和外部评估 (external evaluation)。

高校英语教材评估的多元化体现在以下几个方面。首先,教材评估的多元化是评估主体的多元化,学习者必须是教材的主要评估者,评估标准的制定要依据对学习者需求的综合分析;教师也是评估者,是学习者评估的参照系;教材设计与编写人员、相关课程规划与实施人员都是教材的评估者,他们参与到评估中来就是要使教材能更好地适应和体现学习者和学习本身的需要。其次,教材评估的多元化是评估视角的多元化,从理论视角评估教材是否符合教学、学习理论,从设计视角评估教材是否符合课程、教学目标,并在实践中评估教材是否符合教师、学生的需求,教材在多轮评估中不断改进,在循环往复的"使用—评估—改进—再使用—再评估—再改进"过程中使高校英语教材臻于完美。再次,多元化教材评估要求评估方法多元化,通过定性与定量相结合的方法描述、分析、判断教材的客观信息,以具体量化评估指标增加评估过程中定性分析的客观度,提高英语教材评估的准确性和可靠性。

### 4.3 研究方法:混合研究

纵观外语教材研究的整个历程,我们可以发现,质化研究与量

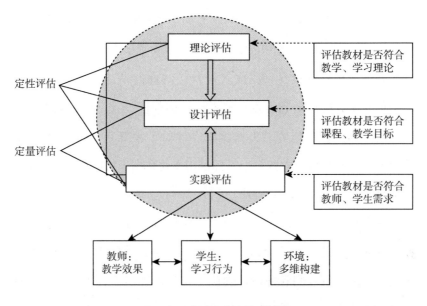

**图 2　多元化英语教材评估体系**

化研究是贯穿外语教材研究的两条主线。通常情况下，以质化方法研究外语教材涉及理论及应用（用思辨的方法，讨论教材理论问题以及教材对于教学的意义）、操作描述（对教材使用具体环节的操作性描述和评价）和个人经验与观点（个人经验的事后总结，对教材研究中某问题的个人看法）等，以量化方法研究外语教材则采用数据的形式，对教材的设计、编写或评估过程进行说明，通过收集资料和证据来验证与教材研究相关的模型、假设或理论。

　　高校英语教材研究是兼具自然性与人文性的活动。教材本身的物质性和教材编写者、使用者的社会性使教材研究既包含着客观事实，又包含有人文价值和意义。在教材研究过程中，一方面要以数据等事实性材料作为研究教材的重要标准，另一方面也有必要运用主体理解、体验、现场观察等方法进行质化的把握。在质化和量化之间的争论中产生的将质化和量化方法结合使用的混合方法研究

(mixed methods research) 正在成为外语教材研究的一种趋势（张培，2010）。Creswell & Plano Clark（2007）提出四种混合方法设计类型，即三角互证设计、镶嵌式设计、解释性设计和探索性设计。结合教材研究的性质和特点，笔者认为解释性设计是四种类型中更适合高校英语教材研究的方法。该设计始于收集和分析量化数据，然后再收集和分析质化数据，目标是用质化数据来帮助解释初步的量化结果（Creswell，Plano Clark，et al，2003）。如：贺春英（2012）通过对一套视读加听读的大学英语快速阅读教材提高学生阅读能力的作用的研究就是这种设计的一个例子。该研究从用于量化研究的实验前、后测和调查问卷开始，确认了统计上的显著性差异和对比性结果，然后再以用于质化研究的深度访谈来解释为什么会有这些结果。总之，高校英语教材研究要充分考察英语教材及教学活动的本质特性，通过对研究方法的研究来提高研究者的方法意识和方法运用的规范性，这对提升高校英语教材研究的科学性和有效性有显著作用。

## 5. 结语

"十二五"期间，教育部、财政部共同启动实施的"高等学校本科教学质量与教学改革工程"建设内容之一就是"启动'万种新教材建设项目'，加强新教材和立体化教材建设，鼓励教师编写新教材，积极做好高质量教材推广和新教材选用工作"。作为高校英语教学改革的重要一环，我们的研究在教材设计、编写、出版、评估、应用等方面必须持续跟进，特别是针对我国英语教学特点的本土化理论构建要做系统探讨。

## 参考文献

［1］Creswell，J. W. & Plano Clark，V. L. *Designing and conducting mixed methods research* ［M］. Thousand Oaks，CA：Sage，2007.

［2］Creswell，J. W.，Plano Clark，V. L.，Gutmann，M. & Hanson，W. Advanced mixed methods research designs ［A］. In A. Tashakkori & C. Teddlie （eds.），*Handbook of mixed methods in social and behavioral research* ［C］. Thousand Oaks，CA：Sage，2003：209 – 240.

［3］Cunningsworth，A. *Choosing Your Coursebook* ［M］. Shanghai：Shanghai Foreign Language Education Press，2002 （Original work published by Heinemann，1995）.

［4］Dornyei，Z. *Research Methods in Applied Linguistics：Quantitative，Qualitative，and Mixed Methodologies* ［M］. Oxford：Oxford University Press，2007.

［5］Ellis，R. Macro-and micro-evaluation of task-based teaching ［A］. In B. Tomlinson （ed.），*Materials Development in Language Teaching* （2nd edn) ［C］. Cambridge：Cambridge University Press，2011：21 – 35.

［6］García Laborda，J. Revisiting materials for teaching languages for specific purpose ［J］. *The Southeast Asian Journal of English Language Studies*，2011，17 （1）：102 – 112.

［7］Harwood，N. *English Language Teaching Materials：Theory and Practice* ［M］. Cambridge：Cambridge University Press，2010.

［8］McDonough，J. & Shaw，C. *Materials and Methods in ELT：A Teacher's Guide* ［M］. Beijing：Peking University Press，2004 （Original work published by Blackwell，1993）.

［9］Richards，J. C. et. al. *Longman Dictionary of Language Teaching and Applied Linguistics* ［Z］. Beijing：Foreign Language Teaching and Research Press，2000.

[10] Tomlinson，B. Materials development for language learning and teaching ［J］. *Language Teaching*，2012，45（2）：143 - 179.

[11] 陈坚林. 大学英语教材的现状与改革——第五代教材研发构想 ［J］. 外语教学与研究，2007，(5)：374 - 378.

[12] 陈坚林，谷志忠. 要求更完善，方向更明晰——对07版《大学英语课程教学要求》的新解读 ［J］. 外语电化教学，2008，(1)：3 - 8.

[13] 陈珍珍. 论我国大学英语教材的编写历史与发展规律 ［J］. 宁波大学学报(教育科学版)，2010，(3)：119 - 123.

[14] 程晓堂. 英语教材分析与设计 ［M］. 北京：外语教学与研究出版社，2002.

[15] 贺春英. 大学生快速阅读能力的培养——一项基于视听快速阅读教材的实证研究 ［J］. 外语电化教学，2012，(5)：62 - 66.

[16] 胡壮麟. 新世纪的大学英语教材 ［J］. 外语与外语教学，2005，(11)：24 - 27.

[17] 黄建滨，于书林. 20世纪90年代以来我国大学英语教材研究：回顾与思考 ［J］. 外语界，2009，(6)：77 - 83.

[18] 柳华妮. 国内英语教材发展150年：回顾与启示 ［J］. 山东外语教学，2011，(6)：61 - 66.

[19] 王艳. 对我国ESP教材编写原则的探讨 ［J］. 中国外语，2011，(2)：75 - 81.

[20] 文秋芳，韩少杰. 英语教学研究方法与案例分析 ［M］. 上海：上海外语教育出版社，2011.

[21] 张培. 混合方法研究的范式基础与设计要素 ［J］. 中国外语，2010，(4)：98 - 103.

# The Status Quo of and Reflections on English Teaching Materials Research at Tertiary Level: based on Academic Articles in Key Journals of Foreign Language Research in China

**Abstract:** The paper reviews 155 tertiary English teaching materials research articles in the key Chinese foreign language academic journals from 2000 until now with the bibliometric method and literature content analysis. It is found that tertiary English teaching materials research articles are in low numbers, but show ascendant trend; college English teaching materials researches are more than those of professional English, and mainly concentrated in comprehensive English teaching materials; the research angle stresses materials writing rather than materials evaluation, without forming theoretical systems; for the research method, qualitative research is given priority, but quantitative research is increased year by year. Based on the above analysis, we conclude that reflecting on the research status through the research object, angle and method can push forward tertiary English teaching materials construction.

**Key words:** tertiary English teaching materials; research status; research reflections

# 附录 5－2

# 课程论视角下大学英语教学研究现状
# 调查与展望[①]

## ——基于国内外语类核心期刊论文分析
## （2004—2012）

**摘　要：** 通过统计国内外语类核心期刊 2004—2012 年大学英语教学领域的论文分析其研究现状，发现近年来国内大学英语教学研究取得很大进展，表现在论文数量众多、研究方法多样和研究主题广泛等方面。展望该领域的研究，本文认为大学英语教学研究应更多关注课程规划和评估对课程实施的调节机制和外语教学研究方法的科学性，并进行跨学科、综合化研究。

**关键词：** 课程论；大学英语教学；研究论文

## 1. 引言

自 2004 年 8 月教育部高等教育司颁布了《大学英语课程教学要求》（试行）（以下简称为《课程要求》）（2007 年修订后正式发布），全国大学英语教学取得了令人瞩目的成绩。与此同时，学者们（夏纪梅，2005；陈坚林、谷志忠，2008 等）对两版《课程要求》进行解读，并以不同视角对大学英语教学展开大量研究。适时回顾《课程要求》颁布以来国内大学英语教学研究的发展历程有助于分析情

---

① 本文发表于《外语电化教学》2013 年第 3 期。

况、发现问题、明确未来发展方向。

研究综述（research synthesis）的主要目的是总结以往研究成果，描绘相关领域研究全貌。根据 Cooper（2010）对研究综述的分类，笔者认为近年来涌现的有关大学英语教学的研究综述可以归纳为两大类：一类是"大综述"，对涉及大学英语教学及教学改革的研究进行综合描述和分析，如姜秋霞、俞婷（2011）通过对有关大学英语教学的论文进行描述性统计分析总结出大学英语教学研究的特点和发展变化趋势；赵庆红、徐锦芬（2011）统计、分析了大学英语教学改革实证研究文献后指出我国大学英语教学改革实证研究的成效和弊端；另一类是"小综述"，针对大学英语教学诸要素的研究进行微观梳理和总结。近年来学界针对大学英语教学要素的研究综述集中在教学内容方面，包括听力（如：程京艳，2009）、口语（如：蒋超、李丽霞，2009）、阅读（如：方英，2008）、写作（如：秦朝霞，2009）、词汇（如：徐密娥、李炯英，2007）和文化（如：苗丽霞，2007）等；针对其他教学要素的研究综述较少，张森、段然（2012）综述了有关学习者学习策略的研究，文秋芳、任庆梅（2010）针对教师发展研究进行了综述，唐进（2012）的综述有关自主学习研究，曹超（2009）的综述是关于计算机辅助语言教学研究，此外还有黄建滨、于书林（2009）和蒋显菊（2007）分别针对教材和测试研究进行了综述。阅读、分析这些文献可以看出，国内大学英语教学研究综述一般采用元分析的方法，以研究内容、研究方法等为视角探讨相关领域研究现状，但缺乏对各类主题研究特征及其发展趋势的分析，无法详尽描绘大学英语教学研究的发展脉络，需要从课程观的角度重新审视和整体把握我国大学英语教学研究。

## 2. 调查方法与过程

本次调查依据中国知网"期刊全文数据库"中语言学外语类期刊的论文数据。首先，查阅《"中文社会科学引文索引"（CSSCI）（2012—2013）收录来源期刊目录》（南京大学中国社会科学研究评价中心，2012 年 1 月）确定语言学外语类期刊共计 11 种，皆为国内语言学学科最具权威性和代表性的期刊，包括：《外语教学与研究》、《外语界》、《外国语》、《现代外语》、《中国翻译》、《中国外语》、《外语学刊》、《外语教学》、《外语与外语教学》、《外语电化教学》和《外语教学理论与实践》。其次，分别以"大学英语教学"、"大学外语教学"、"公共英语教学"、"公共外语教学"等为篇名、关键词和摘要检索词进行单独检索和交叉检索，检索到 2004 年—2012 年在上述 11 种期刊上发表大学英语教学研究相关论文 844 篇（不含有关非英语专业研究生大学英语教学的研究论文）。经过下载和仔细阅读，剔除会议讲话、会议述评、著作介绍等文章，分析论文内容与大学英语教学研究的相关性，选定其中 786 篇论文为研究对象，从论文发表情况、研究类型情况、研究主题分布情况等不同维度对这些有关大学英语教学研究的文章进行分类和梳理，并运用 EXCEL 工具进行详细数据统计，总结研究历史，分析研究现状，把握研究趋势。

## 3. 统计结果与分析

### 3.1 总体数量

本次调查共统计 2004—2012 年国内发表大学英语教学研究论文786 篇，发表刊物和年份如表 1 和图 1 所示。总体来看，论文数量趋势变化不大，其中，《课程要求》于 2004 年试行的当年国内发表大学英语教学研究论文的数量呈现井喷之势，之后两年数量略有下降，但保持平稳；2007 年《课程要求》修订后正式发布，该年此领域论文数量最低，之后几年相关论文发表数量上升，呈平稳之势；2012 年该领域论文数量上升明显，说明国内对大学英语教学的研究继续升温。

**表 1　　国内大学英语教学研究论文发表情况（2004—2012）**

| 序号 | 期刊名称 | 发表年份 | | | | | | | | | 合计 |
|---|---|---|---|---|---|---|---|---|---|---|---|
| | | 2004 | 2005 | 2006 | 2007 | 2008 | 2009 | 2010 | 2011 | 2012 | |
| 1 | 外语教学与研究 | 2 | 3 | 1 | 3 | 1 | 0 | 1 | 1 | 5 | 17 |
| 2 | 外语界* | 41 | 28 | 22 (21) | 17 | 22 | 20 | 22 | 20 | 20 | 212 (21) |
| 3 | 外国语 | 0 | 0 | 0 | 0 | 0 | 0 | 1 | 1 | 1 | 3 |
| 4 | 现代外语 | 0 | 1 | 0 | 0 | 0 | 2 | 0 | 0 | 3 | 6 |
| 5 | 中国翻译 | 0 | 0 | 0 | 0 | 0 | 0 | 1 | 0 | 0 | 1 |
| 6 | 中国外语 | 9 | 12 | 8 | 6 | 13 | 12 | 14 | 12 | 12 | 98 |
| 7 | 外语学刊 | 0 | 1 | 0 | 2 | 1 | 8 | 7 | 5 | 3 | 27 |
| 8 | 外语教学 | 6 | 6 | 6 | 3 | 4 | 9 | 4 | 4 | 8 | 50 |
| 9 | 外语与外语教学 | 8 | 12 | 9 | 8 | 4 | 17 | 7 | 4 | 9 | 78 |
| 10 | 外语电化教学 | 20 | 16 | 21 | 20 | 30 | 22 | 31 | 31 | 48 | 239 |
| 11 | 外语教学理论与实践 | 8 | 5 | 2 | 0 | 6 | 0 | 1 | 4 | 8 | 34 |
| | 合计 | 94 | 84 | 90 | 59 | 81 | 85 | 94 | 82 | 117 | 786 |

\* 注：《外语界》在 2006 年出版专刊，刊发有关大学英语教学研究的相关文章 21 篇。

### 3.2 研究类型

本次调查借鉴以往国内外语教学研究的分类方法，将 786 篇大学英语教学研究论文按照质性研究和量化研究进行分类。质性研究是对教育现象进行"质"的理论分析和阐释，解释其"内部规定性"，在自然情境下，采用多种资料收集方法，对研究现象进行深入的整体性探究，从原始资料中形成结论，通过与研究对象互动，对

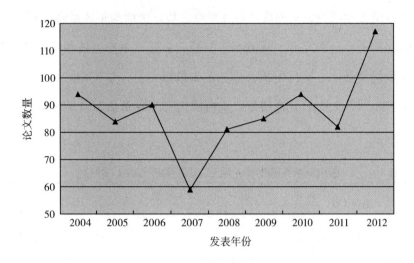

**图1 国内大学英语教学研究论文发表情况（2004—2012）**

其行为和意义建构获得解释性理解的一种活动（陈向明，2000），包括观察法、内容分析法、访谈法、个案研究法等。量化研究是在理论分析的基础上，对教育现象进行"量"的测量和比较，用数字来度量研究对象，借助数理统计手段寻找变量间的联系，进而发现研究对象的规律（朱枫，2010），包括实验研究、准实验研究、调查研究、语料库、元分析等。

表2和图2显示大学英语教学论文中采用质性研究方法的共有489篇，占调查论文总数的62.2%，采用量化研究方法的论文共有297篇，所占比例为37.8%。两种方法皆涉及的按照其主要采用的研究方法划归类别。尽管从总体上看，使用上述两种方法的研究数量存在较大差距，但观察近两年大学英语教学论文研究类型的变化可以清晰地看出，两种研究方法使用数量的差距在缩小，这说明大学英语教学研究方法呈现多元化的趋势，即从以质性研究为主转向质性研究与量化研究趋向平衡，以质性研究剖析和论述外语课程宏

观发展规律，以量化研究验证外语教学微观层面的效果或比较不同微观教学层面的优劣。

表2　　　国内大学英语教学研究论文研究类型情况（2004—2012）

| 研究类型 | 发表年份 | | | | | | | | | 合计 |
|---|---|---|---|---|---|---|---|---|---|---|
| | 2004 | 2005 | 2006 | 2007 | 2008 | 2009 | 2010 | 2011 | 2012 | |
| 质性研究 | 58 | 53 | 64 | 45 | 52 | 54 | 60 | 48 | 55 | 489 |
| 比例（%） | 61.7 | 63.1 | 71.1 | 76.3 | 64.2 | 63.5 | 63.8 | 58.5 | 47.0 | 62.2 |
| 量化研究 | 36 | 31 | 26 | 14 | 29 | 31 | 34 | 34 | 62 | 297 |
| 比例（%） | 38.3 | 36.9 | 28.9 | 23.7 | 35.8 | 36.5 | 36.2 | 41.5 | 53.0 | 37.8 |
| 合计 | 94 | 84 | 90 | 59 | 81 | 85 | 94 | 82 | 117 | 786 |

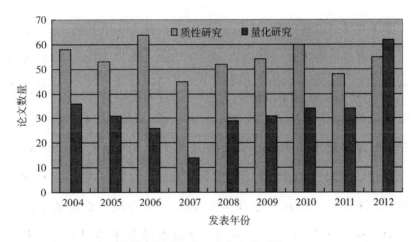

图2　国内大学英语教学研究论文研究类型情况（2004—2012）

### 3.3 研究内容

一段时间以来，我国外语课程设计研究工作的缺失与滞后制约了大学英语教学水平的长足发展。近年来，国内语言课程设计研究领域借鉴国外的相关研究取得了进步，其中，Graves（2008）提出的动态化外语课程设计系统被广泛认可，他认为外语课程是一个复杂、动态的系统，"在这个系统中，所有要素都是相互联系在一起的，非线性、相互调整和适应是常态"，如图3所示。

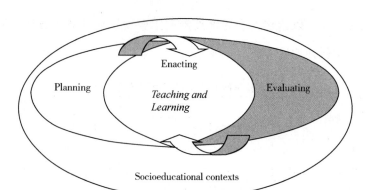

**图3 外语课程设计动态化系统模型（Graves，2008）**

从上图可以看出，Graves 的动态化外语课程设计系统由三个核心环节组成，分别是 planning（规划），enacting（实施，即教师的教学过程和学生的学习过程）和 evaluating（评估），三个环节彼此相互联系，相互影响，处于动态发展状态，而不是线性发展状态。在动态课程设计观看来，enacting 是整个教育的核心，planning 和 evaluating 都是以 enacting 为指向并与 enacting 紧密联系在一起的。同时，课程设计的这三个环节发生在一定的社会教育情景之中（socioeducational contexts），是由处于这些情景中的相关人员来完成的。

Nation & Macalister（2010）的语言课程设计内外环模型是当前语言课程设计研究的最新成果。他们的语言课程设计模型由三个外环和一个内环组成（如图 4 所示），内环以教学目标为核心（goals），关注教学内容（content and sequencing）、教学方式（format and presentation）与教学评估（monitoring and assessing），外环关注原则（principles）、需求（needs）和环境（environment），内环加外环构成了课程，并以评估（evaluation）贯穿整个系统，调整课程内容、组织形式、教学方法等，最终服务于教学目标的实现，使得整个课程设计系统更具灵活性，这也反映出课程设计的动态观。

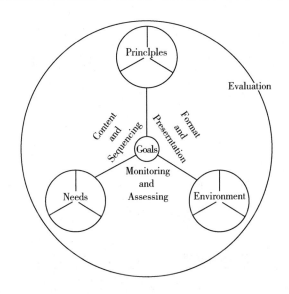

**图 4 外语课程设计内外环模型（Nation & Macalister, 2010: 3）**

笔者认为，Graves（2008）的语言课程设计动态系统模型与Nation & Macalister（2010）的语言课程设计内外环模型有相通之处，都是由许多相互联系和相互作用的要素按照一定层次和结构所组成并具有特定功能的有机整体，都是"以课程规划为起点、以课程实施为核心、以课程评估为保障"的循环而完整的系统（如图 5所示）。

本调查以 Graves（2008）提出的动态化外语课程设计系统中的三个核心环节 planning（规划）、enacting（实施）和 evaluating（评估）为基本框架，结合 Nation & Macalister（2010）提出的语言课程设计内外环模型，对所统计论文内容初步的概括归纳，将论文的研究主题划分如下（见表 3）：

| Graves（2008） | Nation & Macalister（2010） |
| --- | --- |
| Planning | Defining goals<br>Defining principles<br>Needs analysis<br>Environment analysis |
| Enacting<br>(teaching and learning) | Content and sequencing<br>Format and presentation<br>Monitoring and assessing |
| Evaluating | Evaluation |

图 5　Graves（2008）与 Nation & Macalister（2010）的

语言课程设计模型比较

表 3　　　　　　国内大学英语教学研究论文研究主题目录

| 主题类别 | 主要内容 |
| --- | --- |
| 外语课程规划 | 与课程大纲、课程要求等有关的内容，如：课程目标、课程原则、课程设置、课程功能与定位、需求分析等 |
| 外语课程实施 | 与教师的教学过程和学生的学习过程有关的内容，如：教学/学习内容、教学模式与手段、学习策略与方法、课堂教学、教材、学习资源等 |
| 外语课程评估 | 与课程/教学评估有关的内容，如：语言测试；课程/教学评估内容、方法、手段等 |

　　根据拟定的主题目录，笔者通过逐一阅读每篇文章的摘要和文献综述，最终确定了 786 篇文章的主题内容分布情况（如表 4 和图 6 所示）。2004—2012 年间国内学者比较注重对外语课程实施要素的研究，发表论文 569 篇，占论文总数的 72 ％；关于外语课程规划和评估要素的研究很少，各有 118 篇和 99 篇论文发表，占论文总数的比例分别为 15％和 13％。近年来，随着国内学者对外语课程规划研究愈加重视，这方面的研究逐渐增多，大多围绕着大学英语课程要求、课程设置、语言教学"纲"与"目"之定位等角度展开；如何正确

理解和运用语言测试对教学的反拨作用和如何构建立体式外语课程/教学综合评估体系也已成为外语课程评估领域研究的重点。而传统的有关语言教学理论、大学英语教学模式、学习环境、语言技能（听、说、读、写、译）培养、大学英语教材建设等方面的研究正逐渐减少。

**表 4　国内大学英语教学研究各类主题论文分布情况（2004—2012）**

| 主题类别 | 发表年份 | | | | | | | | | 合计 | 比例（%） |
|---|---|---|---|---|---|---|---|---|---|---|---|
| | 2004 | 2005 | 2006 | 2007 | 2008 | 2009 | 2010 | 2011 | 2012 | | |
| 外语课程规划 | 16 | 8 | 9 | 2 | 12 | 10 | 13 | 17 | 31 | 118 | 15.0 |
| 外语课程实施 | 62 | 68 | 73 | 47 | 55 | 67 | 66 | 55 | 76 | 569 | 72.4 |
| 外语课程评估 | 16 | 8 | 8 | 10 | 14 | 8 | 15 | 10 | 10 | 99 | 12.6 |
| 合计 | 94 | 84 | 90 | 59 | 81 | 85 | 94 | 82 | 117 | 786 | 100 |

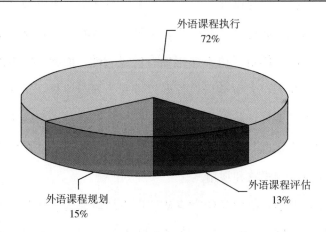

外语课程执行
72%

外语课程评估
13%

外语课程规划
15%

**图 6　国内大学英语教学研究论文研究主题情况（2004—2012）**

### 4. 对研究现状的思考与展望

以课程论为视角审视目前的大学英语教学及其研究，可以使我们在课程本体论研究的指导下，探讨大学英语教学如何更加有效地为体现外语课程的性质、实现外语课程的目标而制定和实施课程标

准,进行课程评估,从而对外语课程本身进行更深入的研究。具体而言,包括以下四个方面:

第一,大学英语教学研究应从"以教学为主线"走向"以课程为主线",更多关注语言课程规划和设计。大学英语教学是教师进行有目的、有计划的语言教学和学生进行有意义、有质量的语言学习的过程,对它的研究应在外语课程整体观、动态观视阈下进行。一方面,大学英语课程的计划、组织、实施和评估等环节之间存有连贯关系,互相渗透、互相促进,构成了一个完整的非线性整体;另一方面,大学英语课程各环节并非任意地组合,是在师生对话、生生对话、生本对话中不断生成新的理解和认识,是个人知识结构重新建构的过程。作为以师生双方以及师生与外语教学环境之间的互动行为为基础生成的动态系统,大学英语课程的整体化存在形式和动态化发展过程体现了语言课程独有的过程性。因此,作为课程设计的主要参与者,大学英语教师要以课程为研究主体,重视对"课程规划"和"课程评估"的研究,为在规划和评估的影响机制下不断调整"课程实施"以顺应学习者和教学环境的要求并发挥师生的创造性提供新的思路和视角。

第二,大学英语教学研究应从"以质性研究为主体"走向"以量化研究为主体,质性、量化研究有机结合",更多关注外语教学研究方法的科学性。从近年来大学英语教学研究中质性研究(62%)与量化研究(38%)的比例可以看出,目前国内外语教学研究"重理论、轻实证",质性研究占主导地位,两极分化严重。但从 2011年起,二者逐渐均衡,这是越来越多的研究者认识到外语教学研究的实践性很强,需要大量数据使研究更具说服力的结果。以实证的方式获得数据,再与理论研究相结合所得出的结论会更加科学与准确，更能解决外语教学的具体问题从而有力地指导语言教学实践。与我国应用语言学研究的变化趋势一致，当前大学英语教学研究方法正在向规范化和科学化发展。对质性研究和量化研究范式的合理选择是实现研究方法规范化的关键。在外语教学研究领域，两种范式相结合的实践日趋增多，证明以一种研究范式的优势克服另一种范式的局限能增强研究结果的信度和效度。无论是运用纯粹的质性或量化研究，还是运用介于两者之间的混合研究方法，只要设计合理，就能增加我们对外语教学的认识。

第三，大学英语教学研究应从"单一学科研究"走向"跨学科和综合化研究"，更多关注外语教学与其他学科间的融合与渗透问题。大学英语不仅是一门语言基础课程，也是拓宽知识、了解世界文化的素质教育课程，兼有工具性和人文性。对外语课程的本质、地位及作用的研究，可以使我们更清楚地认识外语课程的工具性和更为重要的人文性。很长时间以来，我们过多地注意了外语课程的工具性，忽略了外语课程的人文性，因此许多研究的重点也往往放在了提高教学效率和效果上。我们应充分考虑外语课程的内容与社会意识形态的紧密联系，充分认识外语课程在培养学生的人文精神和提高学生的人文素质等方面的重要作用。借助语言技能的学习和人文素养的培养，大学英语教学有利于实现高等教育中的全人教育（Whole-person Education）目标。因此，研究大学英语教学有必要在应用语言学、二语习得等学科之外加大与语言学、教育学、心理学、文化学、哲学、人类学等多学科理论研究成果融合的力度。此次调查发现，目前大学英语教学跨学科研究论文的数量在逐步增多，但还不具有广泛性和代表性，与外语教学结合紧密的教育学、心理学等更多地被研究者应用在大学英语教学研究中，其他学科较少涉猎。构建以跨学科教育为导向的新型研究范式,能改变当前大学英语教学研究模式单一、内容枯燥的局面,在教学和科研两方面发挥学科之间的并联性,互相渗透,提高教学效率和科研影响力。

第四,大学英语教学研究应从"静止化"走向"动态化",更多关注外语教学与发展式教育观的契合。发展式教育观强调教育应促进学生的全面发展,学生在受教育过程中具有主体性和能动性。具体到大学英语教学中,强调外语教学要不断适应高等教育人才培养目标和大学生未来发展的需要,这就要求大学英语教学的发展首先要目标明确。我国大学英语教学改革之路有两股潮流(俞理明、韩建侠,2012),一是以提高学生的听、说、读、写等能力为出发点,走"语言驱动"的路子;二是以通过英语获取所需要的信息,表达自己的专业思想,以课程内容的学习提高语言水平,走"内容驱动"的路子。实践证明,"语言驱动"是大学英语教学"费时低效"的关键症结,ESP 教学的核心"内容驱动"则具有事半功倍的优越性。鉴于此,大学英语教学要有动态化的教学目标定位和学习需求分析,基础阶段要走"语言驱动"的路子,高级阶段要尝试走"内容驱动"的路子,二者处于交互发展的状态,是语言还是内容驱动大学英语教学要视具体情况而定,两条教学路子都有其存在的理由,以静止的眼光定位大学英语教学会导致其片面化、狭窄化。外语课程在动态发展过程中最终指向个体自我意识的提升和生活经验的开发,这是发展式教育观在大学英语课程中的体现。

## 5. 结语

《国家中长期教育改革和发展规划纲要(2010—2020)》明确指出高等学校要"培养大批具有国际视野、通晓国际规则、能够参与国际事务和国际竞争的国际化人才",大学英语教学势必发挥重要作用。目前,国内大学英语教学研究数量增长较缓,研究内容仍需纵深扩展,研究成果在有效性和应用性方面仍显不足。因此,国内广大语言教学研究者和教师要回顾历程分析问题,展望未来明确方向,深入挖掘外语教学理论,继续大力开展大学英语教学改革,在感受和顺应这一重要教学变革的同时,不断推动它继续前行。

## 参考文献

[1] Graves, K. The language curriculum: A social contextual perspective [J]. *Language Teaching*, 2008, (2): 147 - 181.

[2] Nation, I. S. P. & Macalister, J. *Language Curriculum Design* [M]. New York: Routledge, 2010.

[3] Cooper, H.(刘洋译). 如何做综述性研究 [M]. 重庆:重庆大学出版社,2010.

[4] 曹超. 中国计算机辅助语言教学 30 年回顾与展望 [J]. 外语与外语教学,2009,(8):39 - 42.

[5] 陈坚林,谷志忠. 要求更完善,方向更明晰——对 07 版《大学英语课程教学要求》的新解读 [J]. 外语电化教学,2008,(1):3 - 8.

[6] 陈向明. 质的研究方法与社会科学研究 [M]. 北京:教育科学出版社,2000.

[7] 程京艳. 英语听力教学的现状及发展趋势 [J]. 外语界,2009,(1):51 - 56.

[8] 方英. 英语阅读研究十年回顾 [J]. 宁波大学学报(人文科学版),2008,(1):67 - 71.

[9] 黄建滨,于书林. 20 世纪 90 年代以来我国大学英语教材研究:回顾与思考 [J]. 外语界,2009,(6):77 - 83.

[10] 姜秋霞，俞婷．教学改革背景下的大学英语教学研究：描述分析与反思 [J]．中国外语，2011，(4)：9-18.

[11] 蒋超，李丽霞．我国英语口语教学研究十年评述 [J]．外语教育，2009，(1)：53-59.

[12] 蒋显菊．国内英语测试研究：十年回顾与展望 [J]．外语界，2007，(2)：89-96.

[13] 苗丽霞．近20年我国英语文化教学研究述评 [J]．中国外语，2007，(6)：101-104.

[14] 秦朝霞．国内大学英语写作研究现状及发展趋势分析 [J]．现代外语，2009，(2)：195-204.

[15] 唐进．我国外语教学中的自主学习研究综述——以社会网络分析为视角 [J]．现代教育技术，2012，(1)：64-69.

[16] 文秋芳，任庆梅．大学英语教师专业发展研究的趋势、特点、问题与对策——对我国1999—2009期刊文献的分析 [J]．中国外语，2010，(4)：77-83.

[17] 夏纪梅．解读《大学英语课程教学要求（试行）》 [J]．外语界，2005，(2)：12-14.

[18] 徐密娥，李炯英．国内英语词汇教学研究：回顾和前瞻 [J]．外语界，2007，(3)：69-74.

[19] 俞理明，韩建侠．内容驱动还是语言驱动——对我国高校大学英语教学的一点思考 [J]．外语与外语教学，2012，(3)：1-4.

[20] 张森，段然．大学英语学习策略研究综述 [J]．河北大学学报（哲学社会科学版），2012，(2)：139-143.

[21] 赵庆红，徐锦芬．新世纪我国大学英语教学改革实证研究状况及发展趋势分析 [J]．外语界，2011，(1)：30-37.

[22] 朱枫．外语教学研究与科研设计 [M]．南京：南京大学出版社，2010.

# A Review and Prospect of College English Teaching Research under the Perspective of Curriculum Theory: based on the Academic Articles in Chinese CSSCI Journals

**Abstract:** The paper reviews 786 College English teaching research articles in 11 Chinese CSSCI academic journals from 2004 to 2012. It is found that in recent years the domestic research about College English teaching has achieved great progress in terms of article numbers, research methods and research themes. Based on the review and reflection, the paper argues that the future College English teaching research should stress more on curriculum planning and evaluating rather than curriculum enacting as well as be interdisciplinary and comprehensive with appropriate methods.

**Key words:** curriculum theory; college English teaching; academic articles

# 附录 5 - 3

# 泛在学习环境下信息化大学英语

# 口语课程建设①

**摘　要:** 当前大学英语口语教学在教学内容、教学方法、教学评价等方面遇到诸多问题,口语教学处于瓶颈关口;泛在学习环境下的口语教学有助于强化外在教学对学生内在潜能的激发,有益于学生英语听说和交际能力的提高。通过厘清泛在学习对大学英语口语教学的影响与作用,在泛在学习环境下构建大学英语口语课程设计模型并应用于课堂内外教学实践,能有效促进信息化大学英语口语课程发展。

**关键词:** 泛在学习;大学英语口语;课程设计

## 引　言

《国家中长期教育改革和发展规划纲要 (2010—2020 年)》提出,信息技术对教育发展具有革命性影响,必须加快教育信息化进程,强化信息技术应用,创新网络教学模式。网络技术的发展推动了 E-Learning (Electronic Learning,即:数字学习、电子学习或网络学习) 的教育应用和实践研究。但是,由于时空的限制,E-Learning 已经无法满足学习者的需求。教育信息化时代的学习从 E-learning 开始转向 U-learning (Ubiquitous Learning,即:泛在学习)。

---

① 本文发表于《现代教育技术》2013 年第 6 期。

U-learning 为教育的改革和发展提供了广泛的空间，给教育带来了前所未有的方便，极大地提高了学习效果和质量。

教育部《大学英语课程教学要求》[1]（以下简称《课程要求》）明确规定了大学英语口语教学要重视训练学生的英语听说技能和培养学生运用语言进行交际的能力，同时指出要充分利用现代信息技术，采用基于计算机和课堂的教学模式，以网络技术为支撑，使英语口语的教与学可以在一定程度上不受时间和地点的限制，朝着个性化和自主学习的方向发展。然而，受诸多因素所限，大学英语口语教学有许多问题亟待解决：教学内容缺少足够的延展性、教学方法缺乏充分的系统性、教学手段有待强化多样性，评价体系也需要有更为合理的构建[2][3]。

要使口语教学可以在一定程度上不受时间和地点的限制并朝着"重个性、重需求、重能力"的方向发展就意味着大学英语口语课程需在教学内容、教学方法、评价体系等方面做出相应的调整。本文将依托 Nation & Macalister[4] 的语言课程设计模型，从目前口语教学课堂内外所面临的问题出发，探讨泛在学习环境下大学英语口语课程的信息化构架。

## 一 泛在学习特性与大学英语口语教学

泛在学习（U-learning）提倡通过信息技术手段使任何学生可以在任何地方、任何时间、运用任何工具开展学习活动，因此泛在学习也被称作 5A（any time, anywhere, anyone, any device, anything）学习，是"以人为中心，以学习任务本身为焦点"的学习。

国外关于泛在学习的研究始于 1988 年，以 Mark Weiser 为首的 PARC 计算科学实验室开始关注"泛在计算"（Ubiquitous Computing，简称 UC，普遍存在的计算）并以此衍生出了泛在学习。此后，日韩、美国、欧洲的学者对泛在学习的研究不断深入，如：日本政府开展的"U-Japan 计划"、韩国政府确立的"U-Korea 总体政策规划"、美国的"HDUL 项目"和"MWOW 项目"以及欧洲的"Mobile ELD IT 项目"等。同时，国内对泛在学习的研究亦如火如荼，涉及政策与理论的挖掘（王维新等[5]；陈卫东[6]；罗林、徐涛[7]；杨孝堂[8]）、技术的探究（赵海兰[9]；陈维维[10]）和学习环境的建设（李卢一、郑燕林[11]；张洁等[12]）等。

泛在学习的特性一直是该领域研究的重点，国内外不少学者就此提出自己的看法。Ogata & Yano[13]把泛在学习的特性归纳为永久性、可获取性、即时性、交互性和教学行为的场景性。Zhang et al[14]提出泛在学习的学习环境以无意识形态存在，泛在学习拥有普遍可及的学习内容、自然的学习界面、多样化的通信方式以及高性能的通信手段。Boyinbode & Akintola[15]认为泛在学习环境具体体现于学习行为、学习接口和学习支持服务。国内学者金桃、张东[16]指出泛在学习具有按需学习、即时学习、适量学习等三个特征。余胜泉等[17]认为泛在学习具有非正式性、情境性、社会性、高级分布式认知等特征。李卢一、郑燕林[18]提出泛在学习不仅具有永久性、可获取性、即时性、可交互性、场景性和适应性，而且还具有情境性、真实性、自然性、社会性和整合性等特性。就大学英语口语教学而言，笔者认为泛在学习的永久性、可获取性、按需性、即时性、情境性和交互性尤为值得重视。其中，"永久性"是指学习者可以不间断地获得学习内容且所有的学习过程都会被记录下来；"可获取性"是指学习者可以在任何地方、任何地点获得他们所需要的学习文档、数据和视频等；"按需性"是指教师组织、呈现和评价教学内容时能基于学习者的需求；"即时性"是指不管学习者在哪里，他们都可以即时地获取学习信息；"情境性"是指学习通过真实或虚拟情境为核心进行组织，学习本身总是处于一定的情境之中；"交互性"是指学习者可以同步或异步地与专家、教师或学习伙伴进行交互[18][19]。大学英语口语教学中，在课程内容设计与规划方面，教学内容的安排要有合理的体系，每一教学单元应有实用性，并能永久存在，以使学生可以获得自己所需的学习内容，既能在适当的时间内在课堂内外进行高效的学习，又能温故而知新，循序渐进，真正做到教学内容的"永久性"和"按需性"；在教学内容呈现和传递方面，教师应努力构建教学平台，使学生能顺利地获取自己所需的学习内容，通过在线或下线的情境式学习完成学习任务，达到泛在学习的"可获取性"和"情境性"；在教学监控与评价方面，教师应制定相应标准，在对学生的口语学习过程进行监控与主导的基础上，师生共同反思、调节，实现泛在学习的"即时性"和"交互性"。泛在学习环境下，融课堂内外于一体的信息化课程建设为当前大学英语口语教学在一定程度上挣脱瓶颈、解决问题创造了可能。

## 二 泛在学习环境下的大学英语口语课程设计模型

依据《课程要求》[1]，大学阶段的英语教学要求分为三个层次，即一般要求、较高要求和更高要求。其中，一般要求提出学生能在学习过程中用英语交流，并能就某一主题进行讨论，能就日常话题用英语进行交谈，就所熟悉的话题作简短发言；较高要求提出学生能用英语就一般性话题进行比较流利的会话，能基本表达个人意见、情感、观点等；更高要求则提出学生能较为流利、准确地就一般或专业性话题进行对话或讨论，能用简练的语言概括篇幅较长、有一定语言难度的文本或讲话,能在国际会议和专业交流中宣读论文并参加讨论。

依据 Nation & Macalister[4] 的语言课程设计模型(如图 1 所示),教师在不同层次的大学英语口语课程设计中,应根据教学原则、教学环境和学习需求确定具体的教学目标,合理构建三大教学核心要素——教学内容、教学方式与监控评价体系。

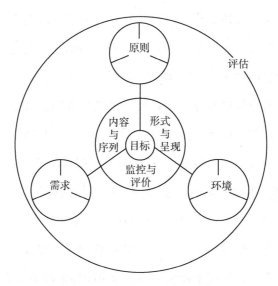

**图1 语言课程设计模型（Nation & Macalister, 2010）**

据此,笔者提出泛在学习环境下的大学英语口语课程设计模型(如图 2 所示)。首先,教师要注重口语教学内容的整体规划与序列安排,依据学生能力和需求合理设置学习任务,永久记录学习进程,使口语学习内容体系化、多元化,达到泛在学习对教学内容"永久性"和"按需性"的要求;其次,教师要选择合适的方法、形式呈现教学内容,口语教学要融课堂内外、线上线下学习于一体,使学生在实际情境中获得真实体验,实现教学形式的技术化和教学内容呈现的场景化,达到泛在学习对教学方式"可获取性"和"情境性"

的要求；再次，在教学监控与评价方面，教师要基于对学生学习全过程的持续观察和记录做出发展性评价，并形成同步的"评价—反馈"机制，师生就学习过程和效果进行互动和反思，以更好满足学生的口语学习需求，实现监控体系无缝化和评价机制互动化，达到泛在学习对教学评价"即时性"和"交互性"的要求。

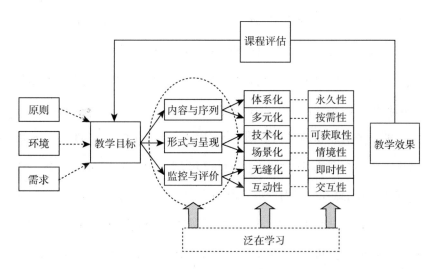

**图 2　泛在学习环境下的大学英语口语课程设计模型**

## 三　课程设计模型的应用与反思

### 1. 模型应用

笔者在山东某省属大学教授大学英语口语课程时尝试在泛在学习环境下进行大学英语口语课程设计。该课程持续 1 年，所教学生是大学二年级数学与应用数学专业本科学生，学生数量为 45 人，来自全国 12 个省（市、区），入学时学生成绩达到山东省普通高校本科二批理科分数线。以《课程要求》[1]中的"较高要求"为基本教学目标，该课程在内容与序列、形式与呈现以及监控与评价方面分别做如下设计：

（1）内容与序列：体系化与多元化

大学英语口语课堂教学中，教师选取英语原版电影片段，以主题为中心，形成系统化教学内容，为学生提供真实的英语口语交际环境，拓宽学生口语表达的领域，挖掘日常交流的深度。内容设计遵循语言习得"输入—内化—输出"的规律，为学生提供即时性听说任务，依托任务型语言教学（task-based language teaching）分解、完成这些任务，如：以一部英语电影的多个片段为视听输入，经过听力练习内化后，在规定情境中进行口语活动，以实现口头输出的目标。课堂外，学生以学习者工作坊（learner workshop）的形式，利用多媒体和网络资源进行合作学习和自主学习，同时与在美国佛罗里达海湾海岸大学（Florida Gulf Coast University，US）招募的 30 名志愿者在多用户虚拟环境平台"第二人生"（Second Life）的指定区域互动交流，开展英语听说拓展学习，形成"第二课堂"，使学生适应进行语言交际的真实社会文化环境。这种多维化设计旨在在多模态、多媒体、多环境集成型教学模式下进行课堂内外不间断学习，使学生有足够的学习时间，有充裕的机会进行口语交际，最终使学生的口语学习需求在浸入式、互动式学习环境中得到满足，实现泛在学习的"永久性"和"按需性"。

（2）形式与呈现：技术化与场景化

根据我校教学设备与资源配置，在课堂内，大学英语口语教学的形式主要是利用原版电影片段模拟真实交际环境，进行口语表达训练；课堂外，师生在"第二人生"（Second Life）虚拟环境平台等网络教学系统上开展互动交流，力求完整再现英语交际场景，进行远程面对面体验式英语学习，使学生享有丰富的视觉和听觉体验，实现在动态仿真学习环境中学生的积极参与、互动和知识共建。此外，为加强学习效果，要求学生根据上课内容在网络平台上搜取音频、视频资料，根据自己的能力和需求，进行口语练习。实践证明，依托数字化综合语言实验室、网络虚拟口语教室以及现代化网络学习平台，学生能够实时地获得口语学习资源并实现场境化的口语实践，实现泛在学习的"可获取性"和"情境性"。

（3）监控与评价：无缝化与互动化

在大学英语口语教学过程中，教师以"Electronic Portfolio"（E-portfolio，电子档案袋）建立基于网络的英语口语学习电子档案袋系统，即时记录学生的学习活动、学习成果、学习业绩、学习付出、学业进步等，实现了对口语学习的评价从过分关注结果转向关注过程，评价不再只面向"过去"，只重在结论，而能面向"未来"，重在发展[16]。同时，师生不断反思自己的教学和学习过程，师生都是评价过程的参与者和合作者，在平等合作中发挥各自的特长，实现了互动化评价。评价过程的无缝化和评价方式的互动化在很大程度上实现了泛在学习的"即时性"和"交互性"，有利于提高学生英语口语能力。

**2. 反思**

笔者对学生进行了问卷调查、课堂观察和随机采访等，力求全方位了解泛在学习环境对大学英语口语教学的影响。学生们认为：

（1）泛在学习为英语口语学习提供了一个全真的社交环境，摆脱了传统课堂教学的束缚，在一定程度上提高了口语能力，并培养了自主学习能力。学生通过网络平台，与不同文化背景、不同社会习俗和不同母语背景的英语学习者及英语本族语使用者进行交流，激发对英语口语学习的兴趣，增强了学习英语口语的主动性。

（2）泛在学习环境使英语口语教学中多模态的输入和输出成为

现实。Internet 网络支撑平台为学生提供了有效的英语口语输入和输出渠道。网络实时在线交流（如：QQ、MSN、Skype 等聊天软件）向学生呈现了诸如听觉的、视觉的甚至触觉的多种体验和多重感官刺激，为学生提供了声、像、图、文环绕的交互式训练语境，建构了立体式学习环境，促进老师与老师、学生与老师、学生与学生、学生与社会人之间的多模态互动，使学生获得交际意识和增强口语表达能力。

（3）泛在学习环境下，学生通过借助网络媒体提供的"支架"（scaffolding）能比较充分地表达内心情感，"支架"较为成功地减少了学生英语口语训练时的焦虑，一定程度上消除了他们的情感障碍，增强了他们的表现欲望和学习信心，为他们能够积极参与交流，进行有意义的语言输出创造了条件。

（4）泛在学习使多媒体和网络等技术完全融入到大学英语口语教学中，技术不再被视作独立的新事物。教师通过调整现行教学活动，理顺了大学英语口语教学系统内部的诸因素之间以及内部因素与外部环境之间的关系，并通过自我控制和自我调节，实现了泛在学习中技术的"常态化"（normalization）[20] [21]。

调查中，笔者也发现很多学生认为大学英语口语教学要完美实现泛在学习所倡导的教学效果，仅仅依靠硬件设施、软件资源以及教师的 ICT（Information & Communication Technology）技能是远远不够的，它还取决于学生意愿、课程设计、教学评价等因素；很多学生反映泛在学习环境下大学英语口语学习使学生拥有了更大的自主权，但教师的参与度降低了，希望教师和学生进行多维多向交互，分享学习资料，共同完成教学任务，实现教学目标。

## 四 结语

信息技术是构成外语教育技术的要素之一，在与外语课程整合中承担着许多看不见的重要作用[22]。泛在学习环境下的信息化大学英语口语课程设计在教学内容、教学方法和评价体系等方面所做的有效调整使教与学产生良性互动，特别是信息技术的合理应用使学生有机会在真实、自然的交互性语言环境中，通过多样的学习手段，即时、系统地获取自己所需的学习资源，进行延展性学习，并能及时对自己的学习状况进行合理评价，增强开展口语学习的积极性和主动性，弥补口语学习动力不足的缺憾，大幅度提高自己的口语水平和交际技能。

### 参考文献

[1] 教育部高教司. 大学英语课程教学要求 [Z]. 上海：上海外语教育出版社，2007.

[2] 蒋超，李丽霞. 我国英语口语教学研究十年评述 [J]. 外语教育，2009，(1)：53-59.

[3] 钱莉娜，刘欣. 大学英语口语教学：问题与策略 [J]. 合肥师范学院学报，2009，(4)：129-132.

[4] Nation, I. S. P. & Macalister, J. *Language Curriculum Design* [M]. New York：Routledge, 2010.

[5] 王维新，朱爱琴，张利兵. 对泛在计算时代教育的设想 [J]. 现代教育技术，2004，(4)：17-19.

[6] 陈卫东. 泛在学习的哲学思考 [J]. 现代教育技术，2008，(12)：58-61.

[7] 罗林，涂涛. 生态学视角下的泛在学习 [J]. 开放学习，2009，(7)：47-50.

[8] 杨孝堂. 泛在学习: 理论、模式与资源 [J]. 中国远程教育, 2011, (6): 69 - 73.

[9] 赵海兰. 支持泛在学习 (U-Learning) 环境的关键技术分析 [J]. 中国电 化教育, 2007, (7): 99 - 103.

[10] 陈维维. 应然的泛在学习技术 [J]. 中国电化教育, 2010, (11): 12 - 16.

[11] 李卢一, 郑燕林. 泛在学习环境的概念模型 [J]. 中国电化教育, 2006, (12): 9 - 12.

[12] 张洁, 王以宁, 张晶. 普适计算支持下的泛在学习环境设计 [J]. 现代远 距离教育, 2009, (5): 9 - 11.

[13] Ogata, H. & Yano, Y. Context-Aware Support for Computer-Supported Ubiquitous Learning [A]. In *Proceedings of the 2nd IEEE International Workshop on Wireless and Mobile Technologies in Education* (WMTE'04) [C]. IEEE Computer Society Press, 2004: 27 - 34.

[14] Zhang, G., Jin, Q. & Lin, M. A Framework of Social Interaction Support for Ubiquitous Learning [A]. In *Proc. of AINA* (19*th International Conference on Advanced Information Networking and Applications*) [C]. 2005: 639 - 643.

[15] Boyinbode, O. K. & Akintola. K. G. A Sensor Based Framework for Ubiquitous Learning in Nigeria [J]. *International Journal of Computer Science and Network Security*, 2008, (11): 401 - 405.

[16] 金桃, 张东. 泛在学习在远程开放教育中的作用研究 [J]. 吉林广播电视 大学学报, 2009, (5): 5 - 8.

[17] 余胜泉, 程罡, 董京峰. e-Learning 新解: 网络教学范式的转换 [J]. 远程 教育杂志, 2009, (3): 3 - 15.

[18] 李卢一, 郑燕林. 泛在学习的内涵与特征解构 [J]. 现代远距离教育, 2009, (4): 17 - 21.

[19] 亢春艳. 终身学习理念下的 U-learning 环境设计 [J]. 现代教育技术,

2011, (10): 83 - 86.

[20] Bax, S. CALL—past, present and future [J]. *System*, 2003, (1): 13 - 18.

[21] 陈坚林. 计算机网络与外语课程的整合——一项基于大学英语教学改革的研究 [M]. 上海: 上海外语教育出版社, 2010.

[22] 胡加圣. 信息技术在与外语课程整合中的地位与作用解析——兼论外语教育技术的学科性 [J]. 现代教育技术, 2010, (12): 72 - 77.

## On the Construction of Multimodal College English Speaking Course with Integrating U-learning into Its Teaching

**Abstract**: At present, College English Speaking teaching, in a bottleneck situation, has many problems in the teaching contents, teaching methods and students' participation in teaching evaluation. The construction of multimodal College English Speaking course in ubiquitous learning environment inspires students' inner potential and improves their English listening and speaking skills and communicative competence. Clarifying the relationship between ubiquitous learning and College English Speaking teaching, constructing a model for multimodal College English Speaking course design with reflection on ubiquitous learning, and applying it to the teaching practice can effectively promote the development of College English Speaking course.

**Key words**: ubiquitous learning; College English Speaking; course design

# 附录 5 – 4

## 虚拟现实技术支持的大学英语口语立体化教材研究[①]

**摘　要**：信息技术与教育整合的背景下，立体化教材成为教材研究领域的热点话题。本文在阐释虚拟现实技术支持的大学英语口语立体化教材建设的基础上，从学习环境、学习方式、学习评价等角度剖析立体化教材在大学英语口语教学改革中的作用，从而为大学英语口语课程体系改革提供参考理据。

**关键词**：立体化教材；大学英语口语；虚拟现实技术

## 一　引言

基于信息技术（Information and Communication Technology，简称为 ICT）的教育信息化是教育现代化的基本内涵，也是实现教育现代化的重要手段。"信息技术应用于教育的惟一选择和惟一出路是整合。"（陈琦，张建伟，2003）教材是教学理念的载体，是教学的重要物质基础。整合背景下出现的立体化教材以 ICT 作为知识建构工具、学习管理工具、反思评价工具和协作互通工具，在虚拟现实技术的支持下，学生、教师和网络教学资源构成一个促进学生个性化学习的"虚拟学习共同体（虚拟学习社区）"，实现立体化课程体系。

---

① 本文发表于《大学英语教学与研究》2013 年第 3 期。

作为一种教材建设新理念，立体化教材打破了以往以纸介质为知识传播载体的局限，充分利用现代教育技术来寻找突破，不仅能够满足系统化知识教学的需要，而且在培养学生实践能力和创新能力方面存在明显的优势。着眼于培养学生的人文素养和交际能力的大学英语口语课程有必要加大立体化教材建设的力度以开发学习者的自我潜能，培养学生的高级认知能力。本文拟从梳理立体化教材发展脉络入手，探讨虚拟现实技术支持立体化教材的建设，并结合学习环境、学习方式、学习评价的变化说明立体化教材在大学英语口语课程体系改革中的作用。

## 二 虚拟现实技术与立体化教材

### 1. 虚拟现实技术与外语学习

虚拟现实技术（Virtual Reality Technology）是指用计算机生成的一种特殊环境，人可以通过使用自动控制和人工智能技术将自己"投射"到这个环境中，并操控该环境，实现特殊的目的，即人是这种环境的主宰。这种环境并非真实地存在，但它却能给人以身临其境的、完全的或者某种程度上的真实感觉。虚拟现实技术多感知性（Multi-Sensory）、浸没性（Immersion）、交互性（Interactivity）和构想性（Imagination）的特点决定了它必将成为非常有效的语言教学工具（Harmon，2008）。目前，虚拟现实技术已越来越多地运用到语言教学领域，它对传统的语言教学观念和方式产生巨大冲击，为教学模式改革带来良好的条件和机遇。虚拟现实技术借助于仿真与实验活动，使学习者在外语学习中体验发现与探索问题的认知历程，激发学习者主动思考、学习与解决问题的潜力，并进而有效地促进记忆积累与知识迁移至实际语言应用环境中。

虚拟现实技术与外语学习的结合最显著的特征就是构建了虚拟外语学习环境（Virtual Learning Environment，简称为VLE），它是一种人工创造和控制的环境，可以把课堂学习和课外习得有机地结合起来，构成仿真世界现象与环境的"探索式＋发现式"学习系统（环境）。虚拟外语学习环境既建构外语学习课堂情境，也动态仿真外语学习社会环境，已成为一种新的语言学习方式。由于立体化教材所构建的虚拟外语学习环境为学生提供了观察现象、模仿语境和实验交际的空间，立体化教材使学生在虚拟语境中的学习成为可能，其"身临其境、寓教于乐"的特点可以培养学生对问题与现象进行主动思考与解决的能力，从而激发学习者成为知识的探索者、发现者与建构者。因此，虚拟现实技术支持的立体化教材充分利用互联网和多媒体等现代技术的特点，使用局域网等网络进行学习，使教材成为真正的情景化、个性化和交互性的教材（马冲宇、闫小丽，2009）。

## 2. 立体化教材及其研究

以计算机网络为核心的现代信息技术进入并整合于外语教学领域，外语课程的构成范式从传统的"2＋1"模式转变为"3＋1"模式（理论、方法、技术＋课程或教材），即教学理论、教学方法、信息技术（教育技术）体现于课程或教材之中（陈坚林，2010：39）。整合框架下，立体化教材应运而生，它以课程教学为中心，以计算机和互联网为支撑平台，对教学内容、教学资源和教学服务进行多媒介、多形态、多层次整合。立体化教材的物理表征显现为纸质教材、多媒体教材包和基于互联网的教学网站等，通常配有主教材、教师手册、多媒体助学光盘、教学录像、电子教案、教学网络系统和专门的资源网站，为师生提供完整、多元、个性化的外语教学和学习平台。深层次的立体化教材应定义为立体化教学和学习体系的载体，即在分析社会、学校和师生需求的基础上设计、编写立体化教材，构建多媒体、多模态环境，促进学生学习方式的转变，实现教材与教学的有效整合。因此，立体化教材是学生在教师引导下自主形成多媒体、多模态学习能力的最佳媒介和手段，其基本组成要素如图 1 所示：

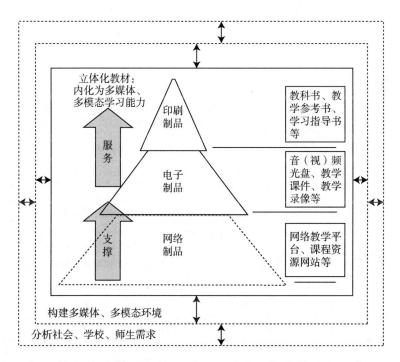

**图 1　立体化教材的基本组成要素**

关于立体化教材，在国外早有类似说法，如：integrated text-book/coursebook（即综合性教材），指教材内容的综合性程度高，既注重训练学生的读写能力，又强调培养学生的听说能力；learning package（即学习包），指教材的形式而言，包括纸介质图书、磁带、光盘和其他赠品等；study package，往往是指供个人报名的一揽子学习活动项目，可以是实地的，也可以是网上的。但是，这些名称都只偏重一方面，或内容，或形式，或活动，而立体化教材概念的内涵却要丰富得多。国内针对外语立体化教材的研究主要有：

表1　　　　　　　　国内外语立体化教材研究主要文献

| 研究者 | 研究时间 | 研究角度 | 研究内容和主要观点 |
|---|---|---|---|
| 庄智象、黄卫 | 2003 | 理论构建 | 从现代教育学理论和现代信息技术的发展出发，分析大学英语教材立体化建设如何改变以灌输知识为主的教材体系，形成一套多元化、多层次，互相联系、互相作用的教学方案 |
| 马俊波 | 2006 | 教材开发 | 从实践论的角度探讨大学英语立体化教材开发中的核心问题，并指出大学英语立体化教材是信息时代的产物，是形式、内容和服务三方面的统一体 |
| 黄荣怀、郭芳 | 2008 | 教学设计 | 探讨基于数字资源的立体化教材设计，提出立体化教材的教学设计框架，涵盖指导思想、设计理念、编制策略、编排风格等方面，并阐述立体化教材的基本结构体系 |
| 陈坚林 | 2010 | 理论探讨和教材研发实践相结合 | 阐述和探讨第五代大学英语教材的研发，并指出立体式教材是从传统教材（纸质图书）到音像、电子以及计算机网络系统的多媒体、多模态的存储和呈现介质的转移和融合 |
| 于博瀛 | 2010 | 语料库与教材开发 | 在计算机网络与外语课程整合和外语通识教育的双重背景下，指出语料库和虚拟语境下的大学英语教材设计是未来大学英语教材开发的一个趋势 |
| 陈坚林 | 2011 | 概念厘清和理论挖掘相结合 | 在探究外语立体化教材的基础上探讨立体化教学方法的实施要素，并对教师"信息—教学"素养的提高提出建议 |

　　分析上述文献不难看出，国内针对外语立体化教材多从理论建构和框架设计等角度进行研究，缺少结合教学实践探究立体化教材在外语课堂内外的应用。本文拟以大学英语口语课程为例，从学习环境、学习方式、学习评价等角度说明立体化教材如何在教学实践中促进教学诸要素的改变，从而推动课程的改革。

### 三　虚拟现实技术支持的立体化教材

陈坚林（2006）认为："立体化教材至少有三方面的突破：一、通过与计算机网络的整合，打破了课本为知识唯一来源的局限；二、能创设理想的外语学习环境，为外语学习提供真实的、'可无限延伸的'语境；三、改变了传统的教学结构。"但是目前基于立体化教材和计算机网络教学的改革效果并不如预期的那样好：大部分学生还不能适应自主式、探索式学习，面对如此大量的信息化学习资源，学生往往不知如何有效利用；许多老师仍未摆脱以教师为中心的旧的教学观念的束缚，对如何在多媒体技术和网络技术条件下有效地组织课堂教学仍感困惑，因而新教材、新技术并没有真正起到转变教学模式的作用（王扬帆，2007）。这就要求虚拟现实技术辅助构建大学英语口语多维教学环境，结合学校、教师、学生的特点和需求做出合理的教学设计，最大限度地颠覆传统课堂教学模式，实现外语教学真正的"校本化、个性化、特色化"。

一般而言，虚拟现实技术支持的大学英语口语立体化教材在提供仿真实世界里的文化环境、提供情境式与建构式的认知学习空间和提供探索式与发现式的学习活动的过程中，以学习者与虚拟外语环境的高度互动转变教学环境，以"教"与"学"的高度互动强化学生合作学习和自主学习能力，从而实现课堂教学的有效性（杨启亮，2012）；在培养学生英语听说交际能力课程目标的指导下，构建应用型大学英语口语课程模式，提倡高度学习者控制的"做中学"的学习方式，以此循环反复，构建图 2 所示的"基于立体化教材的大学英语口语课程生态系统"。该系统通过虚拟现实技术对学习环境、学习方式和学习评价等进行"三位一体"二次开发，目的在于充分利用各种跟语言教学有关的教学要素和资源,挖掘它们之间的关系,使其融为一个内在相互作用的有机整体,形成教师教学、学生探索知识和自主学习的网络化便捷平台,促使各种教学资源实现其价值的最大化,其最终目的是全面提高大学英语口语教学的质量和效益。

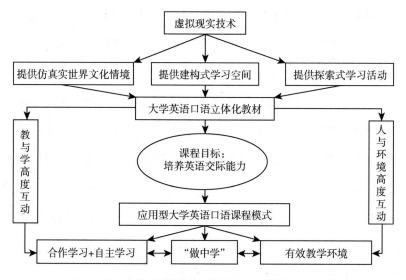

**图2 基于立体化教材的大学英语口语课程生态系统**

## 四 立体化教材与大学英语口语教学改革

《大学英语课程教学要求》(2007)指出,大学英语教学改革的目的之一是促进学生个性化学习方法的形成和学生自主学习能力的发展。这就要求大学英语教学要集传统的课堂教学模式和现代信息技术为一体,兼顾个性化自主学习与课堂教学、语言基础与语言综合应用能力的关系。注重自主化、网络化、交互化相结合的大学英语口语教学应给教师和学生更多的自主空间,提高学生的自主性和参与性。立体化教材的研发与使用促进大学英语口语教学充分利用现代信息技术，采用基于计算机的课堂教学模式和基于虚拟现实技术的课下学习模式，实现从"以教师为中心"到"以培养学生自主学习能力为中心"的转移。

以虚拟现实技术为支撑的立体化教材所构建的新教学体系使大学英语口语课程的学习环境、学习方式和学习评价发生了变化，最显著的变化就是英语口语的教与学可以在一定程度上不受时间和空间的限制。

## 1. 立体化教材与学习环境

"虚拟英语环境、真实英语世界"是立体化教材为大学英语口语教学构建的最佳的学习环境，通过使用主教材和配套服务资源，如：在线交际系统、在线作业系统、网络交流平台、网络答疑系统等，选用优秀的教学资源库，鼓励教师有效地使用网络、多媒体及其他介质教学资源来搭建立体化教学支撑平台，从而带动大学英语口语学习的物质环境和非物质环境，特别是传统学习环境（如教室的布置、学校的环境）和电子学习环境（多媒体教室、语言实验室、虚拟课堂等）的改善。学习者从进入虚拟学习环境到开始学习，以至获得成绩或学历过程中立体化教材始终提供的是和谐、生动、活泼的学习氛围和优良的学习环境。因此，依托立体化教材构建的全新学习环境系统全面开展大学英语口语学习资源的规划与建设，使得大学英语口语实现基于计算机网络的虚拟英语世界和基于英语活动的真实语言环境的高效教学，多人在线交互场景、目的语课堂虚拟场景、目的语虚拟社会场景等学习环境设计促使大学英语口语教育朝着情景化、协作化、自主化、多元化和个性化方向发展。

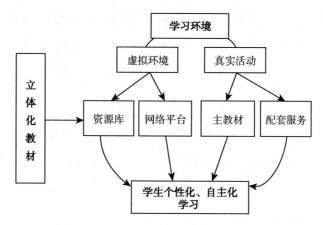

### 2. 立体化教材与教学、学习方式

基于立体化教材的大学英语口语教学强调课堂教学与虚拟现实技术支持的自主学习相结合。课堂教学提倡"课前引导＋课堂检查"模式，即学生在教师指导下借助立体化教材提供的教学辅助资源，如：电子教案、教学录像等，进行课前自主学习，教师在课堂上进行检查；虚拟现实技术支持的立体化教材为学习者提供了丰富的学习资源以及选择学习材料和学习方式的机会。利用虚拟现实技术，立体化教材模拟真实语言和文化情境，能让学生自己"进入其中"，完成虚拟情境中的语言学习任务和跨文化交际任务，大大提高了学生的双向沟通和多元互动能力。此外，以虚拟现实技术实现的仿真校园也可作为支撑平台用来设计立体化教材和融入英语教学中，提供可移动的电子教学场所，如：报告厅、图书馆等，通过即时互动式教学终端提供开放的、远距离的持续教育。立体化教材为大学英语口语教学构建融课堂教学、虚拟环境中模拟真实语言交际的自主学习和虚拟空间中仿真实校园的远程学习为一体的三维互动教学方式，开辟英语课堂、人机交互网络学堂和远程仿真校园等多维立体的学习园地，不断营造立体化学习环境，给学生提供更多的自主学习资源，以"听说技能训练＋人文知识习得"为基础，以培养听说

能力为突破口，重点抓综合交际素质培养，以提高学生的英语实际应用能力。

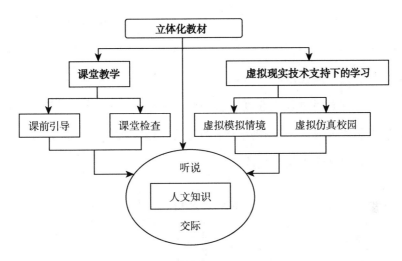

### 3. 立体化教材与学习评价管理

立体化教材带来大学英语口语教学模式改变的同时也要求对学生学习的评价与管理发生相应的变化。虚拟现实技术与立体化教材结合而生成的网上学习系统涵盖学习、反馈、评价、管理的完整过程，包括学生学习、学生反思、自评和互评、教师在线指导、对学生学习和教师指导的监控管理等模块，能随时记录、了解、检测学生的学习情况以及教师的指导情况，在技术上体现交互性和多媒体性，易于操作。

在学习评价的实施过程中，强调评价虚拟现实技术与立体化教材构建的多用户三维学习环境下学生的自主学习效果和自我效能感。对学生自主学习能力的培养和学习质量的评价主要采取三维自主学习模式和四监控模式，即"激发兴趣—提高意识—培养策略"的三维自主学习模式和"实时监控—自我监控—相互监控—测试监控"的四监控模式。评价时间从"完成时"向"进行时"转变，学生在虚拟英语世界进行体验式学习时做到实时修正，以保证多层次互动交流的流畅性和完整性;评价主体从"单一化"向"多元化"转变,学生自己、虚拟社区学习同伴、教师甚至是校外的"专家"都参与评价,增加权威性和客观性;评价方式从"师本位"向"生本位"转变,教师不再唱"独角戏",学生集思广益、各抒己见,增强学生的参与感。立体化教材一方面让学生自主探究、协作学习、认真体验,另一方面通过师生互动,教师引导学生建立电子绩效系统,并把反思和评价的结果反作用于学习过程,以调控学习评价来改善学习绩效,提高学生的自我效能感。

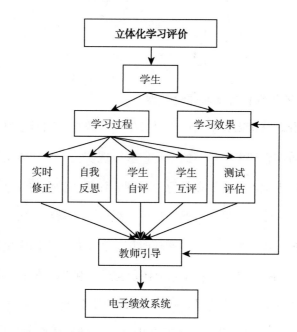

## 五 结语

任何教材都基于若干对学习过程的假设(Hedge,2000),立体化教材更是如此。信息技术与外语课程整合背景下,虚拟现实技术提供的教育环境符合教育生态学要求(张丽霞、王文利,2010),其支持的立体化教材是一整套以教育生态学理论为指导,以传统纸质教材为基础，多层次、多媒介、多形态、多用途的教学方案，通过虚拟现实技术创新学习环境、学习方式和学习评价管理模式，在促进教材与教学大纲相适应、推动大学英语口语教学向"校本特色、内涵发展"延伸和提高外语教学质量和效益方面作用显著。

## 参考文献

[1] Harmon，S. W. A theoretical basis for learning in massive multiplayer virtual worlds. *Journal of Educational Technology Development and Exchange* [J]．2008，1 (1)：29－40.

[2] Hedge，T. *Teaching and Learning in the Language Classroom* [M]．Oxford：Oxford University Press. 2000.

[3] 陈坚林．大学英语教学新模式下计算机网络与外语课程的有机整合——对计算机"辅助"外语教学概念的生态学考察 [J]．外语电化教学，2006，(6)：3－10.

[4] 陈坚林．计算机网络与外语课程的整合：一项基于大学英语教学改革的研究 [M]．上海：上海外语教育出版社，2010.

[5] 陈坚林．试论立体式教材与立体式教学方法 [J]．外语电化教学，2011，(6)：3－7.

[6] 陈琦，张建伟．信息时代的整合性学习模型——信息技术整合于教学的生态观诠释 [J]．北京大学教育评论，2003，(3)：90－96.

[7] 黄荣怀，郭芳．立体化教材的设计与开发 [J]．现代教育技术，2008，(10)：105－109.

[8] 教育部高教司．大学英语课程教学要求 [Z]．上海：上海外语教育出版社，2007.

[9] 马冲宇，闫小丽．基于 DVEs 的分布式虚拟语言学习环境研究 [J]．河北大学学报（哲学社会科学版），2009，(5)．

[10] 马俊波. 论大学英语立体化教材的开发 [J]. 外语电化教学, 2006, (6): 25 - 29.

[11] 王扬帆. 大学英语立体化教材建设的理想与现实 [J]. 大学出版, 2007, (4): 28 - 31.

[12] 杨启亮. 课堂教学有效性的几个基础问题 [J]. 教育发展研究, 2012, (8): 26 - 30, 52.

[13] 于博瀛. 整合框架下的大学英语教材发展路向探析 [J]. 外语电化教学, 2010, (6): 77 - 80.

[14] 张丽霞, 王文利. 生态系统视角下的虚拟学习环境的构建 [J]. 中国电化教育, 2010, (8): 29 - 32.

[15] 庄智象, 黄卫. 试论大学英语教材立体化建设的理论与实践 [J]. 外语界, 2003, (6): 8 - 14.

# A Research on All-Encompassing Materials for College English Speaking Teaching Supported by Virtual Reality Technology

**Abstract**: With the integration of information technology into education, the research of all-encompassing teaching materials is a hot topic. Based on interpreting the concept of all-encompassing teaching materials supported by virtual reality technology, the paper explores the function of all-encompassing teaching materials in college English speaking teaching reform in terms of learning environment, mode and evaluation. Therefore, a reference for college English speaking curriculum system reform is provided.

**Key words**: all-encompassing teaching materials; college English speaking curriculum; virtual reality technology

# 附录 5 - 5

# "立体化教材＋互联网资源"驱动的大学

# 英语教学设计研究<sup>①</sup>

**摘 要：**立体化教材和互联网资源的广泛应用对大学英语课程改革提出了新的要求。本研究采用问卷调查、访谈和课堂观察等方法，分析影响学生使用立体化教材的主要因素，探讨互联网资源在教学设计中的作用，进而提出"立体化教材＋互联网资源"驱动的大学英语教学设计模型，旨在更好地促进高校外语课程的信息化、智能化和个性化发展。

**关键词：**立体化教材；互联网资源；教学设计

## 1. 引言

"互联网＋"正在重塑开放创新的教育生态，它对教育的影响主要体现在教育资源的重新配置和整合上（赵国庆，2015）。"互联网＋"时代外语教学范式已由"知识获取"转向"知识创建"，静态、预设的教学资源多是单向输送知识的载体，无法满足学生差异化和个性化学习的需要，学生与资源之间没有交互的空间和渠道。立体化教材把纸质界面的知识体系延伸至全新的"互联网＋"环境中，创建与学生个体因素相匹配的教学资源体系，推动高校外语教学形成"常态化在线课堂、泛在化自主学习、智能化组织管理"相结合的新

---

① 本文发表于《外语电化教学》2019 年第 1 期。

生态（杨港、陈坚林，2018）。然而，立体化教材在大学英语课程中的应用还存在问题和不足，如教材功能的开发尚不到位、信息技术的作用没有真正发挥等，导致教材使用效果不佳。本研究通过问卷调查、访谈、课堂观察等方法分析影响立体化教材使用的因素，反思如何通过互联网教学资源改善教与学的方式，解决传统教学模式存在的深层次矛盾，提出利用立体化教材和互联网资源驱动大学英语教学设计的执行框架。

## 2. 文献综述

信息技术与大学英语课程的整合意味着教材不再是教学的全部内容，教材是可变的和发展的，这促使教师和学生在教材使用的观念和行为上做出改变。立体化教材把纸质、多媒体教学材料与互联网资源结合在一起，综合运用现代信息技术形成内容、媒体之间的互动，根据不同学科、不同使用对象、不同应用场景来设计教学，在知识表达的立体性、教学设计的自由性、教学过程的互动性和教学管理的灵活性等方面具有优势。立体化教材以"使用"为纽带，串联"编写"和"服务"，强调课程资源在互联网环境下的深度融合，形成大学英语信息化教学的整体解决方案。使用过程中师生要对立体化教材进行"再设计"，对教材及其他教学资源加以整合并依托多种教学媒体、模态和环境对教材进行"再开发"，搭建开放、完整、多元的语言教学平台，实现与目标语形成意义建构的目标。大学英语立体化教材概念框架如图1所示：

自2001年教育部发布立体化教材建设方案至今，大学英语立体化教材已进入成熟阶段，但国内有关立体化教材的研究成果很少。已有研究多从理论建构层面展开，如庄智象、黄卫（2003）明确了

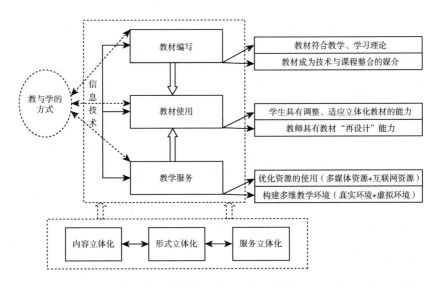

**图 1　大学英语立体化教材概念框架**

立体化教材建设的必要性和可行性；马俊波（2006）讨论了立体化教材开发中的核心问题；蔡基刚、唐敏（2008）强调了立体化教材的编写原则；黄荣怀、郭芳（2008）制定了立体化教材的教学设计框架；陈坚林（2011）探讨了立体化教学方法的实施要素；李科生、蒋志辉（2018）通过蓝本编写、数字化加工、互联网试用三个环节开发包括数字课本、电子教案与 PPT、微课、虚拟仿真实验、题库、学术论坛六个模块在内的立体化教材体系，以更好地满足学生学习的需要。

国外学者在该领域的研究视角趋向多元化，教材编写、使用和评估皆有涉及，如 Maddux *et al.*（2001）分析了多种传输媒介、呈现方式以及感官模式在教材中的交互作用；McGrath（2002）探讨了系统化教材设计模式，并提出了在教材使用中和使用后进行评估的多种可行性程序；Tsui（2003）对比了教师使用教材资源的不同策略和效果。近年来，研究视角从教材本身转向支撑教材发展的新技术元素，如 Reinders & White（2010）以任务设计为例探讨了新技术与教材发展相结合的理论与实践路径；Motteram（2011）和 Kervin & Derewianka（2011）关注了教材信息传递和教材使用中的技术手段，验证了技术和资源驱动的教材更适合以信息化为特征的现代语言教学。

综上所述，国内多从理论建构和框架设计等角度对立体化教材的使用进行研究，缺少实践层面上对立体化教材在大学英语课堂内外如何使用的探讨。与国内研究"重视宏观描述和总结"的特点不同，国外研究把具体的教学元素（如互动、行为、任务等）置于教材的设计、编写、使用和评估中研究教材使用与教学过程的交互关系。综合国内外研究现状可以发现三个"缺失"：（1）以教师为出发点的教材研究较多，学生视角下的教材研究缺失，学生的自主意识、信息素养等在立体化教材二次开发中的作用不被重视；（2）教材使用取向和过程的研究较多，影响教材使用因素的研究缺失，存在"重现象、轻原因"的问题，特别是基于数据挖掘的学生个体因素与立体化教材使用的关系值得关注；（3）把立体化教材融入"互联网＋"教学资源系统并创新课程设计的研究缺失，如何依托互联网资源促使大学英语课程在规划、实施、评价等方面发生变化需要探讨。

## 3. 研究设计

### 3.1 研究问题

本研究旨在回答以下两个问题：

（1）学生视角下，影响大学英语立体化教材使用的主要因素有哪些？

（2）大学英语课程如何构建立体化教材和互联网资源驱动的教

学设计模型?

### 3.2 研究对象

本研究采用分层目的性抽样选出陕西、辽宁、山东、黑龙江、浙江、云南 6 个省份不同类型高校的 570 名大学生（包括 266 名男生和 304 名女生）参与问卷调查，回收 553 份问卷，其中有效问卷 507 份。笔者从填写了问卷并自愿参与后续访谈的学生中选出 22 名非外语专业大学本科二年级学生作为访谈对象，访谈形式包括个别访谈和集体访谈。此外，笔者在上海和山东两所高校进行课堂观察，观察了两名教师使用立体化教材进行大学英语课堂教学的情况，共计 16 学时。

### 3.3 研究方法与工具

本研究以问卷调查法、访谈法和课堂观察法等方法对作为教材使用主体的学生进行了调查，以说明大学英语立体化教材的应用对教学实践的反拨作用。首先，以先导研究概括影响学生使用立体化教材进行大学英语学习的因素，并以此作为问卷编制的维度，确定各维度在本研究中的工作定义，参考国内外学者的相关调查问卷，结合当前我国大学英语教学的现状和立体化教材的特质，编制了调查问卷。其次，采用半结构式访谈法对问卷调查的结果及其反馈的信息进行了更加深入的了解，访谈提纲包括导入性问题、宏观类问题、焦点性问题和补充性问题。再次，进行了课堂教学观察，通过观察记录单梳理教师和学生围绕教学目标对立体化教材、互联网资源进行二次开发以及设计、组织不同教学活动并完成相应教学任务的过程，同时在师生的反思性总结中提炼立体化教材、互联网资源的应用理念。

## 4. 研究结果与讨论

### 4.1 影响大学英语立体化教材使用的因素

#### 4.1.1 因子提取与命名

本研究通过因子分析挖掘影响立体化教材使用的主要因素。KMO 检验和 Bartlett 球形检验结果显示:研究数据适合用因子分析,原始变量之间存在共同因子。因子分析采用主成分分析法,进行最大方差旋转,因子提取时遵循以下三项原则:提取因子的特征值≥1,且包含 3 个以上题项;每个题项的因子负荷≥0.3;同一题项如在两个或多个因子上的负荷都超过 0.3,则通过对比分析,根据解释的合理性来决定其归类。据此,共提取到 10 个因子,方差总解释率为 55.8%(见表 1)。

**表 1　　　　　　　　　前 10 个因子的负荷情况**

| 成份 | 初始特征值 | | | 提取平方和载入 | | | 旋转平方和载入 | | |
| --- | --- | --- | --- | --- | --- | --- | --- | --- | --- |
| | 合计 | 方差的(%) | 累积(%) | 合计 | 方差的(%) | 累积(%) | 合计 | 方差的(%) | 累积(%) |
| 1 | 12.229 | 27.175 | 27.175 | 12.229 | 27.175 | 27.175 | 4.637 | 10.305 | 10.305 |
| 2 | 2.203 | 4.896 | 32.071 | 2.203 | 4.896 | 32.071 | 3.833 | 8.518 | 18.823 |
| 3 | 1.941 | 4.313 | 36.385 | 1.941 | 4.313 | 36.385 | 2.631 | 5.846 | 24.669 |
| 4 | 1.660 | 3.688 | 40.073 | 1.660 | 3.688 | 40.073 | 2.497 | 5.549 | 30.218 |
| 5 | 1.383 | 3.073 | 43.146 | 1.383 | 3.073 | 43.146 | 2.341 | 5.202 | 35.421 |
| 6 | 1.300 | 2.890 | 46.036 | 1.300 | 2.890 | 46.036 | 2.272 | 5.048 | 40.469 |
| 7 | 1.158 | 2.574 | 48.610 | 1.158 | 2.574 | 48.610 | 1.970 | 4.377 | 44.846 |
| 8 | 1.099 | 2.443 | 51.053 | 1.099 | 2.443 | 51.053 | 1.907 | 4.238 | 49.084 |
| 9 | 1.079 | 2.398 | 53.451 | 1.079 | 2.398 | 53.451 | 1.626 | 3.613 | 52.698 |
| 10 | 1.060 | 2.357 | 55.807 | 1.060 | 2.357 | 55.807 | 1.399 | 3.110 | 55.807 |

经主成分分析法提取和具有 Kaiser 标准化的正交旋转法旋转、迭代和收敛后得到的 10 个成份,经过归类概括和手动移位,生成影

响立体化教材使用的 6 个因子，分别为：学习态度（学生对立体化教材以及互联网学习资源的接受度和满意度）、学习者自主（立体化教材的使用对学生自主学习意识和能力的促进机制）、学习资源（立体化教材及互联网资源创建的多维学习时间和空间环境）、学习者角色（学生在立体化教材使用过程中的角色与作用）、学习适应性（学生对立体化教材及其带来的学习方式、策略变化的适应性）和学习环境（基于立体化教材和互联网学习资源的英语教学新生态）。

### 4.1.2 因子水平比较

笔者通过分析影响立体化教材使用的各因子的均值（$M$）和标准差（$SD$），并与总体均值和标准差进行对比（见表 2），反映学生对影响大学英语立体化教材使用的各个因子的感知和理解水平。

**表 2　影响大学英语立体化教材使用的各因子水平比较**

| 因子 | $M$ | $SD$ |
|---|---|---|
| 学习态度 | 3.276 | 1.014 |
| 学习者自主 | 3.149 | 0.981 |
| 学习资源 | 3.099 | 0.996 |
| 学习者角色 | 3.102 | 1.027 |
| 学习适应性 | 3.248 | 0.993 |
| 学习环境 | 3.008 | 1.093 |
| 总体水平 | 3.147 | 1.017 |

从表 2 可知，参与问卷调查的学生在回答与影响大学英语立体化教材使用因素相关问题时得分均值只有 3.147，标准差为 1.017，说明学生回答这些问题时所得实际值与期望值差距较大，即数据的离散程度大。所以，从总体上来说，学生对大学英语立体化教材的使用并不理想。为进一步考量这 6 个因子的得分是否存在显著差异，本研究采用了多组配对检验。检验结果（见表 3）显示：6 个因子之间存在显著差异，表明这 6 个因子对依托立体化教材的大学英语教

学的作用并不相同。

表3　　　　　　　　　　　**Friedman Test 结果**

| N | 507 |
|---|---|
| Chi-square | 1145.732 |
| df | 44 |
| Asymp. Sig. | 0.000 |

在多组配对检验中，笔者对6个因子进行排秩，并汇报了每个因子的平均秩次（见表4）。其中，最低平均秩次为学习环境（MR＝2.5），表明该因子的变量值低于其他因子；最高平均秩次为学习态度和学习者自主（MR＝5.5），表明这两个因子的变量值高于其他因子。这一结果与表2中6个因子均值的排列顺序一致。

表4　　　　　　　　　　　**秩次统计表**

| 因子 | Mean Rank |
|---|---|
| 学习态度 | 5.5 |
| 学习者自主 | 5.5 |
| 学习资源 | 4.0 |
| 学习者角色 | 5.0 |
| 学习适应性 | 3.0 |
| 学习环境 | 2.5 |

综合来看，影响大学英语立体化教材使用的6个主要因子不均衡，表现出较高水平的因子是学习态度，这表明大学生对立体化教材在大学英语教学中的应用持肯定态度。"立体化教材是启发引导式、传递式、发展式三种教育观的综合体现。从其特点来看，教材因技术的参与使教育的启发和传递功能更加直观、强化，以达高效的教学效果与目标。与平面单一的纸质教材相比，立体化教材体现了综合、全面的教育观，注重学习者的全面发展和成长"（陈坚林，2011）。这在对学生的访谈中得到验证，多数学生认为立体化教材不

拘泥于知识的单向传授，把多元目标的培养和个性化实现路径融入教材的编写和使用中，更容易受到欢迎。如：

"立体化教材采用现代化的教育技术增加了课堂信息量，提高了学习效率，00 后大学生对互联网环境下的学习更加适应，相反，一间教室、一位教师、一本纸质教材已经不再是今天英语学习的必备要素了。"（大一学生 K）

"立体化教材配合内容丰富、形式多样的电子、网络材料，增强了我们对语言学习的感性认识，它注重参与、注重体验的特点让我们对学习英语有了更大的兴趣和动力。"（大二学生 S）

我国的外语教学缺少真实的语言环境，立体化教材如何为大学英语教学创设贴近自然的语言学习和实践环境值得关注。调查结果显示，6 个主要因子中表现出较低水平的是学习环境，这表明大学英语学习环境即使有了多媒体网络设备与技术手段的支持仍未达到理想的状态。张宝弟、何培芬（2009）指出："以计算机网络技术为核心的现代信息技术的出现，为营造理想的外语教学环境创造了条件。然而，越来越多学者注意到，大量信息技术设备的购置并没有带来外语教学质量的大幅提升。"这在对教师的访谈中也可以看出：

"长期以来，《大学英语》课程形成了固定的教学模式，教师依赖于教材内容进行教学设计和组织，几乎所有的大学英语教材都有配套的课件和教学平台，教师更加习惯于直接使用或调整、改编已有课件进行教学，忽视了立体化教材与互联网资源的有机融合，没有充分调动学生的积极性，没有让学生全面

参与立体化教材和互联网资源的二次开发，信息化教学环境既没能有效构建，也没有充分利用。"（教师 X）

"立体化教材没有促使教师和学生完成从关注教学内容和模式到关注教学环境的转变，很少考虑我们的课堂环境是不是适合语言课程，课堂以外更是缺乏使用英语进行交流的环境。这也是大学英语教学一直达不到最佳效果的原因之一。立体化教材和互联网资源融入大学英语教学可以突破传统教学环境的单调枯燥，借助先进的信息技术手段使英语学习的环境有更强的真实性和互动性。"（教师 G）

### 4.2 基于立体化教材和互联网资源的大学英语教学设计

教师 Y 在某省属高校教授大学英语（听说）课程，该课程是面向非英语专业本科学生开设的大学英语实践类课程，选课学生多数来自新闻传播类专业，共计 58 人。《大学英语（听说）》教材是课程组自编校本教材，选取英语原版电影片段作为原始素材，为师生对资源的再设计留有足够的空间。本课程采用混合式教学模式，通过改变教学环境（物理环境、心理环境）促进学生学习方式的转变。一方面，教师通过高校教学信息化平台——FiF 云平台发布学习任务、管理学习过程、评价学习效果，创设个性化的学习环境；另一方面，教师鼓励学生以小组协作形式进行学习材料的二次开发，通过搜索、加工、合成热点话题资源延展教学内容实现教材资源与非教材资源的有机融合，营造激发、维持学习动机和兴趣的心理环境。教学过程中，教师、学生和资源形成多维互动，以教学内容和教学活动为基本载体，进行有效的混合式教学实践。笔者选取该课程 *Anti-terrorism* 单元的教学为例，呈现观察结果，探讨教学设计理念

（见表 5）。

| 表 5 | 课堂观察内容记录 |
|---|---|
| 需求分析 | 融入真实英语交际环境，熟悉生活化英语交流的内容、语言和话语组织方式，把"语言学习"和"语言使用"有机结合 |
| 教学环境 | 交互式多媒体环境、互联网环境 |
| 教学媒介 | 英语原版电影、FiF 云平台 |
| 教学材料 | 电影 *United* 93 片段 |
| 教学目标 | (1) 培养跨文化交际能力，强调文化相异的背景下信息分享或情感表达能力的提升，尤其是如何在价值取向、思维方式、社会规范、语用规则等因素影响下增强跨文化表达力；<br>(2) 线下教学和线上学习相结合，要求学生充分发挥自主学习和合作学习能力，在教学资源整合、教学活动完成的过程中通过思考、讨论、交流和协同等方式自觉运用英语完成学习任务。 |
| 教学设计基本原则 | (1) 生态原则：教学要自然发生和运转，所以，教学不再是教师进行知识传授，而是学生进行知识提取；<br>(2) 自主原则：学习由兴趣、愿望、问题驱动，学生有自我选择、自我管理的能力；<br>(3) 个性原则：学习内容、学习方法因人、因时、因环境而呈现差异性，不是统一的。 |
| 教学活动 | 以发表演讲（speech delivery）为中心活动（the core activity）串联各个分活动（sub-activities），包括：authentic reading, visualization, speech draft writing, peer review and modification, presentation design, speech appreciation 和 comment 等。 |
| 教学过程 | (1) 课前，教师要求学生登录 FiF 云平台，下载电影 *United* 93 片段并观看，根据教材中本单元的活动安排和要求完成课前学习任务，如 mind map（观看电影片段并阅读相应对白，形成思维导图表明人物关系链、故事情节链等）；<br>(2) 课上，教师组织学生就电影片段所反映的内容及主题进行讨论，学生报告讨论结果；教师提供互联网资源（拉斯维加斯恐袭事件 CNN 新闻报道视频、特朗普演讲音频、美国空袭事件历史回顾文本）拓展教学内容，师生共同整合电影片段、纸质教材、课前思维导图、课上讨论报告、课上提供互联网资源及更多相应链接内容，设计新的学习活动，如以小组形式梳理美国近现代史上几次恐袭事件的背景及影响，录音并上传至 FiF 云平台；<br>(3) 课后，教师组织学生就其他小组的报告录音进行互评，主要评价其内容表达和语言运用；以小组形式继续搜索、整理近年来发生在其他国家或地区的恐袭事件（组内进行分工协作，组员分别负责不同国家或地区），比较与美国恐袭事件的异同，形成分析报告，再次录音并上传至 FiF 云平台。 |

　　课堂观察后，笔者对教师 Y 和该课程部分学生进行了集体访谈，了解他们对于如何利用信息化教学资源和全新技术手段改变大学英

语传统教学模式的想法:

  "现有教材内容陈旧,多数话题已不再是社会热点,与现实生活脱节,无法引起我们的学习兴趣"(学生 B)。"我们希望能有机会与老师一起对教材内容重新进行设计,删除与生活关联性较低的内容,增加一些反映我们身边的人和事的内容,这样我们才会有兴趣阅读、讨论或完成老师组织的活动"(学生 Z)。因此,"在'互联网十'和教育信息化的背景下,借助互联网资源调整教学内容,是当前大学英语教学改革的重要一环"(教师 Y)。具体而言,"在教学中通过一个真正具有混合式教学理念的平台把教材内容和互联网资源融合在一起,智能推送学习内容,特别是和时事热点契合紧密的音视频或文字材料,在互联网技术的支持下形成讲、学、练、用的完整体系,真正从'老师讲为核心'转变为'学生学为核心',学生既是资源的使用者,又是资源的贡献者,他们的自主性和成就感被最大限度地激发出来"(教师 Y),而且"教师会根据教学目标要求学生在教材内容的基础上适当增补和拓展学习材料,或重新调整和组合,师生之间通过平台实现随时、随地、随需沟通,跟踪指导,解决问题,即时评价。评价中融入同伴互评、延时复评,评价反馈方式更加灵活、精准,有利于在大班中实现个性化学习"(教师 Y)。这样,学生"不再把教材作为唯一的学习内容和知识来源,让教材为学习所需、为学习所用,而不受制于教材,信息渠道变多了、变广了,英语学习也不再枯燥了"(学生 W),尤其是,"在手机端学习时可以消除心理负担,无论是分享资源、提交作业还是互动交流、在线评价,不会再有传统课堂和面对面学习中经常存在的胆怯心理、尴尬场面，学习轻松了许多，大学英语课堂真正活起来了"（教师 Y）。

外语学习是一个"输入→内化→输出→反馈"的循环过程。教师 Y 遵循外语学习规律，强化了学习资源的感知、理解、应用在不同环节之间的衔接作用，突出了学生在教学内容的二次开发上的主体地位。通过课前的任务与引导（线上）、课上的检查与分享（线下＋线上）、课后的评价与拓展（线上）等活动引发了人和资源的协同发展，延伸了教学空间，优化了教学过程，实现了个性化教学目标。"互联网＋教学资源"为数据的高效收集和学情的即时分析提供可能，成为智慧教学和学习的实现条件之一。

## 5. 研究启示

聚焦教学设计是深化大学英语教学改革的关键。"教学设计的根本特征在于如何创设一个有效的教学系统，系统化教学设计是要回答三个基本问题：教学目标是什么？需要有什么教学策略与媒体？如何检测、如何评估与教学调整？"（毛伟、盛群力，2016）。就语言课程而言，教学设计要以目标确立为核心，把握几个关键因素，包括遵循原则、分析需求和构建环境，围绕内容与序列、模式与呈现、监督与评估设计教学实施方案，并以课程评价贯穿整个系统（Nation & Macalister，2010：3）。信息化背景下，立体化教材与互联网资源不再仅等同于教学内容，而是"以学习者为中心，以促进有意义学习为最终目的，有机融合了内容、活动、工具以及人际智慧在内的资源体"（杨现民、赵鑫硕，2016）。教学中以师生、生生、生本多边对话促进线上、线下资源的动态生成，实现学生自主建构知识和能力体系的教学目标,保证学生参与到教学全过程。具体来说,充分尊重学生个性需求、社会发展需求和学科发展需求确定教学目标,以教学活动为主线串联整个教学过程,依托立体化教材和互联网资源对教学内容与材料、教学模式与方法、评价类型与方式等进行动态调整,教师进行及时监督引导,对学生获取语言知识、发展学习策略、融入真实语境、进行语言实践的过程和效果提供反馈。通过人与资源的交互,学生体验在社会应用语境中解决问题的过程,并逐渐建构自身的英语应用能力,获得英语学习成就感和内驱力,最终实现课程目标。基于实证研究发现,并结合以上理论诠释,本研究构建"立体化教材+互联网资源"驱动的大学英语教学设计模型(如图2所示),继而从教学内容与材料、教学模式与方法以及评价类型与方式三方面展开讨论。

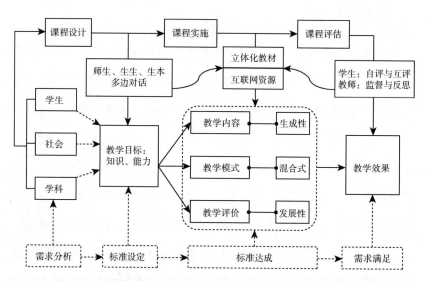

**图2** "立体化教材+互联网资源"驱动的大学英语教学设计模型

## 5.1 教学内容与材料

教学内容是在教学过程中同师生发生交互作用、服务于教学目的的动态生成的素材及信息，是实现学生知识和能力建构的支撑性材料。教学材料是教学内容的重要载体，但教学内容不是教学材料的单一呈现，而是师生对课程内容、教材内容与教学实际的综合加工。在大学英语教学中，师生使用立体化教材，对教材内容进行取舍、调整，利用超媒体、富媒体技术实现教材内容的结构化设计、动态化发展、立体化表达与形象化呈现（陈坚林，2011）。数字化大学英语教材应利用信息技术手段将语言技能、语言内容及文化内涵进行合理配置，使之能够相互融合、相互促进，力求达到提高教学效果的目的（鲍敏、李霄翔，2017）。数字化教材的内容框架主要由数字化课程、数字化信息库、数字化资源库和网络服务平台四部分组成。因此，在使用立体化教材的同时，师生还要共同整合、开发互联网资源，围绕教学目标设计任务和活动，并组织教学过程。信息化教学资源的发展趋势是从预设走向生成，大学英语教学不再拘泥于教材内容，也不再局限在课堂环境中。胡畔、柳泉波（2018）指出学习过程中产生的大量生成性资源与数字教材中的特定知识内容紧密关联，学习者可对这些生成性资源进行访问、修改、更新，从而围绕特定知识内容、问题或项目开展协作学习，促进知识的分享与创造。因此，大学英语教学内容和材料的选择既要兼顾学生的能力水平、情感态度和认知风格以及教师的教学规划、教学态度、教学评价等个体因素，又要把课程内容和外部世界联系在一起，在此基础上，教师和学生共同建构"不确定性知识"，呈现"既定教学内容减少、临时教学内容增加"的特点，师生的已有经验与新信息互相作用，教学内容的可选择性和可操作性增强。

## 5.2 教学模式与方法

传统教学法的局限性催生了"后方法"教育理论的诞生，其动态、发展、开放的教学理念和思想在外语界备受推崇。融入"后方法"教育理论的外语教学更加关注语言在日常生活中的自然运用（Motlhaka，2015）。立体化教材和互联网资源给大学英语课程教学模式和方法的选择带来更多可能：（1）体验式教学。信息技术和资源联通教学活动的设计、组织和评价全过程，与新的认知方式、学习方式联通对接，强调语言学习与学生的学习和生活经验相联系，将生活中的真实情景素材提取、加工，建构学生认同的活动内容和场景，增加语言感知、运用和实践的机会。钟正、陈卫东（2018）设计并应用了基于 VR 技术的体验式学习环境，结果显示能够增强学习体验、促进情境化学习。与之相似的是，立体化教材和互联网资源的结合可以创设逼真的情境，营造出强烈的沉浸感，有利于师生、生生通过交互方式进行语言学习和实践。（2）混合式教学。纸质媒介/数字资源融合、线上/线下融合、课内/课外融合的大学英语混合式教学"以课堂教学、课堂互动为核心，以新型课件、网络教学平台、移动学习资源为依托，鼓励学生利用数字资源自主学习、合作学习和探究学习，促成教学效果的最优化"（赵舒静，2018）。杨芳等（2017）以清华大学开设的《生活英语交流》课程为例，探索并分析了混合式教学在大学英语教学中的应用模式及其特点，通过线上线下教学的有机融合把讲授、学习、交流、练习、演练等活动形成一体，但有机融合不是简单的结合，更不是拼凑，是"将线上线下的每个教学环节无缝衔接，使教学内容承上启下，教学活动连贯有序，并实现教学手段灵活多样"。

### 5.3 评价类型与方式

当前，信息技术在教学中的关注点需要从建设和运行技术设施转向技术在教学中应用的有效性。胡小勇等（2016）指出，信息化教学有效性的特征之一就是教学评价的多元性和发展性，其中，多元性体现在评价对象、评价依据和评价方式三个方面，发展性是指信息化教学评价要关注学生基本知识、操作技能的发展，更要关注学生高阶思维能力、创新能力等方面的发展。方秀才、陈坚林（2018）认为，信息化设施和资源为形成性评估、过程监控和动态评估提供了极为便利的条件，外语教师应该充分利用智能终端、网站、平台、QQ 群、微信群等多样化的互动平台记录学生课堂课外学习行为，鼓励学生自评、互评，并以此记录教学日志，做到形成性评估取代终结性评估，切实贯彻《大学英语教学指南》中主张的综合评价体系。换言之，大学英语教学发展性评价就是既要注重对语言学习过程中输入性学习、产出性运用以及资源对于二者的促成效果的评价，还要注重对学生认知、心理、情感因素的综合评价。例如：余渭深（2017）以一套基于项目学习法（PBL）思想编写的大学英语立体化教材为例，通过教材提供的丰富项目活动（如海报展示、课堂陈述、辩论、班级论坛、课程论文、项目研究等）开展教学，评价了学生对项目活动教育价值的理解，说明了如何借助学习支撑和评价方法的改变实现有效的学习。

## 6. 结论

本研究从分析大学英语立体化教材使用的影响因素出发，构建"立体化教材＋互联网资源"驱动的大学英语教学设计模型，表明立体化教材和互联网资源相互依存并共同作用于大学英语教学，促进教学内容与材料、教学模式与方法以及评价类型与方式建立互为支持、协同发展的联结机制。本研究为大学英语教学设计中立体化教材和互联网资源的合理应用提供了启发性建议，具有理论指导意义和实践推广价值。值得注意的是，信息化教学资源并非静态化的，其应用模式也不是一成不变的，后续研究中立体化教材和互联网资源必须与具体的教学需求和教学情境相关联，从而形成更加多元化、专业化和精细化的大学英语信息化教学设计方案。

## 参考文献

［1］Kervin，L. & B. Derewianka. New technologies to support language learning ［A］. In B. Tomlinson（ed.）. *Materials Development in Language Teaching* ［C］. Cambridge：Cambridge University Press，2011.

［2］Maddux，C. D.，D. L. Johnson & J. Willis. *Educational Computing：Learning with Tomorrow's Technologies* ［M］. Boston：Allyn and Bacon，2001.

［3］McGrath，I. *Materials Evaluation and Design for Language Teaching* ［M］. Edinburgh：Edinburgh University Press，2002.

［4］Motlhaka，H. A. Exploring postmethod pedagogy in teaching English as second language in south African higher education ［J］. *Mediterranean Journal of Social Sciences*，2015，（1）.

［5］Motteram，G. Coursebooks and multi-media supplements ［A］. In B. Tomlinson（ed.）. *Materials Development in Language Teaching* ［C］. Cambridge：Cambridge University Press，2011.

［6］Nation，I. S. P. & J. Macalister. *Language Curriculum Design* ［M］. New York：Routledge，2010.

［7］Reinders，H. & C. White. The theory and practice of technology in materials development and task design ［A］. In N. Harwood（ed.）. *Materials in ELT：Theory and Practice* ［C］. Cambridge：Cambridge University Press，2010.

［8］Tsui，A. *Understanding Expertise in Teaching：Case Studies of ESL Teach-*

ers［M］. Cambridge：Cambridge University Press，2003.

［9］鲍敏，李霄翔. 信息化环境下数字化大学英语教材研究［J］.《外语电化教学》，2017，（3）.

［10］蔡基刚、唐敏. 新一代大学英语教材的编写原则［J］.《中国大学教学》，2008，（4）.

［11］陈坚林. 试论立体式教材与立体式教学方法［J］.《外语电化教学》，2011，（6）.

［12］方秀才，陈坚林. 中国高校外语教育信息化现状与规划建议［J］.《外语教学》，2018，（2）.

［13］胡畔，柳泉波.“教育云服务＋云终端”模式下的数字教材研究［J］.《现代教育技术》，2018，（3）.

［14］胡小勇，朱龙，冯智慧，郑晓丹. 信息化教学模式与方法创新：趋势与方向［J］.《电化教育研究》，2016，（6）.

［15］黄荣怀，郭芳. 立体化教材的设计与开发［J］.《现代教育技术》，2008，（10）.

［16］李科生，蒋志辉.“互联网＋”支持下的“立体化教材”开发探讨［J］.《出版科学》，2018，（1）.

［17］马俊波. 论大学英语立体化教材的开发［J］.《外语电化教学》，2006，（6）.

［18］毛伟，盛群力. 聚焦教学设计：深化我国大学英语教学改革的关键［J］.《外语学刊》，2016，（1）.

［19］杨芳，魏兴，张文霞. 大学英语混合式教学模式探析［J］.《外语电化教学》，2017，（1）.

［20］杨港，陈坚林. 突破大学英语教学质量的瓶颈［N］.《社会科学报》，2018-03-29.

［21］杨现民，赵鑫硕.“互联网＋”时代学习资源再认识及其发展趋势［J］.《电化教育研究》，2016，（10）.

[22] 张宝弟,何培芬. 计算机信息技术条件下的语言学习环境建构刍议 [J].《外语电化教学》,2009,(5).

[23] 赵国庆."互联网+教育":机遇、挑战与应对 [N].《光明日报》,2015 - 06 - 09.

[24] 赵舒静. 基于纸质媒介与数字资源的混合式教学模式新探 [J].《外语界》,2018,(2).

[25] 钟正,陈卫东. 基于 VR 技术的体验式学习环境设计策略与案例实现 [J].《中国电化教育》,2018,(2).

[26] 庄智象,黄卫. 试论大学英语教材立体化建设的理论与实践 [J].《外语界》,2003,(6).

# A Research on College English Teaching Design Driven by "All-encompassing Teaching Materials + Internet Resources"

**Abstract**：The extensive application of all-encompassing teaching materials (AETM) and the Internet resources has put forward new requirements for the reform of College English curriculum. Through questionnaire survey，interview and classroom observation，the research analyzed the main factors affecting students' AETM use and explored the role of the Internet resources in teaching design，and thus proposed the College English teaching design model driven by AETM and the Internet resources，aiming to better promote the informatization，intelligentization and individualization of foreign language curricula at the collegiate education level.

**Key words**：all-encompassing teaching materials；the Internet resources；teaching design

# 参考文献

## 一　英文文献

Allwright, R. L. , What do we want teaching materials for?, *ELT Journal* , 1981, (1): 5 - 18.

Bachman, L. F. & A. S. Palmer, *Language Testing in Practice* , Oxford: Oxford University Press, 1996.

Baker, C. (ed. ), *Attitudes and Language* , Clevedon: Multilingual Matters, 1992.

Bartley, D. E. , The importance of the attitude factor in language dropout: A preliminary investigation of group and sex differences, *Foreign Language Annals* , 1970, (3): 383 - 393.

Bax, S. , CALL—past, present and future, *System* , 2003, (1): 13 - 18.

Bell, J. & R. Gower, Writing course materials for the world: A great compromise, In B. Tomlinson (ed. ), *Materials Development in Language Teaching* (2nd edn), Cambridge: Cambridge

University Press, 2011: 135-150.

Breen, M. P. & C. N. Candlin, Which materials? A consumer's and designer's guide, In L. E. Sheldon (ed.), *ELT Textbooks and Materials: Problems in Evaluation and Development*, London: Modern English Publications in association with the British Council, 1987: 13-28.

Brown, J. D., *Using Surveys in Language Programs*, Cambridge: Cambridge University Press, 2001.

Candlin, C. N. & M. P. Breen, Evaluating and designing language teaching materials, In *Practical Papers in English Language Education*, Lancaster: Institute for English Language Education, University of Lancaster, 1980, Vol. 2.

Corbin, S. S. & F. J. Chiachiere, Validity and reliability of a scale measuring attitudes toward foreign language, *Educational and Psychological Measurement*, 1995, (2): 258-267.

Coyle, D., P. Hood & D. Marsh, *Content and Language Integrated Learning*, Cambridge: Cambridge University Press, 2010.

Creswell, J. W., *Educational Research: Planning, Conducting, and Evaluating Quantitative and Qualitative Research* (3rd ed.), Upper Saddle River, NJ: Pearson Merrill Prentice Hall, 2008.

Cunningsworth, A., *Evaluating and Selecting EFL Teaching Material*, London: Heinemann, 1984.

Cunningsworth, A., *Choosing Your Coursebook*, Shanghai: Shanghai Foreign Language Education Press, 2002. (First published in 1995 by Macmillan Publishers Limited, UK)

Denscombe, M. , *The Good Research Guide for Small-scale Social Research Projects*, Shanghai: Shanghai Foreign Language Education Press, 2004.

Diseth, A. & O. Martinsen, Approaches to learning, cognitive style, and motives as predictors of academic achievement, *Educational Psychology*, 2003, (2): 195 – 207.

Dudley-Evans, T. & M. St. John, *Developments in English for Specific Purposes*, Cambridge: Cambridge University Press, 1998.

Edge, J. & S. Wharton, Autonomy and development: Living in the materials world, In B. Tomlinson (ed. ), *Materials Development in Language Teaching*, Cambridge: Cambridge University Press, 1998: 295 – 310.

Ellis, R. , Macro-and micro-evaluation of task-based teaching, In B. Tomlinson (ed. ), *Materials Development in Language Teaching* (2nd edn), Cambridge: Cambridge University Press, 2011: 21 – 35.

Fosnot, C. T. , *Constructivism: Theory, Perspectives and Practice*, New York: Teachers College Press, 1996.

Foster, J. , *Data Analysis for Using SPSS for Windows Versions 8 to 10: A Beginner's Guide*, London/Thousand Oaks, Calif. : SAGE Publications, 2001.

Fisher, D. L. & M. S. Khine (eds. ), *Contemporary Approaches to Research on Learning Environments: World Views*, Singapore:

World Scientific, 2006.

Fraser, B. J., Classroom environment instruments: Development, validity and application, *Learning Environments Research*, 1998, (1): 7 - 34.

Fraser, B. J. & D. F. Treagust, Validity and use of an instrument for assessing classroom psychosocial environment in higher education, *Higher Education*, 1986, (1): 37 - 57.

Fraser, B. J., D. L. Fisher & C. J. McRobbie, *Development, validation and use of personal and class forms of a new classroom environment instrument*, Paper presented at the annual meeting of the American Educational Research Association (AERA), New York, 1996.

Gorsuch, R., *Factor Analysis*, Hillsdale, NJ: Lawrence Erlbaum, 1983.

Grant, N., *Making the Most of Your Textbook*, Harlow, UK: Longman, 1987.

Graves, K., *Designing Language Courses: A Guide for Teachers*, Boston, MA: Heinle & Heinle, 2000.

Graves, K., The language curriculum: A social contextual perspective, *Language Teaching*, 2008, (2): 147 - 181.

Gray, J., The ELT coursebook as cultural artefact: How teachers censor and adapt, *ELT Journal*, 2000, (3): 274 - 283.

Gray, J., *The Construction of English: Culture, Consumerism and Promotion in the ELT Coursebook*, Basingstoke: Palgrave Macmillan, 2010.

Harmer, J. , *The Practice of English Language Teaching*, Harlow, UK: Longman, 1991.

Harmer, J. , *How to Teach English*, Harlow, UK: Pearson Education Limited, 2007.

Harwood, N. (ed. ), *Materials in ELT: Theory and Practice*, Cambridge: Cambridge University Press, 2010a.

Harwood, N. , Issues in materials development and design, In N. Harwood (ed. ), *Materials in ELT: Theory and Practice*, Cambridge: Cambridge University Press, 2010b: 3 - 32.

Hedge, T. , *Teaching and Learning in the Language Classroom*, Oxford: Oxford University Press, 2000.

Hutchinson, T. & A. Waters, *English for Specific Purpose*, Cambridge: Cambridge University Press, 1987.

Hutchinson, T. & E. Torres, The textbook as agent of change, *ELT Journal*, 1994, (4): 315 - 328.

Johnson, K. , *Designing Language Teaching Tasks*, Basingstoke: Palgrave Macmillan, 2003.

Jolly, D. & R. Bolitho, A framework for materials writing, In B. Tomlinson (ed. ), *Materials Development in Language Teaching* (2nd edn), Cambridge: Cambridge University Press, 2011: 107 - 134.

Jonassen, D. H. & S. M. Land, *Theoretical Foundations of Learning Environments*, Mahwah, NJ: Lawrence Erlbaum Associates, Inc. , 2000.

Justice, C. , W. Warry, C. Cuneo, S. Inglis, S. Miller, J. Rice, &

S. Sammon, A grammar for inquiry: Linking goals and methods in a collaboratively taught social sciences inquiry course, In Society for Teaching and Learning in Higher Education (ed.), *The Alan Blizzard Award Paper: The Award Winning Papers*, Windsor, Ontario, Canada: McGraw-Hill Ryerson, 2002: 2 – 12.

Katz, A., Teaching style: A way to understand instruction in language classrooms, In K. Bailey & D. Nunan (eds.), *Voices from the Language Classroom*, Cambridge: Cambridge University Press, 1996: 57 – 87.

Kervin, L. & B. Derewianka, New technologies to support language learning, In B. Tomlinson (ed.), *Materials Development in Language Teaching* (2nd edn), Cambridge: Cambridge University Press, 2011: 328 – 351.

Kress, G. & T. Van Leeuwen, *Multimodal Discourse: The Modes and Media of Contemporary Communication*, London: Arnold, 2001.

Lee, R. & A. Bathmaker, The use of English textbooks for teaching English to "vocational" students in Singapore secondary schools: A survey of teachers' beliefs, *RELC Journal*, 2007, (3): 350 – 374.

Luik, P. & J. Mikk, What is important in electronic textbooks for students of different achievement levels?, *Computers & Education*, 2008, (4): 1483 – 1494.

Luke, A., C. Cazden, A. Lin, & P. Freebody, *The Singapore*

*coding scheme for coding classroom knowledge and discourse*, Paper presented at the American Educational Research Association, Language and Social Processes Special Interest Group, Montreal, 2005.

Maddux, C. D. , D. L. Johnson & J. Willis, *Educational Computing: Learning with tomorrow's technologies*, Boston, MA: Allyn and Bacon, 2001.

Madsen, K. S. & J. D. Bowen, *Adaptation in Language Teaching*, Boston, MA: Newbury House, 1978.

Malderez, A. , Key concepts in ELT: Observation, *English Language Teaching Journal*, 2003, (2): 179 – 181.

Maley, A. , Squaring the circle-reconciling materials as constraint with materials as empowerment, In B. Tomlinson (ed. ), *Materials Development in Language Teaching*, Cambridge: Cambridge University Press, 1998: 279 – 294.

Masuhara, H. , What do teachers really want from coursebooks?, In B. Tomlinson (ed. ), *Materials Development in Language Teaching* (2nd edn), Cambridge: Cambridge University Press, 2011: 236 – 266.

Mayer, R. E. (ed), *The Cambridge Handbook of Multimedia Learning*, Cambridge: Cambridge University Press, 2005.

McDonough, J. & C. Shaw, *Materials and Methods in ELT: A Teacher's Guide*, Beijing: Peking University Press, 2004. (First published in 1993 by Blackwell, UK)

McDonough, J. , C. Shaw & H. Masuhara, *Materials and Methods in ELT: A Teacher's Guide* (3rd edn), London: Blackwell, 2012.

McGrath, I., *Materials Evaluation and Design for Language Teaching*, Edinburgh: Edinburgh University Press, 2002.

Mishan, F. & A. Chambers (eds.), *Perspectives on Language Learning Materials Development*, Bern: Peter Lang, 2010.

Moos, R. H. & E. J. Trickett, *Classroom Environment Scale Manual* (2nd edn), Palo Alto, CA: Consulting Psychologists Press, 1986.

Motteram, G., Coursebooks and multi-media supplements, In B. Tomlinson (ed.), *Materials Development in Language Teaching* (2nd edn), Cambridge: Cambridge University Press, 2011: 303 - 327.

Mukundan, J. (ed.), *Focus on ELT Materials*, Petaling Jaya: Pearson Malaysia, 2006.

Nation, I. S. P. & J. Macalister, *Language Curriculum Design*, New York: Routledge, 2010.

New London Group, A pedagogy of multiliteracies: Designing social futures, *Harvard Educational Review*, 1996, (1): 60 - 93.

Ning, Huiping, Adapting cooperative learning in tertiary ELT, *ELT Journal*, 2011, (1): 60 - 70.

Nunan, D., Principles for designing language teaching materials, *Guidelines*, 1988, (2): 1 - 4.

Nunan, D., *Second Language Teaching and Learning*, Boston, MA: Heinle and Heinle, 1999.

Okada, M. & M. O'Brien, IntroStat: A hypertext-based design for an electronic textbook to introduce biomedical statistics, *Computer Methods and Programs in Biomedicine*, 1995, (3): 265 – 276.

O'Neil, R. O. , Why use textbooks?, *ELT Journal*, 1982, (2): 104 – 111.

Pelly, C. P. & D. Allison, Investigating the views of teachers on assessment of English language learning in the Singapore education system, *Hong Kong Journal of Applied Linguistics*, 2000, (5): 81 – 106.

Piaget, J. , *Biology and Knowledge: An Essay on the Relation between Organic Regulations and Cognitive Processes*, Chicago: University of Chicago Press, 1971.

Prowse, P. , How writers write: Testimony from authors, In B. Tomlinson (ed. ), *Materials Development in Language Teaching* (2nd edn), Cambridge: Cambridge University Press, 2011: 151 – 173.

Reinders, H. & C. White, The theory and practice of technology in materials development and task design, In N. Harwood (ed. ), *Materials in ELT: Theory and Practice*, Cambridge: Cambridge University Press, 2010: 58 – 80.

Richards, J. C. , *Curriculum Development in Language Education*, Cambridge: Cambridge University Press, 2001.

Richards J. C. & D. Mahoney, Teachers and textbooks: A survey of beliefs and practice, *Perspectives*, 1996, (1): 40 – 63.

Rosenberg, M. J. & C. I. Hovland, Cognitive, affective and behavior components of attitudes, In M. J. Rosenberg et al (eds. ), *Attitude Organization and Change*, New Haven: Yale University Press, 1960: 1 - 14.

Royce, T. , Multimodality in the TESOL classroom: Exploring visual-verbal synergy, *TESOL Quarterly*, 2002, (2): 191 - 205.

Saraceni, C. , Adapting courses: A critical view, In B. Tomlinson (ed. ), *Developing Materials for Language Teaching*, London: Continuum, 2003: 72 - 85.

Savignon, S. (ed. ), *Communicative Competence: Theory and Classroom Practice*, New York: McGraw-Hill, 1997.

Seaton, B. , *A Handbook of English Language Teaching Terms and Practice*, London: The Macmillan Press Ltd, 1982.

Sheldon, L. E. , *ELT Textbooks and Materials: Problems in Evaluation and Development*, London: Modern English Publications, 1987.

Sheldon, L. E. , Evaluating ELT textbooks and materials, *ELT Journal*, 1988, (4): 237 - 246.

Spada, N. & M. Fröhlich, *Communicative orientation of language teaching observation scheme (COLT): Coding conventions and applications*, Sydney: NCELTP, Macquarie University, 1995.

Stein, P. , *Multimodal Pedagogies in Diverse Classrooms: Representation, Rights and Resources*, London: Routledge, 2008.

Stern H. H. , *Fundamental Concepts of Language Teaching*, Shanghai: Shanghai Foreign Language Education Press, 2000.

(First published in 1983 by Oxford University Press, UK)

Tomlinson, B. (ed.), *Materials Development in Language Teaching*, Cambridge: Cambridge University Press, 1998.

Tomlinson, B. (ed.), *Developing Materials for Language Teaching*, London: Continuum, 2003a.

Tomlinson, B., Materials evaluation, In B. Tomlinson (ed.), *Developing Materials for Language Teaching*, London: Continuum, 2003b: 15-36.

Tomlinson, B., Developing principled frameworks for materials development, In B. Tomlinson (ed.), *Developing Materials for Language Teaching*, London: Continuum, 2003c: 107-129.

Tomlinson, B. (ed.), *English Language Teaching Materials: A Critical Review*, London: Continuum, 2008.

Tomlinson, B., Principles and procedures of materials development, In N. Harwood (ed.), *Materials in ELT: Theory and Practice*, Cambridge: Cambridge University Press, 2010: 81-108.

Tomlinson, B. (ed.), *Materials Development in Language Teaching* (2nd edn), Cambridge: Cambridge University Press, 2011a.

Tomlinson, B., Principled procedures in materials development, In B. Tomlinson (ed.), *Materials Development in Language Teaching* (2nd edn), Cambridge: Cambridge University Press, 2011b: 1-31.

Tomlinson, B., Materials development for language learning and teaching, *Language Teaching*, 2012, (2): 143-179.

Tomlinson, B. & H. Masuhara (eds.), *Research for Materials*

*Development in Language Learning：Evidence for Best Practice*, London：Continuum, 2010.

Tomlinson, B. & H. Masuhara（eds.）, *Applied Linguistics and Materials Development*, London：Continuum, 2012.

Tsui, A. , *Understanding Expertise in Teaching：Case Studies of ESL Teachers*, Cambridge：Cambridge University Press, 2003.

Van Els, T. et al（eds.）, *Applied Linguistics and the Learning and Teaching of Foreign Languages*, London：Arnold, 1984.

Vygotsky, L. S. , *Mind in Society：The Development of Higher Psychological Processes*, Cambridge, MA：Harvard University Press, 1978.

Waldrip, B. & D. Fisher, Identifying exemplary science teachers through their classroom interactions with students, *Learning Environments Research*, 2003, (6)：157 - 174.

Wajnryb, R. , *Classroom Observation Tasks：A Resource Book for Language Teachers and Trainers*, Cambridge：Cambridge University Press, 1992.

Weinbrenner, P. , Methodologies of textbook analysis used to date, In Bourdillon, H. （ed.）, *History and Social Studies：Methodologies of Textbook Analysis*, Amsterdam, Swets and Zeitlinger, 1992：21 - 34.

Willis, J. , *A Framework for Task-based Learning*, Harlow, UK：Longman Pearson, 1996.

Xu, H. , *School-based textbook analysis：A teacher development perspective*, Paper presented at the 43rd TESOL Annual Convention，Denver，CO，USA，2009.

Zacharias，N.，Teachers' beliefs about internationally-published materials：A survey of tertiary English teachers in Indonesia，*RELC Journal*，2005，(1)：23 - 37.


## 二 中文文献

Ausubel，D. P.，J. Novak & H. Hanesian：《教育心理学——认知的观点》（*Educational Psychology：A Cognitive View*），余星南、宋钧译，人民教育出版社 1993 年版。

鲍敏、李霄翔：《信息化环境下数字化大学英语教材研究》，《外语电化教学》2017 年第 3 期。

蔡基刚：《外语能力培养与我国外语政策》，《外语与外语教学》2003 年第 5 期。

蔡基刚：《试论影响我国大学英语教材健康发展的外部因素》，《中国大学教学》2006 年第 6 期。

蔡基刚：《关于我国大学英语教学重新定位的思考》，《外语教学与研究》2010 年第 4 期。

蔡基刚：《传统大学英语教材编写理念的一次新突破》，《外语电化教学》2011a 年第 5 期。

蔡基刚：《转型时期的大学英语教材编写理念问题研究》，《外语研究》2011b 年第 5 期。

蔡基刚：《专业英语及其教材对我国高校 ESP 教学的影响》，《外语与外语教学》2013 年第 2 期。

蔡基刚、唐敏：《新一代大学英语教材的编写原则》，《中国大学教学》2008 年第 4 期。

蔡基刚、辛斌:《大学英语教学要求的统一性与个性化——关于〈大学英语课程教学要求〉修订的思考》,《中国外语》2009 年第 2 期。

曹梅、张增荣:《学习资源的内涵及其深化》,《中国电化教育》2002 年第 4 期。

曹颖哲:《对大学英语立体化教材使用的再思考》,《黑龙江教育学院学报》2010 年第 10 期。

陈柏华、高凌飚:《教材观研究:类型、特点及前瞻》,《全球教育展望》2010 年第 6 期。

陈坚林:《大学英语教学新模式下计算机网络与外语课程的有机整合——对计算机"辅助"外语教学概念的生态学考察》,《外语电化教学》2006 年第 6 期。

陈坚林:《大学英语教材的现状与改革——第五代教材研发构想》,《外语教学与研究》2007 年第 5 期。

陈坚林:《计算机网络与外语课程的整合:一项基于大学英语教学改革的研究》,上海外语教育出版社 2010 年版。

陈坚林:《试论立体式教材与立体式教学方法》,《外语电化教学》2011 年第 6 期。

陈坚林:《大数据时代的慕课与外语教学研究——挑战与机遇》,《外语电化教学》2015 年第 1 期。

陈坚林、顾世民:《试论大学英语课程在通识教育中的地位和作用》,《外语电化教学》2011 年第 1 期。

陈坚林、谷志忠:《要求更完善,方向更明晰——对 07 版〈大学英语课程教学要求〉的新解读》,《外语电化教学》2008 年第 1 期。

陈洁:《基于现代教育技术的大学英语立体化教学体系的构建研究》,《外语电化教学》2008 年第 5 期。

陈镕：《英语教学实证性研究步骤及 COLT 观察工具的应用》，《外语电化教学》2009 年第 4 期。

陈琦、张建伟：《信息时代的整合性学习模型——信息技术整合于教学的生态观诠释》，《北京大学教育评论》2003 年第 3 期。

陈潇潇、关兴华：《计算机素养与英语学习动机对网络英语学习行为的影响》，《外语与外语教学》2007 年第 8 期。

陈佑清：《关于学习方式类型划分的思考》，《课程·教材·教法》2010 年第 2 期。

陈珍珍：《论我国大学英语教材编写的演进轨迹》，《浙江师范大学学报》（社会科学版）2010a 年第 2 期。

陈珍珍：《论我国大学英语教材的编写历史与发展规律》，《宁波大学学报》（教育科学版）2010b 年第 3 期。

程晓堂：《英语教材分析与设计》，外语教学与研究出版社 2002 年版。

程晓堂、康艳：《中小学英语教材编写的若干问题探讨》，《课程·教材·教法》2009 年第 3 期。

程幼强、张岚：《大学生英语学习态度问卷的编制及其信效度分析》，《天津外国语大学学报》2011 年第 3 期。

成镇权：《工具性与人文性的和谐统一——关于大学英语课程理念的思考》，《山东外语教学》2008 年第 5 期。

崔敏、田平：《大学英语教学新型评价体系的研究与实践》，《中国外语》2010 年第 2 期。

戴曼纯：《外语能力的界定及其应用》，《外语教学与研究》2002 年第 6 期。

丁仁仑、戴炜栋：《高校大学外语教学定位思考》，《外语界》2013 年第 2 期。

董纯才:《中国大百科全书·教育》,中国大百科全书出版社 1985 年版。

董金伟:《后方法视角的外语教学:特征与要素》,《外语教学理论与实践》2008 年第 1 期。

董亚芬:《〈大学英语(文理科本科用)〉试用教材的编写原则与指导思想》,李萌华《复旦大学大学英语教学研究论文集》,上海外语教育出版社 1991 年版。

董亚芬:《对如何使用〈大学英语〉系列教材(修订本)的几点建议》,《外语界》1998 年第 3 期。

段会冬、袁桂林:《符号学视角下学生教材观研究》,《教育发展研究》2011 年第 Z2 期。

范春林、董奇:《课堂环境研究的现状、意义及趋势》,《比较教育研究》2005 年第 8 期。

范印哲:《教材设计导论》,高等教育出版社 2003a 年版。

范印哲:《大学教材设计模式的理论框架探索》,《中国大学教学》2003b 年第 2 期。

方绪军、杨惠中、朱正才:《制定全国统一的语言能力等级量表的原则与方法》,《现代外语》2008 年第 4 期。

丰玉芳:《建构主义学习设计六要素在英语教学中的应用》,《外语与外语教学》2006 年第 6 期。

冯廷勇、苏缇、胡兴旺、李红:《大学生学习适应量表的编制》,《心理学报》2006 年第 5 期。

冯霞、陈坚林:《高校外语信息资源建设及利用研究》,《现代教育技术》2012 年第 6 期。

冯霞、黄芳:《基于自主学习的外语信息资源整合优化研究》,《外语电化教学》2013 年第 2 期。

付克：《中国外语教育史》，上海外语教育出版社 1986 年版。

龚春燕：《创新教学策略》，北京师范大学出版社 2010 年版。

顾曰国：《多媒体、多模态学习剖析》，《外语电化教学》2007 年第 2 期。

郭建红、黄田：《多模态互存的大学英语教学新模式》，《湖南工业大学学报》（社会科学版）2011 年第 4 期。

［美］哈维·席尔瓦等：《多元智能与学习风格》，张玲译，教育科学出版社 2003 年版。

韩宝成、常海潮：《中外外语能力标准对比研究》，《中国外语》2011 年第 4 期。

何安平：《外语教学大纲·教材·课堂教学设计与评估》，广东教育出版社 2001 年版。

何安平：《语料库辅助的基础英语教材分析》，《课程·教材·教法》2007 年第 3 期。

何高大、钟志英：《大学生对多媒体技术辅助大学英语教学的适应性研究》，《外语电化教学》2006 年第 6 期。

何高大、钟志英：《多媒体技术环境下大学英语教与学的适应性研究》，《外语界》2007 年第 4 期。

何善亮：《论有效教学的实践建构》，《课程·教材·教法》2010 年第 5 期。

侯秀丽：《大学英语课堂教学心理环境的调查》，《外语与外语教学》2006 年第 5 期。

胡加圣、陈坚林：《外语教育技术学论纲》，《外语电化教学》2013 年第 2 期。

胡青球：《中国非英语专业大学生眼中的"交际教学法"——一份调查报告》，《外语界》2010 年第 1 期。

胡壮麟:《新世纪的大学英语教材》,《外语与外语教学》2005 年第 11 期。

胡壮麟、陈中竺、赵扬:《肯定成绩,总结经验,提高教材评估工作的科学性》,《外语界》1995 年第 1 期。

黄春梅、司晓宏:《从校本课程到课程校本化——我国学校课程开发自主权探寻》,《中国教育学刊》2013 年第 3 期。

黄大网、南佐民、王文斌:《专门用途英语到专门用途交际:超越文本描写》,《中国 ESP 研究》2010 年第 1 期。

黄建滨、于书林:《20 世纪 90 年代以来我国大学英语教材研究:回顾与思考》,《外语界》2009 年第 6 期。

黄龙胜:《大学英语教材的若干问题及其编撰思路》,《湖北教育学院学报》2007 年第 9 期。

黄奇杰、蔡罕:《社会调查方法概论》,浙江大学出版社 2007 年版。

黄荣怀、郭芳:《立体化教材的设计与开发》,《现代教育技术》2008 年第 10 期。

黄显华、霍秉坤:《寻找课程论和教科书设计的理论基础》,人民教育出版社 2005 年版。

黄显华、徐蒋凤、朱嘉颖:《校本课程发展下课程与教学领导的定义与角色》,《全球教育展望》2002 年第 7 期。

黄影妮:《生态外语课堂教学观视角下的外语课堂教学》,《教育与职业》2009 年第 6 期。

贾国栋:《开发立体化教材,实现个性化教学——〈大学体验英语〉多媒体网络课程设计评介》,《中国外语》2004 年第 1 期。

蒋静仪:《让学习者走进教材——"新世纪高等院校英语专业本科生系列教材"之〈阅读教程〉介绍》,《外语界》2006 年第 2 期。

教育部高等教育司：《大学英语课程教学要求（试行）》，高等教育出版社 2004 年版。

教育部高等教育司：《大学英语课程教学要求》，高等教育出版社 2007年版。

金力：《大学英语教学大纲及教材的发展脉络研究》，《内蒙古师范大学学报》2011 年第 3 期。

金立贤、Cortazzi、张宏：《多元化培养学生英语综合应用能力——大学英语创意系列：多层面投入型英语教学方式》，《外语界》2005年第 1 期。

李宝宏、尹丕安：《多模态语境下大学英语教学模式的一项实证研究》，《外语电化教学》2012 年第 6 期。

李传松、许宝发：《中国近现代外语教育史》，上海外语教育出版社2006 年版。

李广、姜英杰：《个性化学习的理论建构与特征分析》，《东北师大学报》（哲学社会科学版）2005 年第 3 期。

李洪波、詹作琼：《论英语口语教材编写和口语活动设计的真实性》，《教学研究》2006 年第 6 期。

李建国：《高校优质数字化学习资源共享的实践探索》，《教育探索》2009 年第 10 期。

李立、孙平华：《大学生公共英语语言学习模式研究报告》，《外语界》2008 年第 5 期。

李克东：《数字化学习——信息技术与课程整合的核心》，《电化教育研究》2001 年第 8 期。

李良佑、张日升、刘犁：《中国英语教学史》，上海外语教育出版社 1988年版。

李如密、刘玉静:《个性化教学的内涵及其特征》,《教育理论与实践》2001 年第 9 期。

李如密、苏堪宇:《关于教学要素问题的理论探讨》,《当代教育科学》2003 年第 9 期。

李同路:《语言实践:课堂学习与独立交际之间的接口》,《语言教学与研究》2012 年第 3 期。

李霄翔、鲍敏:《大学英语教材中多维信息流建构研究——一个基于连接主义和体验哲学的视角》,《中国外语》2009 年第 5 期。

李霄翔、陈峥嵘、鲍敏:《体验哲学与英语教材研发》,《外语与外语教学》2009 年第 2 期。

李学:《"教教材"还是"用教材教"——兼论教材使用功能的完善》,《教育发展研究》2008 年第 10 期。

李雪顺、马武林:《信息技术环境下本科院校学生大学英语学习行为个案研究》,《外语电化教学》2010 年第 4 期。

李萌华:《继承、借鉴与创新——关于〈大学英语〉系列教材(全新版)的编写》,《外语界》2001 年第 5 期。

李祖华、邹立:《独立学院本科生大学英语学习态度调查及启示》,《民办高等教育研究》2007 年第 2 期。

梁汉平:《语料库与英语教材编写》,《贺州学院学报》2010 年第 1 期。

梁志喜、康叶钦:《国内外英语教材评价研究述评》,《当代教育论坛》(综合版)2010 年第 2 期。

廖哲勋:《关于校本课程开发的理论思考》,《课程·教材·教法》2004 年第 8 期。

廖哲勋、田慧生:《课程新论》,教育科学出版社 2003 年版。

林莉兰:《基于三维构念的大学生英语自主学习能力量表编制与检验》,

《外语界》2013 年第 4 期。

林林：《体验英语：教与学新理念的辨析》，《中国大学教学》2004 年第 2 期。

刘凤杰：《课堂生态对大学英语教学的影响》，《教育探索》2008 年第 10 期。

柳华妮：《国内英语教材发展 150 年：回顾与启示》，《山东外语教学》2011 年第 6 期。

柳华妮：《大学英语教材研究二十年：分析与展望》，《外语电化教学》2013a 年第 2 期。

柳华妮：《基于体例演变影响因素分析的大学英语教材编写研究》，硕士学位论文，上海外国语大学，2013b 年。

刘捷、田小红、陈才：《英语视听说课程的校本开发研究》，《西南科技大学学报》（哲学社会科学版）2005 年第 2 期。

刘骏、傅荣译：《欧洲语言教学与评估共同纲领》（*Common European Framework of Reference for Languages: Learning, Teaching, Assessment*），外语教学与研究出版社 2008 年版。

刘明、胡加圣：《大学外语视听教材的多模态化设计构想及要求分析》，《外语电化教学》2011 年第 2 期。

刘萍：《网络环境下大学英语视听说课程自主学习适应能力的调查》，《山东外语教学》2009 年第 1 期。

刘萍：《网络环境下大学英语自主学习适应能力培养的实证研究》，《电化教育研究》2012 年第 1 期。

柳睿：《关于大学英语两套立体化教材的对比研究》，硕士学位论文，上海外国语大学，2009 年。

刘英杰：《大学英语立体化教材的使用率问题研究》，《黑龙江教育学院学报》2010 年第 9 期。

刘永兵、王冰、林正军:《英语课堂教学量化研究工具的构想与设计》,《中国外语》2009 年第 3 期。

刘援:《让英语语言能力在"体验"中升华》,《中国大学教学》2003 年第 7 期。

刘志波、李阿琴:《AECT2004 定义解读》,《电化教育研究》2004 年第 12 期。

吕筠:《教材使用问题研究》,硕士学位论文,西北师范大学,2008 年。

马冲宇、陈坚林:《基于虚拟现实的计算机辅助语言教学——理论、方法与技术》,《外语电化教学》2012 年第 6 期。

马冲宇、侯晓舟:《第二语言习得策略的关键:虚拟语言环境的创建》,《河北大学成人教育学院学报》2008 年第 3 期。

马君:《教育技术与信息技术的关系刍议》,《教学与管理》2011 年第 6 期。

马俊波:《论大学英语立体化教材的开发》,《外语电化教学》2006 年第 6 期。

马宪春、周速、刘巍:《学习资源与学习环境辨析》,《电化教育研究》2005 年第 11 期。

O'Sullivan, T.:《教材评估:把重点放在动力与学习上》,汪光祖译,《国外外语教学》1990 年第 3 期。

庞维国:《论学习方式》,《课程·教材·教法》2010 年第 5 期。

彭青华:《网络辅助大学英语学习适应性的调查及对策》,《吉林省教育学院学报》2013 年第 2 期。

钱瑗:《介绍一份教材评估一览表》,《外语界》1995 年第 1 期。

乔爱玲:《从外语教材编写的宏观设计与微观设计评估教材》,《山东外语教学》2002 年第 3 期。

秦晓晴：《外语教学问卷调查法》，外语教学与研究出版社 2009 年版。

秦晓晴：《第二语言研究中问卷调查法的特点及应用——〈第二语言研究中的问卷调查方法〉评介》，《中国外语教育》2011 年第 4 期。

秦晓晴、文秋芳：《非英语专业大学生学习动机的内在结构》，《外语教学与研究》2002 年第 1 期。

邱德乐：《论教材的"三次开发"》，《全球教育展望》2009 年第 12 期。

屈智勇：《国外课堂环境研究的发展概况》，《外国教育研究》2002 年第 7 期。

桑新民：《现代教育技术学基础理论创新研究》，《中国电化教育》2003 年第 9 期。

沈彩芬、程东元：《网络多媒体环境下的外语教学特征及其原则》，《外语电化教学》2008 年第 3 期。

沈毅、崔允漷：《课堂观察：走向专业的听评课》，华东师范大学出版社 2008 年版。

沈毅、林荣凑、吴江林、崔允漷：《课堂观察框架与工具》，《当代教育科学》2007 年第 24 期。

施春宏：《面向第二语言教学的语言学教材编写中的若干问题》，《语言教学与研究》2010 年第 2 期。

史光孝、赵德杰：《以内容为依托的大学英语教学走向：通识教学抑或学术英语教育》，《山东外语教学》2011 年第 2 期。

史光孝、邹佳新：《我国高校外语信息资源优化应用策略研究》，《外语电化教学》2013 年第 3 期。

束定芳、华维芬：《中国外语教学理论研究（1949—2009）》，上海外语教育出版社 2009 年版。

束定芳、张逸岗:《从一项调查看教材在外语教学过程中的地位与作用》,《外语界》2004 年第 2 期。

束定芳、庄智象:《现代外语教学——理论、实践与方法》,上海外语教育出版社 2008 年版(第一版出版于 1996 年)。

舒笑梅、王守仁:《多媒体网络时代大学英语教材的演变与发展》,《现代传播》2008 年第 6 期。

隋晓冰、周天豪:《外语教材的研发与学生外语能力的培养——基于我国高校主要外语教材的分析与探讨》,《外语电化教学》2012 年第 6 期。

孙万军:《英语戏剧表演——建构主义学习理论指导下的实践教学》,《外语艺术教育研究》2009 年第 2 期。

孙云梅:《大学英语口语课堂环境调查——一项基于学习者心理感知的实证研究》,《高等教育研究》2009 年第 5 期。

孙云梅:《大学综合英语课堂环境调查与研究》,《外语教学与研究》2010 年第 6 期。

谭顶良、周敏:《学习方式的转变:热点冷观》,《南京师大学报》(社会科学版)2004 年第 1 期。

谭玮:《论大学英语教学培养学习个性的教学原则》,《外语学刊》2009 年第 2 期。

唐磊:《外语教材编制理论初探》,《课程·教材·教法》2000 年第 12 期。

陶德清:《学习态度的理论与研究》,广东人民出版社 2001 年版。

田慧生:《教学环境论》,江西教育出版社 1996 年版。

田澜:《我国中小学生学习适应性研究述评》,《心理科学》2004 年第 2 期。

王进军、冯增俊：《国际外语教材发展的演进特征及其走向探索》，《比较教育研究》2009 年第 6 期。

王攀峰：《大数据时代教科书研究范式的变革》，《课程·教材·教法》2018 年第 1 期。

王蔷：《英语教学法教程》，高等教育出版社 2000 年版。

王守仁、王海啸：《我国高校大学英语教学现状调查及大学英语教学改革与发展》，《中国外语》2011 年第 5 期。

王坦：《论合作学习的基本理念》，《教育研究》2002 年第 2 期。

王维佳：《在 EFL 课堂里创造 ESL 软环境——评〈综合英语教程〉第五、六册》，《外语教学理论与实践》2009 年第 1 期。

王艳萍：《生态语言学指导下的大学英语改革》，《重庆理工大学学报》（社会科学版）2010 年第 12 期。

王扬帆：《大学英语立体化教材建设的理想与现实》，《大学出版》2007 年第 4 期。

魏晶：《外语学习者计算机网络生态环境优化研究》，博士学位论文，上海外国语大学，2012 年。

文秋芳：《大学英语面临的挑战与对策：课程论视角》，《外语教学与研究》2012 年第 2 期。

文秋芳、苏静、监艳红：《国家外语能力的理论构建与应用尝试》，《中国外语》2011 年第 3 期。

夏纪梅：《人际、人机与人网教学——构建大学英语教学"2＋2＋X"模式的必要性与可行性》，《中国大学教学》2003 年第 11 期。

夏纪梅：《教材、学材、用材、研材——教师专业发展的宝贵资源》，《外语界》2008 年第 1 期。

萧好章、王莉梅：《大学英语教学模式改革初探》，《外语与外语教学》

2007 年第 2 期。

谢金:《从平衡理论看教师—学生—教材三者关系》,《海外英语》2012 年第 20 期。

谢小芸:《教科书"学材化"研究》,硕士学位论文,浙江师范大学,2006 年。

鄢家利:《从〈欧洲语言教学与评估共同纲领〉看我国英语能力标准的制定》,《西南科技大学学报》(哲学社会科学版) 2008 年第 4 期。

杨港:《课程论视角下大学英语教学研究现状调查与展望》,《外语电化教学》2013a 年第 3 期。

杨港:《虚拟现实技术支持的大学英语口语立体化教材研究》,《大学英语教学与研究》2013b 年第 3 期。

杨港、陈坚林:《2000 年以来高校英语教材研究的现状与思考》,《外语与外语教学》2013 年第 2 期。

杨港、陈坚林:《突破大学英语教学质量的瓶颈》,《社会科学报》2018 年 3 月 29 日。

杨虹:《学习者自主与教材建构》,《外语界》2009 年第 2 期。

杨鲁新、王素娥、常海潮、盛静:《应用语言学中的质性研究与分析》,外语教学与研究出版社 2013 年版。

杨忠:《培养技能　发展智能——外语教育工具性与人文性的统一》,《外语学刊》2007 年第 6 期。

于博瀛:《整合框架下的大学英语教材发展路向探析》,《外语电化教学》2010 年第 6 期。

余朝文、张际平:《基于网络学习型社会的立体化教学资源建设研究》,《中国电化教育》2011 年第 6 期。

于翠翠:《信息技术驱动的课堂教学结构变革》,《课程·教材·教法》2018 年第 3 期。

俞红珍：《教材选用取向与不同的教材观》，《教育理论与实践》2005a
年第 8 期。

俞红珍：《教材的"二次开发"：涵义与本质》，《课程·教材·教法》
2005b 年第 12 期。

俞红珍：《论教材的"二次开发"》，博士学位论文，华东师范大学，
2006 年。

俞红珍：《让学生成为教材"二次开发"的合作者》，《教育理论与实
践》2009 年第 9 期。

俞理明、韩建侠：《内容驱动还是语言驱动——对我国高校大学英语
教学的一点思考》，《外语与外语教学》2012 年第 3 期。

余千华、樊葳葳、李娜：《大学英语教材调查——从话题兴趣角度调
查教材与学习者匹配情况》，《中国外语》2008 年第 3 期。

余胜泉、王阿习：《"互联网＋教育"的变革路径》，《中国电化教育》
2016 年第 10 期。

于书林、韩佶颖、王俊菊：《对大学外语课堂环境的探索性研究》，《外
语界》2012 年第 1 期。

余文森：《论自主、合作、探究学习》，《教育研究》2004 年第 11 期。

于秀娟：《外语课堂观察观测点的设定》，《疯狂英语》（教师版）2007
年第 7 期。

袁方、王汉生：《社会研究方法教程》，北京大学出版社 2006 年版。

袁凤识：《大学生英语学习态度对比研究》，《北方工业大学学报》2013
年第 2 期。

袁平华、俞理明：《以内容为依托的大学外语教学模式研究》，《外语
教学与研究》2008 年第 1 期。

张宝弟、何培芬:《计算机信息技术条件下的语言学习环境建构刍议》,《外语电化教学》2009 年第 5 期。

张德禄:《多模态话语理论与媒体技术在外语教学中的应用》,《外语教学》2009 年第 4 期。

张德禄:《多模态外语教学的设计与模态调用初探》,《中国外语》2010 年第 3 期。

张德禄:《多模态学习能力培养模式探索》,《外语研究》2012 年第 2 期。

张德禄、王璐:《多模态话语模态的协同及在外语教学中的体现》,《外语学刊》2010 年第 2 期。

张德禄、张淑杰:《多模态性外语教材编写原则探索》,《外语界》2010 年第 5 期。

张海榕:《建构主义教学理论与大学外语教学》,《天津外国语学院学报》2003 年第 1 期。

张恰:《国外主流的教材设计思想述评》,《外国教育研究》2006 年第 2 期。

张恰、马云鹏:《国外教材设计模式研究述评》,《外国教育研究》2008 年第 2 期。

张绍杰:《全球化背景下的外语教学——行动与反思》,《外语与外语教学》2010 年第 1 期。

张文霞、罗立胜:《关于大学英语教学现状及其发展的几点思考》,《外语界》2004 年第 3 期。

张晓丽:《基于大学英语立体化教材的出版传播研究》,硕士学位论文,中国科学技术大学,2010 年。

张筱兰、邢郁:《立体化教材支持下的课堂教学模式建构与实践》,《现代教育技术》2011 年第 8 期。

张尧学：《加强实用性英语教学，提高大学生英语综合能力》，《中国
高等教育》2002 年第 8 期。

张业菊：《大学英语教材呼唤改革与创新》，《外语与外语教学》2001
年第 10 期。

张泳、何高大：《学习适应性与学习策略之实证研究——解读大学英
语网络自主学习》，《现代教育技术》2012 年第 4 期。

赵庆红、雷蕾、张梅：《学生英语学习需求视角下的大学英语教学》，
《外语界》2009 年第 4 期。

赵庆红、徐锦芬：《新世纪我国大学英语教学改革实证研究状况及发
展趋势分析》，《外语界》2011 年第 1 期。

赵庆红、徐锦芬：《大学英语课堂环境与学生课堂行为的关系研究》，
《外语与外语教学》2012 年第 4 期。

赵婉莉：《大学英语教改背景下对立体化英语教材的再认识》，《教育
与职业》2009 年第 36 期。

中国社会科学院语言研究所词典编辑室：《现代汉语词典》第六版，
商务印书馆 2012 年版。

钟启泉：《现代课程论》，上海教育出版社 2003 年版。

钟启泉、崔允漷、张华：《基础教育课程改革纲要（试行）解读》，华
东师范大学出版社 2001 年版。

钟启泉、汪霞、王文静：《课程与教学论》，华东师范大学出版社 2008
年版。

周海燕、周景辉：《通识教育与大学英语教学》，《现代教育科学》2009
年第 1 期。

周雪林：《浅谈外语教材评估标准》，《外语界》1996 年第 2 期。

祝大鸣:《〈大学体验英语〉——一套顺应时代要求的立体化精品教材》,《中国大学教学》2003 年第 7 期。

朱甫道:《建构主义学习理念与大学英语网络学习》,《南昌大学学报》(人文社会科学版) 2005 年第 4 期。

朱午静:《大学英语教材在中国》,硕士学位论文,内蒙古大学,2007 年。

朱彦:《提高外语课堂教学有效性的关键因素》,《外语界》2013 年第 2 期。

祝智庭:《现代教育技术——走向信息化教育》,教育科学出版社 2002 年版。

庄智象:《构建具有中国特色的外语教材编写和评价体系》,《外语界》2006 年第 6 期。

庄智象、黄卫:《试论大学英语教材立体化建设的理论与实践》,《外语界》2003 年第 6 期。

邹为诚、刘蕴秋、熊淑慧:《"语言体验"的教育学理论研究》,《中国外语》2009 年第 6 期。

邹宇曦:《对大学英语立体化教材使用情况的思考》,硕士学位论文,上海外国语大学,2012 年。

佐斌:《师生互动论——课堂师生互动的心理学研究》,华中师范大学出版社 2002 年版。